Heinz Kipp, Annette Richter, Elke Rosenstock-Heinz (Hg.)
Adoleszenz in schwierigen Zeiten

Forum Psychosozial

Heinz Kipp, Annette Richter,
Elke Rosenstock-Heinz (Hg.)

# Adoleszenz in schwierigen Zeiten

## Wie Jugendliche Geborgenheit und Orientierung finden

Mit Beiträgen von Burkhard Brosig, Max Fuchs, Horst Gerhard, Joseph Kleinschnittger, Detlef Rost, Inken Seifert-Karb, Christine Uhlmann, Gabriele Winter und Reinhard Winter

Psychosozial-Verlag

Bibliografische Information der Deutschen Nationalbibliothek
Die Deutsche Nationalbibliothek verzeichnet diese Publikation
in der Deutschen Nationalbibliografie; detaillierte bibliografische Daten
sind im Internet über http://dnb.d-nb.de abrufbar.

Originalausgabe
© 2018 Psychosozial-Verlag
E-Mail: info@psychosozial-verlag.de
www.psychosozial-verlag.de
Alle Rechte vorbehalten. Kein Teil des Werkes darf in irgendeiner Form
(durch Fotografie, Mikrofilm oder andere Verfahren) ohne schriftliche Genehmigung
des Verlages reproduziert oder unter Verwendung elektronischer Systeme verarbeitet,
vervielfältigt oder verbreitet werden.
Umschlagabbildung: Tagungsflyer »Leben lernen« © spoon design
Umschlaggestaltung & Innenlayout nach Entwürfen von Hanspeter Ludwig, Wetzlar
Satz: metiTec-Software, me-ti GmbH, Berlin
www.me-ti.de
ISBN 978-3-8379-2700-9 (Print)
ISBN 978-3-8379-7348-8 (E-Book-PDF)

# Inhalt

**Vorwort** 7

**Wie »tickt« die Jugend?** 11
Christine Uhlmann

**Intelligenz – Theorien und Befunde
von der Wiege bis zur Bahre** 21
Detlef H. Rost

**Beziehungs-Weise-Lernen-Lassen** 51
Warum die frühe Kindheit »Pisa« macht
Inken Seifert-Karb

**Besser lernen, aber wie?** 79
Zu den Chancen des Ästhetischen im Bildungsprozess
Max Fuchs

**Psychosoziale Beratung in der Schule** 89
Gabriele R. Winter & Horst Gerhard

**Die Subway-Generation** 111
Jugendliche zwischen globalem Stress und
Selbstverwirklichung
Burkhard Brosig

**Familie und Schule heute –
Was brauchen sie voneinander?** 121
*Joseph Kleinschnittger*

**Was brauchen Jungen?** 147
Lebens- und Bedürfnislagen von Jungen heute
*Reinhard Winter*

**Autorinnen und Autoren** 179

# Vorwort

Wie ticken Jugendliche heute? Handy in der Schule verbieten oder in den Unterricht einbeziehen? Besser lernen, aber wie? Was brauchen Jungen heute? Wie finden sich Kinder und Jugendliche in der täglichen Medienfülle zurecht? Wie können Eltern, Lehrende und Erzieher mit den zunehmenden psychischen Problemen von Kindern und Jugendlichen umgehen? Dies sind Fragen, die alle, die mit Heranwachsenden zu tun haben, beschäftigen.

Unter dem Motto »Schule muss reagieren, wenn sich die Lebensumstände von Kindern und Jugendlichen verändern« wurde im September 2014 die erste Vortragsreihe »Leben Lernen« in Gießen eröffnet. Das Kooperationsprojekt des Staatlichen Schulamtes Gießen, der Liebigschule Gießen sowie des Instituts für Psychoanalyse und Psychotherapie Gießen e.V. wollte mit diesem Vorhaben jugendliches Leben in einer sich rapide verändernden Welt thematisieren und einen Diskussionsprozess zum Thema in der Region initiieren. Die positive Resonanz auf die Vorträge namhafter deutscher Wissenschaftler, Ärzte und Psychologen, die mit unterschiedlichen Sichtweisen auf das Gelingen von Lernen in einer veränderten Lebenswelt von Jugendlichen eingingen, übertraf unsere Erwartungen als Veranstalter bei Weitem. Durch das Format fühlten sich offenbar Lehrer, Schulleiter, Eltern, Psychotherapeuten, Studenten und Schüler gleichermaßen angesprochen. Dies motivierte uns zu einer Fortsetzung der Vorträge.

Im November 2015 startete daher die neue Reihe »Leben Lernen II«. Im zweiten Durchgang übernahm jeweils eine weiterführende Schule aus Gießen Verantwortung für die Ausrichtung eines Vortragsabends. Im Rahmen von sechs Vorträgen wurde erneut die Lebenswelt von Jugendlichen in den Blick genommen und der Frage nachgegangen, wie Lernen unter veränderten Rahmenbedingungen gelingen kann.

# Vorwort

Im vorliegenden Band haben wir Vorträge aus beiden Veranstaltungsreihen zu den Themenbereichen psychische Gesundheit, geschlechtliche Identität, Medienfülle und Globalisierung sowie Schule und Familie zusammengestellt, um sie einer breiteren Öffentlichkeit zugänglich zu machen. Herausgekommen ist ein Kaleidoskop von Fragen, Erkenntnissen, Möglichkeiten, Ideen und Anregungen, die dem Leser Hinweise darauf geben sollen, unter welchen Voraussetzungen und Rahmenbedingungen es möglich ist, dass Kinder und Jugendliche gesund und psychisch stabil heranwachsen.

Christine Uhlmann, Mitarbeiterin der SINUS Markt- und Sozialforschung GmbH, beleuchtet mit neuen Ergebnissen aus ihren Forschungen jugendliche Lebenswelten in Deutschland und gibt einen Einblick in das Leben und Erleben von jungen Menschen innerhalb dieser unterschiedlichen Welten.

In seinem Beitrag »Intelligenz von der Wiege bis zur Bahre« stellt Prof. Dr. Detlef Rost zentrale Intelligenztheorien vor und beleuchtet die Relevanz der Intelligenz für den Erfolg in Schule, Hochschule, Ausbildung und Beruf.

Die Diplom-Pädagogin Inken Seifert-Karb geht mit dem Thema »Beziehungs-Weise-Lernen-Lassen oder warum die frühe Kindheit ›Pisa‹ macht« unter anderem der Frage nach, warum frühkindliche Beziehungserfahrungen so elementar sind, wenn es um spätere Lernerfolge geht.

Prof. Dr. Max Fuchs erörtert die Frage »Besser lernen, aber wie?« und geht dabei auf die Chancen des Ästhetischen im Bildungsprozess ein.

Gabriele Winter, ehemalige pädagogische Leiterin einer Gesamtschule, und Dr. ser. soc. Horst Gerhard, Leiter einer Beratungsstelle, zeigen mit dem Thema »Psychosoziale Beratung in der Schule«, wie Kooperation zwischen Schule und außerschulischen Beratungsinstitutionen gelingen kann.

Der Psychoanalytiker Prof. Dr. Burkhard Brosig nimmt die Jugendlichen inmitten der heutigen Medienfülle und globalen Vernetzung in den Blick und stellt die Frage nach den damit verbundenen Herausforderungen und den Reaktionsmöglichkeiten von Eltern.

Der Diplom-Psychologe Joseph Kleinschnittger geht auf dem Hintergrund seiner klinischen Erfahrungen der Frage nach, was Schule und Familie voneinander brauchen und wie sie gemeinsam die Kinder und Jugendlichen fördern können.

Der Diplom-Pädagoge Dr. Reinhard Winter, der seit mehr als 20 Jahren in der Jungenforschung arbeitet, berichtet in seinem Beitrag über Voraussetzungen und Möglichkeiten einer gelungenen Erziehung von Jungen.

Unser besonderer Dank gilt Herrn Dr. Carsten Scherließ, dem ehemaligen

Leiter der Liebigschule in Gießen, der als Ideengeber die Vortragsreihe maßgeblich mit ins Leben gerufen hat. Außerdem danken wir den beteiligten Gießener Schulen Aliceschule, Gesamtschule Gießen-Ost, Herderschule, Liebigschule und Ricarda-Huch-Schule für ihr Engagement bei der Organisation und Durchführung der einzelnen Vorträge.

*Heinz Kipp, Annette Richter & Elke Rosenstock-Heinz*

# Wie »tickt« die Jugend?

*Christine Uhlmann*

Die Erkenntnis, dass die junge Generation anders »tickt« als die Erwachsenen, ist nicht neu: Bereits in der römischen und griechischen Antike mussten sich Jugendliche Vorwürfe von ihrer Eltern- und Großelterngeneration gefallen lassen. Offensichtlich fehlt es diesen auch heute noch an Erklärungen und Einblicken in die Lebensphase Jugend und einem Aufwachsen unter ganz anderen Rahmenbedingungen.

Einen solchen Einblick liefert die SINUS-Jugendforschung. Im April 2016 erschien bereits die dritte Untersuchung der Reihe »Wie ticken Jugendliche?« des SINUS-Instituts. Sie liefert eine alltagsnahe Bestandsaufnahme der soziokulturellen Verfassung der 14- bis 17-Jährigen in Deutschland und gibt Antworten auf die Fragen, was Jugendlichen wichtig ist, welche Wünsche und Sehnsüchte, Ängste und Sorgen sie für ihre Zukunft haben und welche Einstellungen zu aktuellen gesellschaftlichen Fragen vorherrschen. Bereits in den beiden Vorgängerstudien von 2008 und 2012 konnte aufgezeigt werden, dass es in Deutschland *die* Jugend nicht gibt, sondern dass große soziokulturelle Unterschiede zwischen den Lebenswelten zu erkennen sind.

Der folgende Text gibt einen Überblick über die wichtigsten und prägendsten Themen der Jugendphase. Nach einer kurzen Beschreibung des Forschungsansatzes der SINUS-Jugendstudie werden die sieben SINUS-Lebenswelten u18 vorgestellt, wie sie im Rahmen der qualitativ-empirischen Studien erforscht wurden. Abschließend werden Einsatz- und Umsetzungsmöglichkeiten der Forschungsergebnisse aufgezeigt.

Christine Uhlmann

## 1 »Die Jugend von heute« ...

Die Lebensbedingungen, unter denen Jugendliche in Deutschland aufwachsen, haben sich im Verlauf der vergangenen Jahrzehnte merklich verändert. Sie sind eingebettet in den soziokulturellen Wandel unserer Gesellschaft und werden von dessen zentralen Rahmenbedingungen beeinflusst. Eine umfassende Bestandsaufnahme aller Faktoren ist an dieser Stelle nicht möglich, es sollen aber einige zentrale Aspekte angeführt werden, welche Jugendliche selbst als relevant benennen:

➤ Der demografische Wandel mit sinkenden Geburtenzahlen, steigender Lebenserwartung und einer veränderten Altersstruktur unserer Gesellschaft stellt diese vor eine große Herausforderung und macht die Jugend zu einem raren Gut.

➤ Die Digitalisierung, die inzwischen alle Lebensbereiche umfasst, scheint aus Sicht der Jugendlichen mit der ständigen Erreichbarkeit über das Smartphone ihren Höhepunkt erreicht zu haben. Das Lesen, Beantworten und Verwalten aller eingehenden Nachrichten nimmt immer mehr Zeit in Anspruch, die Informations- und Datenflut ist immens. Dies wird von Jugendlichen als problematisch wahrgenommen. Sie berichten von Überforderung und einem gesteigerten Bedürfnis nach Sicherheit und Stabilität.

➤ Die zunehmende Kluft zwischen Arm und Reich in unserer Gesellschaft und die Angst vor sozialem Abstieg treibt viele Jugendliche um und führt zu Unsicherheiten und Zukunftsängsten.

➤ Durch die wachsende Zuwanderung wird für die heranwachsende Generation eine multikulturelle und multireligiöse Gesellschaft zum Normalfall. Für die meisten jungen Menschen lässt sich eine deutlich höhere Toleranz beobachten, als dies noch vor einigen Jahren der Fall war, vereinzelt führen diese Entwicklungen bei Jugendlichen jedoch auch zu Ängsten und Ressentiments.

➤ Jugendlichen ist bewusst, dass ihre Lebensläufe und Berufsbiografien in großen Teilen nicht planbar sind. Auf der einen Seite ist durch die Zunahme atypischer Beschäftigungsverhältnisse mit Brüchen in der Erwerbsbiografie zu rechnen, andererseits bieten neue Ausbildungswege und die Vielzahl von Berufen eine nahezu unbegrenzte Multioptionalität. Viele Jugendliche berichten in diesem Zusammenhang von einem gestiegenen Leistungsdruck und der quälenden Frage, ob das eigene Leistungsvermögen dauerhaft ausreicht, um diesem Druck gewachsen zu sein.

➢ Jugendliche schildern ihre Beziehungen zu den eigenen Eltern und zur Elterngeneration als überaus harmonisch und unproblematisch: Provokation und das Bedürfnis, sich von den Eltern abzugrenzen, scheinen keine Rolle mehr zu spielen.

Die Herausforderungen, mit denen Jugendliche heute konfrontiert werden und die sie bewältigen müssen, sind demnach vielfältig und kompliziert. Wir sehen uns mit einer jungen Generation konfrontiert, die ganz verschieden auf diese Einflüsse und Herausforderungen reagiert und sich deshalb durch eine anwachsende Vielfalt innerhalb dieses Lebensabschnittes beschreiben lässt.

## 2 Forschungsansatz und Systematik des SINUS-Lebensweltenmodells

Die SINUS-Lebenswelten u18 sind ein Modell, in dem seit 2008 die große Vielfalt der Jugendlichen dargestellt und beschrieben wird. Junge Menschen einer Altersgruppe mit ähnlichen Werten, Lebenseinstellung und Bildungshintergrund werden als Lebenswelt zusammengefasst. Die Beschreibungen der Lebenswelten beruhen auf narrativen Interviews sowie kreativen Selbstzeugnissen der Befragten: Sie hatten vor den Interviews ein »Hausarbeitsheft« ausgefüllt, in dem sie unter anderem über ihre Interessen, Wünsche und Vorbilder Auskunft gaben und sich auf kreative Weise mit sich und ihrer Zukunft beschäftigten. Daneben wurden die Jugendzimmer fotografisch dokumentiert, um Stilpräferenzen der Jugendlichen zu erfassen. Die Besonderheit dieses Forschungsansatzes ist die soziale und kulturelle Tiefenschärfe.

Das Modell der SINUS-Lebenswelten u18 positioniert die sieben Zielgruppen horizontal auf einer dreigeteilten Werte-Achse (traditionell, modern, postmodern) und vertikal nach dem Bildungsgrad.

Zum besseren Verständnis der Werte-Achse im SINUS-Modell und zur Illustration des breiten Wertespektrums der Jugend dienen die Abbildungen 1 und 2. In der ersten Übersicht (Abb. 1) sind den einzelnen Achsenabschnitten typische Werte zugeordnet, die aus den Erzählungen der Jugendlichen herausdestilliert werden konnten.

Die qualitative Analyse der Alltagswelten in der Alterskohorte der 14- bis 17-Jährigen zeigt, dass sich das Wertespektrum Jugendlicher weiterhin mit drei zentralen Grundorientierungen – traditionell, modern und postmodern – beschreiben lässt. Die traditionelle Grundorientierung steht für Werte, die sich

*Abb. 1: Werte-Achse des SINUS-Lebensweltmodells – typische Werte (Quelle: SINUS-Institut)*

an »Sicherheit und Orientierung« ausrichten. Der modernen Grundorientierung liegen Werte zugrunde, die auf »Haben und Zeigen« sowie auf »Sein und Verändern« abzielen. Die postmoderne Grundorientierung bündelt die Wertedimensionen »Machen und Erleben« und »Grenzen überwinden und Sampeln«.

Diese normativen Grundorientierungen sind dabei nicht als getrennte bzw. trennende Kategorien zu verstehen. Die Werthaltung Jugendlicher folgt heute weniger einer »Entweder-oder-Logik« als vielmehr einer »Sowohl-als-auch-Logik«. Charakteristisch ist eine Gleichzeitigkeit von auf den ersten Blick nur schwer vereinbaren Werthaltungen.

## 3 Ein Blick in SINUS-Lebenswelten

Abbildung 2 veranschaulicht die Positionierung der jugendlichen Lebenswelten in der sozialen Landkarte. Für jede Lebenswelt liegt eine ausführliche Beschreibung der lebensweltlichen Basisorientierung zu den Zukunftsvorstellungen, zur kulturellen Orientierung, zu Freizeit, Vergemeinschaftung und weiteren Aspekten des Alltages vor (Calmbach et al., 2012, 2016).

# Wie »tickt« die Jugend?

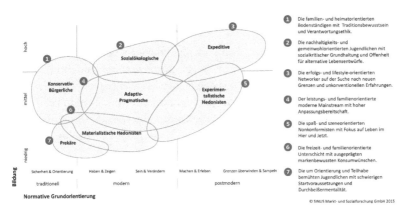

Abb. 2: Sinus-Lebensweltmodell u18 (Quelle: SINUS Institut)

## Die Konservativ-Bürgerlichen – Bodenständigkeit und Tradition

Die Konservativ-bürgerlichen Jugendlichen verstehen sich als die »Normalen« unter ihren Altersgenossen. Besonders bedeutsam sind für sie Anpassungs-, Ordnungs-, Kollektivwerte und soziale Werte: Gemeinschaft, Zusammenhalt, Hilfsbereitschaft, Familie und Geselligkeit. Speziell in den westlichen Bundesländern sowie unter muslimischen Jugendlichen spielen auch Glaube und religiös geprägte Tugenden eine wichtige Rolle.

Konservativ-Bürgerliche versuchen möglichst schnell ihren Platz in der Erwachsenenwelt zu finden und haben für sich ein festes und gradliniges Bild für ihren weiteren Lebenslauf. Diesen möchte man so wenig wie möglich dem Zufall überlassen. Ihre Zukunftswünsche sind von Bescheidenheit, Beschaulichkeit, Nüchternheit und Realismus gekennzeichnet. Auch die regionale Verwurzelung und die Nähe zu Heimat und Herkunftsfamilie spielen dabei eine wichtige Rolle: *»Und mit 35 habe ich vielleicht eine Familie und wohne in meinem eigenen Haus, nicht so weit weg von hier. Ich will schon gerne hier bleiben eigentlich. Das ist so schön ruhig«* (weiblich, 17 Jahre).

Schule als ein Ort mit festen Regeln und Strukturen ist für die Konservativ-Bürgerlichen ein angenehmer Ort. Lernen, Hausaufgaben sowie Vor- und Nachbereitung des Unterrichts gehören selbstverständlich dazu: *»Meistens mache ich meine Hausaufgaben dann auch zweimal, also ich schreibs einmal vor, rechne alles, schreib die Texte und mache es dann noch einmal ordentlich«* (weiblich, 17 Jahre).

Christine Uhlmann

## Die Sozialökologischen – Sozialkritik und Engagement

Sozialökologische Jugendliche sehen es als ihre Pflicht an, sich mit ihrer Meinung und ihrem Engagement einzubringen. Sie setzen sich für Nachhaltigkeit, Gerechtigkeit und Chancengleichheit sowie den Schutz der Umwelt ein. Dabei äußern sie sich häufig sozial- und systemkritisch und distanzieren sich von materialistischen Werten: »*Da gibt es doch dieses Sprichwort von Ghandi ›Sei du selbst die Veränderung, die du dir für diese Welt wünschst‹, also das finde ich schon eigentlich gut*« (weiblich, 17 Jahre).

Sozialökologische zeichnet ein vergleichsweise starkes »Sendungsbewusstsein« aus, sie möchten andere von ihren Ansichten überzeugen und sie ebenfalls für »ihre Sache« gewinnen.

Diesen Jugendlichen ist es wichtig, ihren eigenen Horizont und ihre Fähigkeiten kontinuierlich zu erweitern. Sie haben großes Interesse an anderen Ländern bzw. Kulturen und globalen Zusammenhängen und planen, so viel wie möglich zu reisen.

Die Schule ist für Sozialökologische ein wichtiger, inspirierender und angenehmer Bildungsort, auch wenn sie Notengebung und steigendem Druck gegenüber sehr kritisch eingestellt sind. Lernen dient dem Wissenserwerb und der persönlichen Weiterentwicklung und am liebsten lernt man in Gesprächen und Diskussionen mit Experten und Expertinnen auf ihrem Fachgebiet. »*Ich find halt so schade, dass sozusagen durch die vorgegebenen Sachen der Schule die Lehrer in ihrem Unterricht, wie soll ich sagen, so begrenzt sind*« (männlich, 17 Jahre).

## Die Expeditiven – immer auf der Suche nach Grenzen und neuen Erfahrungen

Nicht an- sondern weiterkommen in ihrem Leben möchten Expeditive. Deshalb sind sie sehr mobil und darauf bedacht, den eigenen Erfahrungshorizont kontinuierlich zu erweitern. Sich selbst sehen sie als die urbane und kosmopolitische, kreative Elite und gehen ihre weitere Lebens- und Karriereplanung außerordentlich selbstbewusst an. Sie wissen, dass sie das Rüstzeug mitbringen, um in einer globalisierten (Arbeits-)Welt Karriere machen zu können:

> »Ich denke nur, man sollte alles nicht so ernst nehmen oder streng, einfach so ein bisschen locker immer bleiben und runterkommen erst mal. So unbeschwert auf die Sachen zugehen und dann wird das alles schon. Ich glaube, man muss immer vor al-

lem an sich selber denken und man darf nicht so sehr an andere denken dabei, wenn man wirklich etwas erreichen will. Weil ich glaube, es denken nicht so viele wirklich an die anderen. Und wenn du für dich zwar an die anderen denkst, aber keiner denkt dann mehr an dich, das bringt dir dann auch nichts mehr. Ich glaube, man muss schon ein bisschen egoistisch sein in vielerlei Hinsicht und vor allem auch selbstbewusst und eine eigene Meinung über die Dinge haben« (weiblich, 16 Jahre).

Expeditive leben nach dem Motto »Work hard, play hard«. Neben allem Spaß und Freizeitleben mit oftmals unkonventionellen und kreativen Hobbys möchten sie auf alle Fälle beruflich etwas erreichen und Karriere machen. Aus diesem Grund sehen sie die Schule als »notwendiges Übel« an, wo man zwar sehr gute Leistungen bringt und einen guten Abschluss erreichen möchte, sich aber ab und an auch mal eine »Auszeit« gönnt. Lernen ist das Fundament für die Zukunft, aber auch wichtiger Bestandteil der persönlichen Entwicklung: »*Ich lerne nur das, was mich interessiert, die anderen Sachen nehme ich auf*« (weiblich, 17 Jahre).

## Die Adaptiv-Pragmatischen – Mainstream und Anpassungsbereitschaft

Anpassungs- und Kompromissbereitschaft sowie Realismus bezeichnen die Adaptiv-Pragmatischen als ihre Stärken. Sie versuchen möglichst ohne Reibungsverlust durchs Leben zu kommen und orientieren sich dabei nicht an Utopien und Ideologien, sondern am Machbaren und vor allem an den gültigen Normen und Regeln. Adaptiv-Pragmatische sehen sich als verantwortungsbewusste Bürgerinnen und Bürger, die künftig pünktlich Steuern zahlen und dem Staat nicht auf der Tasche liegen wollen. Ihr Platz ist in der Mitte der Gesellschaft, ihre Werte und ihr Lebensstil sind der Maßstab für Normalität: »*Ich würde sagen, das ist so ziemlich das, was im Moment jedes Mädchen trägt. Es ist keine spezielle Richtung, sondern ich kaufe das, was mir gefällt. Aber das ist meistens auch das, was gerade in den Geschäften ist. Ich muss dafür nicht in Spezialgeschäfte gehen*« (weiblich, 14 Jahre).

Insgesamt haben Adaptiv-pragmatische Jugendliche durch Schule, Familie und Hobbys viele feste Termine im Wochenablauf und einen verplanten und vollen Alltag, in dem die Zeit manchmal knapp wird.

Der Schule und dem Lernen wird eine hohe Bedeutung zugeschrieben. Es ist eine Investition in die Zukunft, deshalb sind gute Noten entscheidend. Das Lernverständnis der Adaptiv-Pragmatischen umfasst deshalb fast ausschließlich das Lernen für die Schule: »*Ich will natürlich immer gute Zensuren haben und das motiviert mich natürlich auch*« (weiblich, 17 Jahre).

Christine Uhlmann

## Die Experimentalistischen Hedonisten – Leben im Hier und Jetzt

Experimentalistische Hedonisten wollen das Leben in vollen Zügen genießen und den Ernst des Lebens möglichst lange ausblenden. Man lebt vor allem im Hier und Jetzt und mag es gar nicht, wenn das Leben nur aus Vorschriften besteht. Grenzen sind dazu da, überschritten zu werden, und Regeln, um sie zu brechen: »*Also ein bisschen revolutionär, dass man halt ein bisschen wirklich aus der Reihe tanzt und nicht das macht, was man so vorgeschrieben bekommt, [...] dass man halt ein freieres Leben hat, auch dass man nicht so sehr von der Gesellschaft beeinflusst wird, finde ich ganz interessant*« (männlich, 17 Jahre). Typisch bürgerliche Werte werden abgelehnt.

Auch die Zukunftsplanung ist alles andere als bürgerlich: »*Ich will auf jeden Fall die coolste Oma aller Zeiten werden. Ich will mit 80 einen Roadtrip auf der Route 66 mit einem Bike machen. Und dann möchte ich verhaftet werden. Und ich möchte etwas klauen und dann behaupten, ich habe Alzheimer, ich kann mich an gar nichts erinnern*« (weiblich, 17 Jahre).

Für die Experimentalistischen Hedonisten gibt es eindeutig wichtigere Dinge als Schule, die als notwendiges Übel angesehen wird. Die ist vor allem darauf zurückzuführen, dass die Abläufe in der Schule »immer gleich« und damit langweilig sind. Viel lieber lernt man erfahrungsbezogen und kreativ: »*Den ganzen Tag im Klassenraum sitzen, obwohl man so 15 oder 16 ist und voll viel Energie hat, ist schon anstrengend*« (männlich, 15 Jahre). Viele wichtige Talente liegen deshalb im Freizeitbereich.

## Die Materialistischen Hedonisten – Konsum statt Sparsamkeit

Materialistische Hedonisten sind sehr konsum- und markenorientiert und immer auf der Suche nach Luxusgütern und Schnäppchen. Shoppen, Party, Geld und Urlaub sind die coolsten Sachen der Welt. Schnell finanziell unabhängig sein und möglichst früh eine Familie gründen sind wichtige Ziele. Materialistische Hedonisten möchten Spaß und ein »gechilltes Leben« führen, in welchem Konsum klar vor Sparsamkeit kommt: »*Ich mag schon lieber Markensachen als so H&M, aber es ist meistens einfach viel zu teuer. Aber ich mag schon so eher, also wenn ich feiern gehe, mag ich es schick. [...] Die Hosen von Hollister sind ganz gut und so Superdry, Michael Kors, aber da habe ich nur eine Tasche von, weil es so teuer ist*« (weiblich, 17 Jahre).

An Freizeit mangelt es nicht, allerdings wird teilweise die Langeweile des Alltags betont, aus der man auszubrechen versucht. Die Schule nimmt aus Sicht der Materialistischen Hedonisten viel zu viel Zeit im Leben ein. Hausaufgaben macht man daher vorrangig in den Fächern, die man mag und wenn man gerade Lust dazu hat. Als Sozialraum aber – als Ort, an dem man seine Freundinnen und Freunde trifft und in der Pause gemeinsam Spaß hat – ist die Schule durchaus wichtig: »*Niemand hat so richtig Lust auf Schule, aber man kann es so gut gestalten, wie es geht. Weil, wenn man mehr Spaß hat, dann lernt man auch mehr, weil man dann auch besser aufpasst*« (männlich, 15 Jahre).

### Die Prekären – nie aufgeben trotz schwerer Startvoraussetzungen

Prekäre Jugendliche haben von allen die schwersten Startvoraussetzungen. Der französische Begriff *précaire* bedeutet übersetzt »heikel«, »unsicher« und »widerruflich« – und umschreibt das Lebensgefühl und die Lebenssituation dieser Jugendlichen. Ihre Biografie weist schon früh erste Brüche auf wie beispielsweise problematische Familienverhältnisse, Schulverweise oder psychische Krankheiten. Aufgrund des elterlichen Herkunftsmilieus wachsen diese Jugendlichen häufig in schwierigen Wohnumfeldern auf, im Zentrum sogenannter sozialer Brennpunkte. Jugendliche dieser Lebenswelt sind sich dessen bewusst und bemüht, ihre Situation zu verbessern und »hier raus zu kommen«: »*Mein Lebensmotto ist: Egal wie oft man hinfällt, es kommt immer darauf an, wie oft man aufsteht*« (männlich, 16 Jahre). Vorbilder sind deshalb oft »Kämpfertypen«.

Man hat den starken Wunsch, dazuzugehören und »auch mal etwas richtig gut zu schaffen«, nimmt jedoch wahr, dass das nur schwer gelingt.

Schule ist meist ein Ort des Misserfolgs, der durch Konflikte, Ärger, Überforderung und Unzufriedenheit geprägt ist: »*Ich hab' Schule von Anfang an nicht gemocht*« (weiblich, 16 Jahre). Vielen fehlt die intrinsische Motivation für das Lernen. Auch die Zukunftsplanung ist deshalb oft ein schwieriges Thema.

## 4 Die Jugend verstehen

Die SINUS-Jugendstudie sensibilisiert für die lebensweltlichen Logiken unterschiedlicher Jugendlicher. Das Modell der verschiedenen Lebenswelten soll dazu ermutigen, sich der soziokulturellen Vielfalt zu stellen. Die Lebensweltforschung bietet darüber hinaus einen umfangreichen Werkzeugkasten für eine Weiterentwicklung oder Neukonzeption von Angeboten in Schule und außerschulischer Jugendarbeit. Sie unterstützt Diagnose-, Zukunftsgestaltungs-, Lern-, Umsetzungs- und Veränderungsprozesse und kann in Fortbildungen zur Zielgruppenkompetenz für Mitarbeitende eingesetzt werden.

Die Studie »Wie ticken Jugendliche 2016? – Lebenswelten von Jugendlichen im Alter von 14 bis 17 Jahren in Deutschland« ist bei Springer VS erschienen und sowohl als Buch als auch digital als Open Access bei SpringerLink erhältlich. Auftraggeber sind die Akademie des Verbandes Deutscher Verkehrsunternehmen (VDV-Akademie), die Arbeitsstelle für Jugendseelsorge der Deutschen Bischofskonferenz (afj), der Bund der Deutschen Katholischen Jugend (BDKJ), die Bundeszentrale für politische Bildung (bpb) und die Deutsche Kinder- und Jugendstiftung (DKJS). Vorträge, Workshops und andere Veranstaltungsformate zur Vertiefung der Studienergebnisse bietet die SINUS:akademie an. Weitere Informationen unter www.wie-ticken-jugendliche.de

## Literatur

Calmbach, M., Thomas, P. M., Borchard, I. & Flaig, B. B. (2012). *Wie ticken Jugendliche 2012? Lebenswelten von Jugendlichen im Alter von 14 bis 17 Jahren in Deutschland*. Düsseldorf: Verlag Haus Altenberg.

Calmbach, M., Borgstedt, S., Borchard, I., Thomas, P. M. & Flaig, B. B. (2016). *Wie ticken Jugendliche 2016? Lebenswelten von Jugendlichen im Alter von 14 bis 17 Jahren in Deutschland*. Wiesbaden: Springer Fachmedien Wiesbaden GmbH.

# Intelligenz – Theorien und Befunde von der Wiege bis zur Bahre

*Detlef H. Rost*

Kein anderes psychologisches Konstrukt ist so viel und so umfassend beforscht worden wie das der »Intelligenz«. Und kaum ein anderes psychologisches Konstrukt steht gleichermaßen im Interesse der Öffentlichkeit und ist so oft auf Titelseiten von Magazinen (zum Beispiel Spiegel, Focus, Stern) platziert worden. Intelligenz und Intelligenztests sind unzweifelhaft *die* Erfolgsgeschichten der empirischen Psychologie. Umso mehr verwundert es, dass viele Pädagogen[1] und andere Nicht-Psychologen wie Ärzte, Personalchefs und selbsternannte »Begabungscoaches« (und sogar manche [Schul-]Psychologen) nur wenig darüber wissen. Mythen anstatt Fakten beherrschen die Diskussionen unter Laien. Nachfolgend fasse ich in aller Kürze wichtige Erkenntnisse zu ausgewählten Aspekten der »Intelligenz« zusammen. Ich gehe dabei auf folgende Punkte ein:

(1) Definition und Konstrukt der Intelligenz,
(2) Intelligenzquotient *(IQ)*,
(3) zentrale Theorien über Intelligenz,
(4) Relevanz der Intelligenz für den Erfolg in Schule, Hochschule, Ausbildung und Beruf,
(5) Geschlechtsunterschiede in der Intelligenz,
(6) ausgewählte Erkenntnisse aus Hirnforschung und Verhaltensgenetik zur Intelligenz,
(7) Konstanz und Veränderung der Intelligenz.

---

1   Ich verwende im allgemeinen Fall (wenn also Jungen und Mädchen, Männer und Frauen gleichermaßen gemeint sind) das generische Maskulinum.

In diesem Beitrag weise ich – der flüssigen Lesbarkeit halber – nur auf wenige einschlägige Forschungsarbeiten hin. Sehr ausführlich – und mit vielen Literaturhinweisen unterfüttert – werden die in diesem Kapitel angesprochenen Themen (und weitere) in den umfangreichen Werken von Arthur R. Jensen (1998: *The »g« Factor. The Science of Mental Ability*) und Detlef H. Rost (2013: *Handbuch Intelligenz*) abgehandelt. Einführende, auch von interessierten Laien lesbare Bücher zur Intelligenz sind beispielsweise von Hans J. Eysenck (2004: *Die IQ-Bibel. Intelligenz messen und verstehen*) und Ian J. Deary (2013: *Intelligenz. Eine sehr kurze Einführung*) veröffentlicht worden.

## 1 Intelligenz: Definitionen und Konstruktklärung

Versuche, »Intelligenz« umfassend verbal zu definieren, gibt es viele. Oft werden Aspekte wie »Fähigkeit zum logisch-schlussfolgernden Denken«, »Lernfähigkeit« oder »Anpassung an die Umwelt« genannt. Solche globalen Kennzeichnungen (»Omnibus-Definitionen«) können natürlich nicht befriedigen. *Unter diesem Vorbehalt ist in meinem Verständnis eine intelligente Person vor allem dadurch gekennzeichnet, dass sie das Potenzial besitzt, neue Probleme effektiv und effizient zu lösen (die Probleme müssen nicht prinzipiell, sondern nur für die jeweilige Person neu sein). Das heißt, dass ein besonders intelligenter Mensch das Potenzial hat, sich rasch umfassendes Wissen und vielfältige Problemlösestrategien anzueignen, schnell aus Erfahrung zu lernen und zu erkennen, bei welchen Situationen bzw. Problemstellungen eine Übertragung von Wissen und Strategien möglich ist (»Transfer« oder »Generalisierung«) und bei welchen sich diese Übertragung verbietet (»Differenzierung«).* Wichtig ist in dieser Umschreibung das Wort »Potenzial«. Intelligenz ist nämlich kein direkt beobachtetes Phänomen, sondern ein Konstrukt (»Kompetenz«), auf das anhand von Indikatoren (das sind in der Regel die Aufgaben von Intelligenztests) geschlossen wird. Ob im Einzelfall das Potenzial in entsprechend beobachtbare Leistungen (»Performanz«) umgesetzt werden kann, hängt von diversen Merkmalen der jeweiligen Situation (zur Verfügung stehende Ressourcen, Unterstützung durch andere etc.) und von Personvariablen ab (wie aktueller Gesundheitsstatus, Motivation und Interesse, Anstrengungsbereitschaft, Konzentration, Ausdauer usw.).

Die Erfassung der kognitiven Leistungsfähigkeit via Intelligenztests hat sich seit rund 100 Jahren in Forschung und Praxis außerordentlich bewährt. Deshalb ist die auf den ersten Blick sinnarme Formulierung von Boring (1923), Intelligenz sei das, was ein Intelligenztest messe, durchaus vernünftig: Kennt man den seriösen und nach den Regeln der Psychometrie entwickelten Intelligenztest und seine Aufgaben (»Items«), dann kann man – auf dem Hintergrund psychologischer Theorien und beanspruchter kognitiver Ressourcen – aus der aktuell gezeigten Leistung ziemlich zuverlässig (reliabel, verlässlich) und gültig (valide) auf die Intelligenzhöhe eines Menschen schließen. Das setzt aber eine solide psychologische Ausbildung voraus, die nur durch ein volles Psychologiestudium an einer Universität gewährleistet wird. Deshalb gehören Intelligenztests nicht in die Hände von psychologischen Laien (Lehrer, Arzt, Sozialpädagoge, Erzieher, Ergotherapeut, Sprechstundenhilfe, Eltern etc.), Internet-Tests oder solche aus Magazinen, Illustrierten, Kunden- und Frauenzeitschriften oder aus Fernsehshows (»Der große IQ-Test bei RTL 2«) sind lediglich verbesserte Spielereien, die mit solider Intelligenzmessung wenig zu tun haben, auch wenn damit geworben wird, der »bekannte Professor X« von der Universität Y oder der Vereinigung »Mensa« hätte diesen oder jenen Test konzipiert.

Mein oben angeführtes Verständnis von »Intelligenz« ist inhaltlich nicht weit von der Definition entfernt, auf die sich 52 führende Intelligenzforscher vor 20 Jahren geeinigt haben:

»Intelligenz ist ein sehr allgemeines geistiges Potenzial, das u. a. die Fähigkeit zum schlussfolgernden Denken, zum Planen, zur Problemlösung, zum abstrakten Denken, zum Verständnis komplexer Ideen, zum schnellen Lernen und zum Lernen aus Erfahrung umfasst. Es ist nicht reines Bücherwissen, keine enge akademische Spezialbegabung, keine Testerfahrung. Vielmehr reflektiert Intelligenz ein breites und tieferes Vermögen, unsere Umwelt zu verstehen, zu ›kapieren‹, Sinn in Dingen zu erkennen‹ oder ›herauszubekommen, was zu tun ist‹« (Gottfredson et al., 1997).

Ein anderer Ansatz, die Bedeutung von »Intelligenz« zu klären, besteht darin, »Leute von der Straße« zu befragen, um Aufschluss über das Laienverständnis von Intelligenz zu erhalten. »Leute von der Straße« schreiben Intelligenten häufig – durchaus in Übereinstimmung mit der Psychologie – Verhaltensweisen zu wie »kann Probleme lösen« und ist »verbal geschickt« und »sozial kompetent« (Sternberg, Conway, Ketron & Bernstein, 1981), aber auch andere Attribute, die weniger zutreffend sind. Solch eine »implizite Intelligenztheorie« kann – muss aber nicht – »Intelligenz« zutreffend charakterisieren und braucht sich nicht unbedingt mit der Verwendung des Begriffs in der Wissenschaft und mit der Realität zu decken. (Hätte man im Mittelalter nach der Form der Erde gefragt, wäre übereinstimmend geantwortet worden, die Erde sei eine Scheibe).

Die von Nicht-Psychologen, vor allem von Pädagogen, häufig zu hörende Kritik, »Intelligenz« würde von fast jedem Forscher anders verstanden (»es gibt mindestens so viele Intelligenzdefinitionen wie Intelligenzforscher«), ist nur ein Gerücht. In einer weiteren, solideren Studie als die eben erwähnte von Sternberg et al. wurden von Snyderman & Rothman (1987) mehrere Hundert ausgewiesene Intelligenzforscher, alles Experten auf diesem Gebiet, befragt, ob verschiedene vorgegebene Fähigkeiten zur »Intelligenz« gehören. Es ergab sich eine sehr hohe Übereinstimmung bezüglich des Kerns des Intelligenzkonstrukts: »Abstrakt-logisches Denken«, »Problemlösefähigkeit« und die »Kapazität, sich Wissen anzueignen«, waren für fast alle Befragten zentrale Bestandteile von Intelligenz (mindestens 95% Zustimmung). Die Aussage, »Gedächtnis« und »Anpassung an die Umwelt« gehöre ebenfalls zur Intelligenz, bejahen jeweils mehr als 75 Prozent. Nahezu gespalten waren die Ansichten, was »Allgemeines Wissen« und »Kreativität« als konstitutive Elemente von Intelligenz betrifft (60% Zustimmung). Recht einig war man sich wieder darüber, was nicht zur Intelligenz gehört: »sensorische Schärfe«, »Zielorientierung« und »Leistungsmotivation« (Zustimmung weniger als 25%). Weiterhin wurde gefragt, wie gut diese Fähigkeiten mit Tests erfassbar seien. Für die Kernfähigkeiten gab es auch hier keine Kontroverse: Sie wurden samt und sonders als mithilfe von Tests gut messbar eingestuft.

Eine interessante Denkfigur, die hilft, »Intelligenz« zu verstehen, stammt von Hofstätter (1966, 1971, 1972), der Intelligenz als das Vermögen, Ordnung und Redundanz in unserer Welt zu erkennen, versteht (siehe Tabelle 1). Er unterscheidet einerseits die Fähigkeit, vorhandene Ordnung/Regeln/Gesetze zu entdecken (er nennt es »Intelligenz 1. Art«). Das ist das, was man traditionell unter »Intelligenz« versteht. Andererseits macht Hofstätter darauf aufmerksam, dass es viele Situationen in unserer Welt gibt, in denen Chaos herrscht, in denen also keine Ordnung/Regeln/Gesetze walten und man sich folglich auch nicht daran orientieren kann. Wer die Fähigkeit hat, das zu erkennen, ist ebenfalls intelligent. Hofstätter bezeichnet das als »Intelligenz 2. Art«. Spiegelbildlich dazu existieren zwei »Dummheiten«: Die »Dummheit 1. Art« ist eine Unfähigkeit, vorhandene Ordnung/Regeln/Gesetze zu erkennen. Bei komplexeren Sachverhalten hat das wohl jeder schon einmal bei sich selbst oder anderen erlebt. Über das, was Hofstätter »Dummheit 2. Art« nennt, denkt man seltener nach. Sie besteht darin, in einer Situation das Walten von Ordnung/Regeln/Gesetzen anzunehmen, obwohl dort Chaos herrscht. Eine solche Dummheit begegnet uns, wenn Personen glauben, sie könnten durch jahrelanges Notieren von Lottozahlen vorhersagen, welche Gewinnzahlen bei der nächsten Ziehung mit höherer Wahrscheinlichkeit zu erwarten sind. Jede neue Ziehung ist ein neues, eigenständiges Ereignis. Die Höhe der Wahrscheinlichkeit, dass eine bestimmte Zahl gezogen wird, hängt nicht davon ab, ob diese Zahl früher schon öfter gezogen wurde oder nicht.

| | Eine Person meint, dass es… | |
|---|---|---|
| In der Realität gibt es… | Ordnung gibt (Gesetze, Regeln, Zusammenhänge, Redundanzen) | keine Ordnung gibt (Gesetze, Regeln, Zusammenhänge, Redundanz) |
| Ordnung (Gesetze, Regeln, Zusammenhänge, Redundanzen) | „Intelligenz" 1. Art" | „Dummheit" 1. Art" |
| Keine Ordnung (Gesetze, Regeln, Zusammenhänge, Redundanzen) | „Dummheit" 2. Art | „Intelligenz" 2. Art" |

*Tab. 1: Zwei Arten, „intelligent" bzw. „dumm" zu sein (Hofstätter, 1966, 1971, 1972).*

## 2 Intelligenz: *IQ*

Die empirisch-psychologische Intelligenzmessung beginnt erst mit der Wende des 19. zum 20. Jahrhundert mit dem Engländer Spearman (1893–1945), den Franzosen Binet (1857–1911) und Simon (1872–1961), dem Deutschen Stern (1871–1931) und dem US-Amerikaner Terman (1987–1956). Neben diesen »Vätern« der Intelligenzforschung und Intelligenzmessung wurden Meilensteine unter anderem von Burt (1883–1971), Cattell (1905–1998, ein Schüler von Spearman), Vernon (1905–1987), Carroll (1916–2003) und Jäger (1920–2002) gesetzt.

Der Psychologe Binet und der Psychiater Simon entwickelten im Auftrag des französischen Erziehungsministeriums den ersten brauchbaren psychologischen Intelligenztest mit der humanen Zielsetzung, Kinder mit stärkeren Lern- und Verständnisproblemen zu identifizieren, um ihnen anschließend mit besonderen pädagogischen Bemühungen zu helfen. Die beiden Autoren quantifizierten 1905 die geistige Leistungsfähigkeit von Kindern, ihr »Intelligenzalter«, anhand eines Vergleichs mit alterstypischen Leistungen. Ihr Intelligenztest wurde 1916 von Terman für den amerikanischen Sprachraum adaptiert und modifiziert, ist in sehr viele Sprachen übertragen und bis heute ständig weiterentwickelt worden. Der deutsche Psychologe Stern (1912), Professor in Hamburg, schlug vor, das gemessene Intelligenzalter durch das Lebensalter zu teilen und das Resultat zur Vermeidung von Bruchzahlen mit 100 zu multiplizieren. Damit war eine Version des bis in die 1960er Jahre verwendeten Intelligenzmaßes geboren, das als »Quotienten-*IQ*« bezeichnet wird. Der durchschnittliche *IQ* beträgt 100 (wenn das Intelligenzalter genau dem Lebensalter entspricht: Ein Zehnjähriger kann die Aufgaben lösen, die üblicherweise auch von Zehnjährigen gelöst werden). Ein *IQ* über 100 zeigt eine überdurchschnittliche Intelligenz an (das Intelligenzalter liegt über dem Lebensalter: Kann ein Zehnjähriger auch Aufgaben lösen, die normalerweise erst Zwölfjährige schaffen, beträgt sein Quotienten-*IQ* 120 [12/10 × 100 = 120]). Ein Wert unter 100 weist demnach auf eine unterdurchschnittliche Intelligenz hin (das Intelligenzalter ist dann kleiner als das Lebensalter). Dieser Quotienten-*IQ* hat jedoch bestimmte problematische Eigenschaften. So führt er beispielsweise bei Erwachsenen zu absurden Werten: Ab etwa dem 20. Lebensjahr verändert sich viele Jahre lang die generelle kognitive Leistungsfähigkeit nur wenig, man wird aber stetig älter; dadurch sinkt dann der Quotienten-*IQ* immer mehr ab – bis hin zum völligen Schwachsinn. Wenn das Intelligenzniveau ab dem jungen Erwachsenenalter für viele Jahre praktisch stabil bleibt, hätte ein im Alter von 20 Jahren durchschnittlich intelligenter Erwachsener (Intelligenzalter 20) mit 40 Jahren nur einen *IQ* von 50 (da 20/40 × 100 = 50) und wäre demnach als extrem Minderintelligenter nicht mehr in der Lage, allerleichteste Anforderungen, die das tagtägliche Leben stellt (Zähneputzen, Einkaufen, Schuhe binden, Busfahren, Kaffee kochen usw.), eigenständig zu bewältigen. Um derart unsinnige Aussagen zu vermeiden, wurde das Lebensalter für Erwachsene auf konstant 16 Jahre festgelegt, völlig unabhängig vom tatsächlichen Alter. Aber das löst das Problem nicht wirklich, da der Quotienten-*IQ* auch noch andere methodische Nachteile aufweist, die hier im Einzelnen nicht näher erläutert werden können. Deshalb wird er heute zugunsten eines Abweichungs-*IQs* nicht mehr verwendet. Der Abweichungs-*IQ* gibt an, wie weit eine Person über oder unter dem Durchschnitt ihrer Bezugsgruppe liegt, wobei als Maßstab für die Quantifizierung des Abstandes die Standardabweichung (auch Streuung genannt; eine statistische Maßzahl, abgekürzt als *s* oder *S* oder *SD*) dieser Bezugsgruppe genommen wird. Durch simple und zulässige mathematische Transformationen wird der Mittelwert der Bezugsgruppe bei vielen Tests auf $M = 100$ festgesetzt, die Standardabweichung auf $s = 15$ (siehe Abbildung 1). Das ist beispielsweise die weithin übliche *IQ*-Skalierung, die den Wechsler-Tests, der weltweit verbreiteten Intelligenztestserie für Kinder und Erwachsene, zugrunde liegt. Es gibt auch Tests mit einer anderen Skalierung, zum Beispiel mit $M = 100$ und $s = 10$ (sog. *Z*-Skala) oder mit $M = 50$ und $s = 10$ (sog. *T*-Skala). Die bei PISA verwendete Skala hat $M = 500$ und $s = 100$. Die jeweiligen Skalierungen lassen sich durch einfache Rechenoperationen ineinander überführen. *IQ* = 118 entspricht beispielsweise $Z = 112$, $T = 62$ und PISA = 620. Es gibt gute Gründe, davon auszugehen, dass Intelligenz wie viele biologische Merkmale »normalverteilt« ist (»Gauß'sche Glockenkurve«).

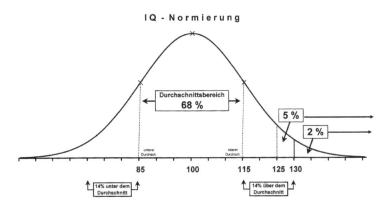

Abb. 1: Intelligenz: Normalverteilung.

Im Mittelbereich (also im Bereich von einer Standardabweichung unter und über dem Durchschnittswert von $IQ = 100$), also zwischen $IQ = 85$ und IQ = 115, liegen etwa 68 Prozent aller Menschen, und zwischen $IQ = 70$ und $IQ = 130$ befinden sich etwa 95 Prozent. Zur Klassifizierung der Intelligenzhöhe hat sich die in Tabelle 2 aufgeführte Kategorisierung eingebürgert.

Vielfach herrscht Unkenntnis darüber, wie häufig bestimmte hohe und höchste *IQ*s vorkommen. Die üblichen *IQ*-Tests differenzieren bis zu einem *IQ* von etwa 150. Angaben über exzeptionell hohe *IQ*s (zum Beispiel *IQ*s größer als 180), wie man sie in manchen Büchern findet, sind dummes Zeug (siehe Tabelle 3). Es gibt nämlich keinen seriösen Test, der solch hohe *IQ*s messen kann. Wenn von Menschen mit »Superhirnen« (*IQ*s größer als 160) berich-

| IQ-Kategorie (M = 100, s = 15) | Umschreibung | Anzahl Personen in Kategorie | Prozentrang |
|---|---|---|---|
| kleiner als 70 | extrem niedrig (oligophren) | ca. 2 % | kleiner als 2 |
| 70 bis 79 | sehr niedrig | ca. 7 % | 2 bis 8 |
| 80 bis 89 | niedrig | ca. 16 % | 9 bis 23 |
| 90 bis 109 | durchschnittlich | ca. 50 % | 25 bis 73 |
| 110 bis 119 | hoch | ca. 16 % | 75 bis 90 |
| 120 bis 129 | sehr hoch | ca. 7 % | 91 bis 97 |
| 130 und mehr | extrem hoch („hochbegabt") | ca. 2 % | größer als 97 |

Tab. 2: Abweichungs-IQ und Klassifizierung von Begabungsgruppen (Hofstätter, 1971, S. 184).

tet wird, dann kann es sich entweder nur um Kinder handeln, bei denen der veraltete Quotienten-*IQ* verwendet wurde (ein zweijähriges Kind, welches Aufgaben lösen kann, die »typisch« für ein Kind mit dreieinhalb Jahren sind, hätte einen Quotienten-*IQ* von 175), oder es handelt sich um unzulässige Schätzungen. Wenn jemand beispielsweise alle Aufgaben in einem *IQ*-Test löst, dann weiß man, dass er den laut Normierung höchsten Wert erreicht hat (zum Beispiel einen Mindest-*IQ* von 145), wie weit er aber über diesem Wert liegt, das weiß man nicht. In solchen Fällen einen bestimmten *IQ* zu nennen, hat nichts mit vernünftiger Intelligenzmessung zu tun, wohl aber viel mit Kaffeesatzleserei.

| Einen IQ von mindestens ... | hat eine von ... Personen | einen IQ von mindestens ... | hat eine von ... Personen |
|---|---|---|---|
| 100 | 2 | 150 | ca. 2.330 |
| 110 | 4 | 160 | ca. 32.000 |
| 120 | 11 | 170 | ca. 653.000 |
| 130 | 44 | 180 | ca. 20.000.000 |
| 140 | 261 | 190 | ca. 1.014.000.000 |

Tab. 3: Häufigkeit des Vorkommens unterschiedlicher Intelligenzquotienten in der Bevölkerung (Skalierung: M = 100, s = 15).

## 3 Intelligenz: Theorien

Der Engländer Spearman, der zu Anfang des 20. Jahrhunderts in Leipzig bei Wilhelm M. Wundt (1832–1920), dem »Vater« der wissenschaftlichen Psychologie, studierte, legte 1904 den Grundstein für eine frühe faktorenanalytisch begründete Theorie der Intelligenz, die er 1927 in seinem grundlegenden Buch *The Abilities of Man* (Spearman, 1927) ausdifferenzierte. Sein Ansatz dominiert auch heute noch die Diskussion. Ausgangspunkt seiner Theorie der »allgemeinen Intelligenz $g$« war die Beobachtung, dass völlig unterschiedliche intellektuelle Leistungen stets positiv zusammen hingen (wenn alles mit allem positiv korreliert, spricht die Psychologie von »positiver Mannigfaltigkeit«). Das heißt, beispielsweise, dass es bei einem Schüler mit überdurchschnittlicher Mathematikleistung wahrscheinlicher ist, dass seine Leistung in einem anderen Fach (zum Beispiel Biologie oder Latein) auch über dem Durchschnitt liegen als unter dem Durchschnitt. Dass alle intellektuellen Leistungen in unausgelesenen, repräsentativen Stichproben zwar unterschiedlich, aber stets positiv miteinander korrelieren, ist immer wieder gefunden worden und ein besonders gut abgesicherter Befund der Psychologie. Nach Spearman setzt sich jede intellektuelle Leistung aus zwei Faktoren zusammen (siehe Abbildung 2):

(1) aus »$g$« (der »generellen geistigen Energie« *(mental energy)*, von Spearman nicht näher erklärt)
(2) aus $s$ (einem spezifischen, nur für die betreffende Leistung typischen Faktor). Die positive Mannigfaltig aller kognitiver Leistungen wurzelt in ihren gemeinsamen $g$-Anteilen, die spezifischen Faktoren sind unkorreliert.

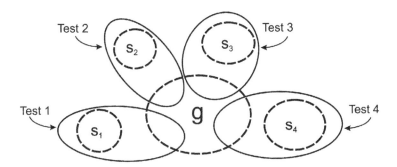

*Abb. 2: Intelligenz: Generalfaktortheorie von Spearman (nach Hofstätter, 1957, S. 175; modifiziert).*

Ein weiterer Meilenstein der Intelligenzforschung wurde vom US-Amerikaner Thurstone (1936, 1938) gesetzt. Basierend auf umfangreichen Testerhebungen an Studenten entwickelte der Autor seine Theorie der voneinander unabhängigen »sieben Primärfähigkeiten« *(seven primary mental abilities)*:
(1) *M* (*memory*, Gedächtnis, Merkfähigkeit),
(2) *N* (*number*, Rechengewandtheit, elementares Rechnen),
(3) *P* (*perceptual speed*, Wahrnehmungsgeschwindigkeit, Schnelligkeit der Wahrnehmung),
(4) *R* (*reasoning*, schlussfolgerndes Denken, logisches Denken),
(5) *S* (*spatial ability*, Raumvorstellung, räumliche Orientierung),
(6) *V* (*verbal comprehension*, Sprachverständnis, sprachliche Gewandtheit),
(7) *W* (*word fluency*, Wortflüssigkeit, Geläufigkeit des Wortschatzes).

Jede intellektuelle Leistung wird nach Thurstone aus einer spezifischen Kombination dieser Faktoren determiniert. Als Resultat einer über Jahre heftig geführten Auseinandersetzung zwischen Spearman und Thurstone wurde akzeptiert, dass es positiv korrelierende Gruppenfaktoren der Intelligenz einerseits und eines übergeordneten Intelligenzfaktors »*g*« andererseits gibt. Damit wurde der Streit beendet, und beide Forscher konnten ihr Gesicht wahren. Mit diesem Kompromiss wurde die Basis für spätere und heute allseits dominierende, hierarchisch organisierte Intelligenzmodelle gelegt.

Im Jahr 1949 veröffentlichte der Engländer Burt eine Übersicht über die Resultate der empirisch ermittelten Intelligenzfaktoren. Ein Jahr später stellte sein Landsmann Vernon (1950) eine ausgearbeitete, einflussreiche Theorie einer stammbaumähnlichen, hierarchischen Organisation der Intelligenz als Integration der Ansätze von Spearman und Thurstone vor (»Englische Schule der Intelligenzforschung«): *An der Spitze der Hierarchie kognitiver Fähigkeiten befindet sich die »allgemeine Intelligenz g«*. Auf der Ebene darunter sind zwei breite Gruppenfaktoren, *v:ed* (verbal-numerisch-schulische Fähigkeiten) und *k:m* (praktisch-mechanische-räumlich-physikalische Fähigkeiten) angesiedelt. Wiederum eine Ebene tiefer existieren zahlreiche spezifische Faktoren.

Auch Cattell (1963, 1987), ein ehemaliger Mitarbeiter von Spearman, und sein Schüler Horn (zum Beispiel Horn & Noll, 1994, 1997) präferieren eine hierarchische Intelligenztheorie mit zwei breiten Sekundärfaktoren (einen noch darüberstehenden generellen Faktor »*g*« sieht diese Theorie aber nicht vor): »flüssige Intelligenz« (Gf, *fluid intelligence*) als biologische, verwurzelte, intellektuelle Basisfähigkeit und »kristallisierte Intelligenz« (Gc, *crystallized intelligence*) als Resultat des im Laufe der Entwicklung (insbesondere während der

Schulzeit) erfolgten Investments von Gf in Bildungsinhalte, was bei einer Person zu einer separierbaren, kulturell ausgeformten Fähigkeit führt. Gc umfasst also kulturell gebundenes (deklaratives) Wissen, das heißt die »Breite und Tiefe des Wissens der dominanten Kultur« (Horn & Noll, 1997, S. 69). Im Anschluss an Cattell prägte Baltes (1990) für die Intelligenz die Begriffe der »(fluiden) Mechanik – das ist die kognitive *Hardware*, analog zum Computer – und »(kristallinen) Pragmatik«, die – wieder in Abspielung auf den Computer – das Betriebssystem und die lauffähigen Programme, also die kognitive *Software*, umfasst. Gf ist demnach prozess- und operationsbezogen, Gc inhalts- und leistungsbezogen.

Aufgrund von kritischen Reanalysen (Neuberechnungen) von mehr als 450 weltweit gesammelten Datensätzen der Jahre 1925 bis 1987 hat Carroll (1993) das bislang umfassendste und empirisch besonders gut abgesicherte »hierarchische Modell der drei Intelligenzschichten« vorgelegt (siehe Abbildung 3).

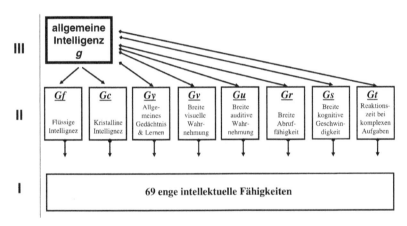

*Abb. 3: Intelligenz: Drei-Schichten-Modell von Carrroll (1993).*

Die unterste Schicht (Stratum I) besteht aus fast 70 Primärfaktoren. Die zweite, darüberliegende Schicht (Stratum II) setzt sich aus 8 bis 10 Sekundärfaktoren zusammen. An der Spitze steht wie bei Vernon die allgemeine Intelligenz »*g*« (Stratum III) im Sinne Spearmans. Neuerdings wird versucht, die Theorien von Cattell, Horn und Carroll zu einem umfassenden Modell empirisch und diagnostisch zu integrieren (CHC-Theorie). Aktuelle Intelligenztests orientieren sich zunehmend häufiger an der CHC-Theorie und versuchen, einige ihrer Facetten der Messung zugänglich zu machen.

Ein elaboriertes, deutsches, hierarchisches Alternativmodell ist das von Jäger (1984) entwickelte »Berliner Intelligenzstrukturmodell« (BIS). Es kombiniert vier mentale Operationsfacetten (»Verarbeitungskapazität K«, »Einfallsreichtum E«, »Gedächtnis G« und »Bearbeitungsgeschwindigkeit B«) mit drei Inhaltsarten (»sprachgebundenes Denken V«, »zahlengebundenes Denken N« und »anschauungsgebundenes Denken F«). Auch in diesem Modell gibt es die allgemeine Intelligenz »$g$«, welche als überwölbende integrative Klammer (»Integral«) für Operationen und Inhalte verstanden wird.

Eine Theorie, die sehr viele voneinander unabhängige Intelligenzfaktoren postuliert, ist das »Intelligenz-Struktur-Modell« von Guilford (1985) mit zuletzt 150 Faktoren. Es ist mehrfach widerlegt worden und nur noch von historischem Interesse. Hierarchische Intelligenzmodelle mit »$g$« gelten weltweit als goldener Standard der Intelligenzforschung. Die »Cattell-Horn-Carroll-Theorie« dürfte einen vorläufigen Schlussstrich unter die hundertjährige Diskussion der Struktur kognitiver Fähigkeiten gezogen haben.

Ein insbesondere bei Pädagogen populärer Ansatz, der die Befunde der jahrzehntelangen Intelligenzforschung übergeht, ist die Theorie der »multiplen Intelligenzen« von Gardner (zum Beispiel 1991). Dieser Autor postuliert diverse voneinander völlig unabhängige »Intelligenzen«: existenzielle Intelligenz, interpersonale Intelligenz, intrapersonale Intelligenz, körperlich-kinästhetische Intelligenz, logisch-mathematische Intelligenz, musikalische Intelligenz, naturalistische Intelligenz, sprachliche Intelligenz und visuell-räumliche Intelligenz. Die allgemeine Intelligenz »$g$« findet sich in seiner Theorie nicht. Einzelne der sogenannten multiplen Intelligenzen weisen jedoch einen sehr engen Bezug zu bekannten und gut erforschten Intelligenzgruppenfaktoren auf (zum Beispiel zu entsprechenden Primärfähigkeiten von Thurstone) und korrelieren, anders als Gardner behauptet, in Übereinstimmung mit »klassischen« Intelligenzbefunden nennenswert bis hoch. Die bisherigen Versuche, die einzelnen multiplen Intelligenzen zu messen, sind schlichtweg mangelhaft. In der Regel handelt es sich um keine Leistungsmessungen, sondern um fragebogenbasierte Selbst- oder Fremdeinschätzungen (überwiegend das Selbstkonzept oder Interessen thematisierend). Kurzum: Auf die Theorie der »multiplen Intelligenzen« ist kein Verlass (siehe dazu die Kritik durch Rost, 2008).

## 4  Intelligenz: Relevanz

Die generelle Intelligenz »$g$« kann mithilfe gängiger *IQ*-Tests objektiv, reliabel (zuverlässig) und valide (gültig) gemessen werden. Zahlreiche Studien haben belegt, dass »*g*« für viele Berufsanforderungen bedeutsam bis sehr bedeutsam ist und dass herkömmliche *IQ*-Tests die allgemeine Intelligenz »*g*« ziemlich fair, das heißt verzerrungsarm, ohne nennenswerten *bias*, messen (Jensen, 1980). In ihrer Vielzahl kaum mehr zu überblickende Quer- und Längsschnittstudien aus unterschiedlichsten Ländern der »Ersten Welt« haben belegt, dass der *IQ* ein besonders bedeutsamer Prädiktor für die Leistungen in diversen Fächern in Schule und Hochschule ist (siehe Tabelle 4).

| Kriterium | Korrelation |
|---|---|
| IQ und Leseverständnis | ca. .65 |
| IQ und Resultate von Schulreifetests | ca. .45 bis .80 |
| IQ im Kindergarten und Leseleistung in der Grundschule | ca. .40 |
| IQ und Schulleistungen in den ersten Schuljahren | ca. .45 bis .55 |
| IQ und Noten in verschiedenen Fächern in der vierten Klasse | ca. .30 bis .65 |
| IQ und Notendurchschnitt im Gymnasium | ca. .45 |
| IQ in der 4. Klasse und gemittelte Schulleistung in der 6.Klasse | ca. .70 |
| IQ und Lehrerempfehlung für den Gymnasialbesuch | ca. .70 |
| Gemittelter IQ in der 5./6. Klasse des Gymnasium und Abiturnote | ca. .50 |
| IQ in der 3.Klasse und IQ-Einschätzung der Schüler durch Lehrer | ca. .60 |
| *g* mit 11 Jahren und genereller Schulleistungsfaktor mit 16 Jahren | ca. .80 |
| IQ und Schulbesuchsdauer | ca. .55 |
| IQ im Alter von 40 Jahren und höchster erreichter Bildungsstand | ca. .55 |

*Tab. 4: Zusammenhänge von Intelligenz (IQ bzw. allgemeine Intelligenz »g«) mit pädagogischen Kriterien (Polung: Bessere Schulleistung entspricht einem höheren Wert).*

Deary, Strand, Smith und Fernandes (2007) maßen in einer viele Tausend Probanden umfassenden Stichprobe von britischen 11-jährigen Schülern die allgemeine Intelligenz »*g*« und setzten sie, als die Schüler 14/15 Jahre alt waren, mit einem aus dem *General Certificate of Secondary Education* extrahierten allgemeinen Schulleistungsfaktor (SL) in Beziehung. Die Autoren ermittelten eine sehr hohe Beziehung dieser beiden latenten (messfehlerfreien) Variablen ($r = .83$; siehe Abbildung 4). Dieser Wert wurde von Calvin, Fernandes, Smith, Visscher und Deary (2010) anhand einer mehr als doppelt so großen Stichprobe von 178.599 englischen Elfjährigen fast punktgenau repliziert ($r = .81$).

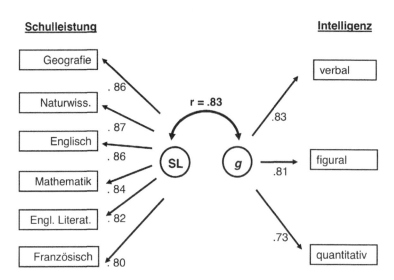

Abb. 4: Intelligenz: Korrelation des generellen Schulleistungsfaktors (SL) mit dem allgemeinen kognitiven Leistungsfaktor (g) (nach Deary, Strand, Smith & Fernandes, 2007, S. 17).

Schulleistungen können bei unausgelesenen Stichproben durch *IQ*-Tests in der Regel besser vorhersagt werden als durch Persönlichkeitsvariablen und motivationale Indikatoren. Dies gilt vor allem, wenn die Schulleistungen mittels standardisierter Leistungstests gemessen werden oder wenn es sich um einen Zensurendurchschnitt handelt. Auch für den Ausbildungserfolg ist »*g*« ein guter Prädiktor. Der Ausbildungserfolg erhöht sich etwa um einen Betrag von etwas mehr als einer halben Standardabweichung, wenn die allgemeine Intelligenz um eine ganze Streuungseinheit ansteigt.

Da die im Schulabschluss erzielte Leistung (in der Regel der Zensurendurchschnitt) als vielfach benutztes Auswahlkriterium für die Berufswahl positiv mit Intelligenz korreliert, ist auch zwischen Intelligenz und Berufstätigkeit bzw. Berufserfolg ein positiver Zusammenhang zu erwarten. Die Korrelation der allgemeinen Intelligenz mit der Leistungshöhe im Beruf ist durch zahlreiche Untersuchungen für nahezu alle Gruppen beruflicher Tätigkeiten empirisch sehr gut belegt. Für die Höhe des Zusammenhanges spielt neben der unterschiedlichen Güte der Intelligenzmessung auch die Art des Leistungskriteriums eine Rolle. Die allgemeine Intelligenz zeigt sich in Metaanalysen als der beste Einzelprädiktor für den Berufserfolg – vor allem für Berufseinsteiger, aber auch für Berufserfahrene. In höher bewerteten Berufen sinkt die Vorhersagekraft der Intelligenz auf den Berufserfolg wegen der eingeschränkten Varianz. Dennoch wird die Prognose des Erfolges in Ausbildung und Beruf umso genauer, je komplexer die Anforderungen eines Berufes sind. Abbildung 5 veranschaulicht, wie ein höherer *IQ* zu einer besseren Position in unserer Gesellschaft (Schul-, Berufs- und Lebenserfolg) führen kann.

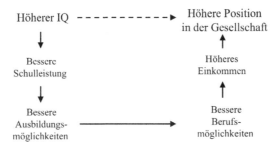

Abb. 5: Intelligenz: Wirkmechanismus vom IQ zur Position in der Gesellschaft.

Intelligenz hängt zudem negativ mit gesellschaftlich relevanten Problemen wie Schulabbruch, Arbeitslosigkeit, Armut, Kriminalität zusammen (siehe zum Beispiel Herrnstein & Murray, 1994). Im Kindes- und Jugendalter gehen stärkere psychische Störungen mit einer erniedrigten Intelligenz einher (siehe Tabelle 5).

| IQ | Vorkommenshäufigkeit | Alter |
|---|---|---|
| IQ größer als 85 | 17 % | 8 Jahre und 13 Jahre |
| IQ ungefähr 80 | 32 % | 7 Jahre |
| IQ kleiner als 70 | 41 % | 4 Jahre bis 18 Jahre |
| IQ kleiner als 51 | 47 % | 13 Jahre und jünger |

Tab. 5: Häufigkeiten kinder- und jugendpsychiatrischer Störungen bei unterschiedlichen Intelligenzquotienten in unterschiedlichen Altersstufen (Schmidt, 2000, S. 366).

Die mit psychometrischen Tests erhobene Intelligenz ist für den Berufserfolg in industrialisiert-informierten Gesellschaften das relevanteste Einzelmerkmal.

Je kognitiv anspruchsvoller ein Beruf ist, je komplexer die Berufsanforderungen sind, desto höher ist auch der durchschnittliche *IQ* der im jeweiligen Beruf Tätigen.

Bei intellektuell herausfordernden Berufen sind Intelligenztests zu Zwecken der Personalauslese erste Wahl. Metaanalysen aus diversen Ländern zufolge ist die prädiktive Potenz der ökonomisch erfassbaren allgemeinen Intelligenz »*g*« stärker als die jeder anderen Methode, die bislang zur Personalauswahl verwendet wird. Zusätzlich zu *IQ*-Tests eingesetzte Verfahren (wie Einstellungsinterviews, Assessment-Center) steigern zwar die Aufklärung der Berufserfolgsvarianz etwas, aber nur um einen recht kleinen Betrag. Der Nutzen von Intelligenztests liegt also durch die Reduzierung kostenintensiver Fehlentscheidungen (beispielsweise durch abgebrochene Traineeprogramme) auf der Hand.

Hohe Anteile der Untertestvarianzen eines Breitband-*IQ*-Tests gehen auf »*g*« zurück, und die Messung von »*g*« ist kaum von dem Test, aus welchem der Generalfaktor extrahiert wird (»Indifferenz der Indikatoren«), abhängig. Praktiker glauben, dass bei differentiellen Intelligenztests deren prädiktive Validität durch eine Profilauswertung – im Vergleich zur Berechnung eines globalen Kennwerts der intellektuellen Leistungsfähigkeit (wie es der *IQ* ist) – um einen nicht-trivialen Betrag verbessert werden könnte *(specific aptitude theory)*. Auch wenn einige Tests bestimmte Stärken oder Schwächen eines Probanden in Form eines Profils darstellen und teilweise auch den Vergleich mit »typischen« Profilen bestimmter Personen- oder Berufsgruppen ziehen, ist eine differentielle Profilvalidität meist nicht belegt. Übersehen wird auch, dass Profilinterpretationen an Voraussetzungen gebunden sind (wie hohe Zuverlässigkeiten der Einzeltests, geringe Interkorrelationen der Subtests, empirisch nachgewiesene hohe Test-Retest-Profilreliabilität, belegte Validitäten der Subtests), die von kaum einem im Handel erhältlichen Intelligenztest erfüllt werden. Auch die Empirie spricht dagegen: Versuche, die Vorhersage des Ausbildungserfolges und der beruflichen Bewährung durch eine differentielle Fähigkeitsmessung mit entsprechender Gewichtung von Subtests merklich zu verbessern, sind bislang wenig erfolgreich verlaufen: In der Regel korrelieren bei umfangreicheren Tests mit mehreren Subtests gewichtete und ungewichtete Subtestsummen so hoch, dass eine Gewichtung überflüssig ist. Die Vorhersagekraft von *IQ*-Testbatterien basiert nämlich hauptsächlich auf den in ihren Subtests enthaltenen Anteilen an allgemeiner Intelligenz »*g*«. Die in (Hochbegabungs-)Beratungsstellen so beliebte »Profilbelletristik«, vornehm als »klinische Interpretation« bezeichnet, sollte man unterlassen. Wenn überhaupt, dann sollte eine Profilanalyse nur mit großer Vorsicht und nur zur Hypothesenfindung erfolgen.

## 5 Intelligenz: Geschlechtsunterschiede

Geschlechtsunterschiede in der allgemeinen Intelligenz »g« bzw. in Subfacetten der kognitiven Leistungsfähigkeit werden dann unterschätzt, wenn man die Leistungen von Jungen und Mädchen bzw. von Männern und Frauen in genormten Intelligenz- bzw. Leistungstests untersucht. Seit den 1920er Jahren wurden nämlich Aufgaben, in denen sich nennenswerte Geschlechtsdifferenzen zeigten, nicht aus fachlichen, sondern aus ideologischen Gründen *(political correctness)* bei der Testkonstruktion aus dem Itempool eliminiert– oder man verwendete zu 50 Prozent Aufgaben, in denen das weibliche Geschlecht bessere Ergebnisse erzielte, und zu 50 Prozent solche, in denen das männliche Geschlecht besser abschnitt. Studien, die sich bei der Analyse von Geschlechtsunterschieden der gängigen – so konstruierten – standardisierten Intelligenztests bedienen, sind deshalb wenig aussagekräftig. Fasst man die vielfältigen und differenzierten Forschungsbefunde grob zusammen, lässt sich in etwa dieses Fazit ziehen:

In der allgemeinen Intelligenz »g« gibt es einen nur geringen – theoretisch zwar interessanten, aber im alltäglichen Lebensvollzug nicht bemerkbaren – Mittelwertsunterschied zugunsten des männlichen Geschlechts. In die übliche Intelligenztestskalierung ($M = 100$, $s = 15$) umgerechnet beträgt er höchstens 3.5 Punkte (Jackson & Rushton, 2006). Diese Differenz ist interessanterweise unabhängig von der sozialen Schicht und der ethnischen Zugehörigkeit. Weiterhin gilt, dass Mädchen bzw. Frauen in der Regel in fast allen Fächern im Mittel bessere Schulnoten erhalten und auf dem Gymnasium erfolgreicher sind als Jungen bzw. Männer. Dies als kognitive Überlegenheit des weiblichen Geschlechts zu deuten, ist jedoch nicht unproblematisch, da Zensuren nicht nur die Intelligenz widerspiegeln, sondern auch andere, nicht-fähigkeitsbezogene Faktoren wie Fleiß, Arbeitsmotivation, schulisches Wohlverhalten etc. In diesen Merkmalen sind Mädchen bzw. Frauen normalerweise Jungen bzw. Männern überlegen. In den Resultaten objektiver Schulleistungstests spiegeln sich die Notenunterschiede zugunsten des weiblichen Geschlechts aber häufig nicht wieder. Eine Ausnahme machen Tests, die den mathematisch-naturwissenschaftlichen Bereich betreffen. Dort zeigen sich oft nicht-triviale Geschlechtsdifferenzen zugunsten von Jungen bzw. Männern.

In Subfacetten der Intelligenz erzielen Frauen vor allem in folgenden Bereichen höhere Mittelwerte: Wahrnehmungstempo und Informationsverarbeitungsgeschwindigkeit, Wortflüssigkeit, (verbales bzw. episodisches) Gedächtnis, visuelles Kurzzeitgedächtnis und Rechenfertigkeit. Männer zeigen dagegen bessere Leistungen vor allem in der stärker hormonell beeinflussten räumlichen

Orientierung (Hausmann, Slabbekorn, van Goozen, Cohen-Kettenis & Güntürkün, 2000; Kimura & Hampson, 1994), insbesondere, wenn mentale Rotationen gefordert sind, in der motorischen Zielgenauigkeit, in der Feldunabhängigkeit und im mathematisch-technischen Schlussfolgern. Das alles sind für den Erfolg in technologisiert-naturwissenschaftlich-computerisiert ausgerichteten Gesellschaften wichtige Fähigkeiten, die – neben sozialisationsbedingten Faktoren wie Geschlechtsrollenorientierung und geschlechtsbezogener Diskriminierung sowie geschlechtsdifferenten Interessen, Präferenzen und Lebensentwürfen – von manchen Autoren auch für die Unterrepräsentanz von Frauen in mathematisch-technisch-naturwissenschaftlich dominierten Berufsfeldern als mitverantwortlich genannt werden (Ceci, Williams & Barnett, 2009; Kimura, 1999, 2004, 2007).

Um es deutlich zu sagen: Die Existenz biologisch begründeter Geschlechtsunterschiede im kognitiven Bereich wird zwar häufiger angezweifelt, ist aber ebenso unstrittig wie der Einfluss der Sozialisation auf mentale Fähigkeiten. Es existieren zudem bedeutsame geschlechtsbezogene, für die intellektuelle Leistungsfähigkeit relevante Gehirnunterschiede zwischen den Geschlechtern. Allerdings gibt es auch innerhalb der Gruppe der Männer bzw. innerhalb der Gruppe der Frauen diesbezüglich ausgesprochen große Unterschiede.

Interessant ist noch, dass alle methodisch sorgfältig geplanten Untersuchungen mit Hoch- und Höchstintelligenten zeigen, dass sich in dieser Gruppe wesentlich mehr Jungen bzw. Männer als Mädchen bzw. Frauen befinden. Dieser Effekt ist vor allem eine Folge der beim männlichen Geschlecht zu beobachtenden etwas höheren Varianz der Intelligenztestleistungen (zum Beispiel Pargulski & Reynolds, 2017). Er wird verstärkt, wenn er in Kombination mit einem kleinen Mittelwertsunterschied in »$g$« zugunsten der Jungen bzw. Männer auftritt. Das führt dazu, dass im oberen Extrembereich der Intelligenzverteilung ($IQ > 130$) das männliche Geschlecht etwas (57% zu 43%) und im obersten Extrembereich ($IQ > 160$) stark überrepräsentiert ist. Dies veranschaulicht Abbildung 6.

**IQ - Verteilungsunterschiede**

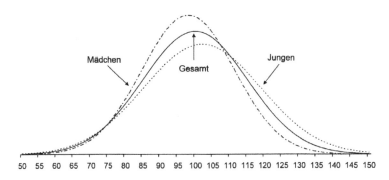

*Abb. 6: IQ-Verteilungen bei Jungen und Mädchen (Jungen: μ = 102.00, σ = 16.75; Mädchen: μ = 98.00, σ = 13.25; Gesamtpopulation: μ = 100, σ = 15.00).*

## 6 Intelligenz: Gehirn und Verhaltensgenetik

Zwischen Lateralisierung (funktioneller Asymmetrie, das heißt Hemisphärenasymmetrie des Gehirns) und kognitiver Leistungsfähigkeit, insbesondere der allgemeinen Intelligenz »*g*«, besteht eine Beziehung: Minderintelligente sind durch eine etwas stärkere linkshemisphärische Informationsverarbeitung gekennzeichnet, überdurchschnittlich Intelligente durch eine etwas stärkere rechtshemisphärische. Bei (mathematisch) Hochleistenden sowie bei Höchstintelligenten sind Linkshänder mit etwa 15 Prozent überrepräsentiert, das Vorkommen in der Population liegt bei circa 7 Prozent. Auch bei elektrokortikalen Aktivitäten (Latenz und Amplitude evozierter Potenziale im EEG), Inspektionszeiten, Reaktionszeiten bei Mehrfachwahlaufgaben sowie bei der Nerven-Informationsweiterleitungsgeschwindigkeit zeigen sich Zusammenhänge mit der allgemeinen Intelligenz »*g*«. Ebenfalls bestehen Korrelationen zwischen »*g*« und (Frontallappen-)Hirnvolumen, Myelinisierung (Markscheidenbildung) und Glukosestoffwechsel im Gehirn. Diese biologischen Korrelate der allgemeinen Intelligenz »*g*« sind allerdings nicht so bedeutsam, dass man sie als »alternative Intelligenztests« verwenden könnte. Nach wie vor ist ein gut konstruierter Breitband-*IQ*-Test für die Messung der Intelligenz unverzichtbar, und das wird auch noch viele Jahre so bleiben.

Die Intelligenz beruht auf einer sehr komplexen Vernetzung von Neuronen im Gehirn. Diese Systemintegration widerspricht dramatisch der Vorstellung von völlig unabhängig voneinander agierenden Fähigkeitsmodulen und damit beispielsweise der besonders unter Pädagogen so beliebten Theorie der »Multiplen Intelligenzen« von Gardner (zum Beispiel 1991). Für die allgemeine Intelligenz »g« ist die Verbindung der frontalen mit den parietalen Teilen des Hirns besonders relevant. Intelligentere, deren deklaratives (inhaltsbezogenes) und prozedurales (strategiebezogenes) Wissen besser strukturiert und organisiert ist, nutzen bei leichten und mittelschweren Aufgaben ihr Gehirn effizienter als weniger Intelligente (ein »intelligentes« Gehirn »arbeitet« besser), nicht aber bei sehr komplexen Aufgaben. Dieses Phänomen wird »neurale Effizienz« oder »neuronale Effizienz« genannt.

Die »kognitive Epidemiologie« ist ein neuer Forschungszweig (Deary & Batty, 2007). Er beschäftigt sich mit dem Zusammenhang von Intelligenz und Gesundheitsstatus. Eine erniedrigte allgemeine Intelligenz »g« ist, wie inzwischen mehrfach empirisch belegt, ein gesundheitlicher Risikofaktor, vermutlich aus folgenden Gründen: Gesundheitsverhalten, Krankheitsvorbeugung und krankheitsangemessenes Verhalten werden durch eine gewisse Mindestintelligenz gefördert. Intelligentere erwerben leichter Gesundheits- bzw. Krankheitswissen und erkennen, verstehen und antizipieren besser komplexere gesundheits- bzw. krankheitsbezogene Zusammenhänge. Weiterhin ist bekannt, dass gravierende kindliche Entwicklungsstörungen oft mit einer deutlich reduzierten Intelligenz verknüpft sind. Zudem besteht eine Kovariation von unterdurchschnittlicher Intelligenz und der Häufigkeit des Auftretens kinderpsychiatrischer Probleme bzw. von Verhaltensstörungen. Ferner besteht eine negative Beziehung zwischen dem *IQ* im Kindes-/Jugendalter und dem Risiko, sich im Verlauf des Erwachsenenalters irgendwann einmal in psychiatrische Behandlung begeben zu müssen.

Die nicht erst seit Sarrazins Buch »Deutschland schafft sich ab« (2010) politisch hochbrisante Frage »Ist Intelligenz erblich?« (Zimmer, 2012) ist heute aufgrund vielfältiger Forschung, insbesondere aufgrund von Zwillings- und Adoptionsstudien, besser beantwortbar als noch vor 30 Jahren. Beachtet werden muss, dass jede Abschätzung der Erblichkeit eines Merkmals (Heritabilitätsschätzung, zum Beispiel quantifiziert durch den Erblichkeitsindex $h^2$), so auch die der Heritabilität der Intelligenz, als ein varianzbezogener Populationskennwert nur vor dem Hintergrund der jeweiligen Umweltbedingungen interpretierbar ist. Bei erheblich homogeneren oder heterogeneren Gesellschaften als die unsrige verschieben sich Erblichkeitsschätzungen nennenswert. Wären alle Umwelteinflüsse für alle Menschen völlig gleich, dann wären alle Intelligenzunterschiede zwischen Personen anlagebedingt. Wichtig ist zu betonen, dass Erblichkeitskennwerte der Intelligenz für eine einzelne Person ohne jeden Belang sind, da sie dann nicht definiert sind. Verhaltensgenetische Studien haben für die informationsbasierten Gesellschaften der »Ersten Welt« bezüglich der allgemeinen Intelligenz »$g$« zu einer mittleren Erblichkeitsschätzung (hier als Prozentsatz ausgedrückt; bezieht sich auf Unterschiede bei erwachsenen Menschen mittleren Alters) zwischen $h^2 = 50\%$ und $h^2 = 60\%$ geführt. Die berichteten Werte schwanken je nach Stichprobe, Design und *IQ*-Test. Mit ansteigendem Alter nimmt der Einfluss der Gene auf »$g$« massiv zu: Die Heritabilitäten liegen bei Säuglingen und kleinen Kindern um $h^2 = 30\%$ oder sogar noch etwas darunter, bei jungen und mittelalten Erwachsenen bei etwa $h^2 = 50\%$ bis $h^2 = 60\%$ und bei alten Leuten ungefähr bei $h^2 = 80\%$ oder gar noch etwas höher. Ohne Zweifel gilt, dass wohl zu keinem anderen psychologischen Merkmal so vielfältige Belege für eine genetische Mitbestimmtheit existieren wie zur allgemeinen Intelligenz »$g$«, obwohl das manche – ideologisch engstirnige –Autoren nicht wahrhaben wollen. Es gibt zudem deutliche Hinweise auf die Existenz eines »genetischen $g$«, ablesbar an hohen genetischen Korrelationen zwischen diversen intellektuellen Fähigkeiten. Wie die exakten Erblichkeitsschätzungen für unsere Gesellschaft auch ausfallen mögen: Der Umwelt und damit den pädagogischen Einflussmöglichkeiten kommt eine enorme Bedeutung zu. Und noch ein weit verbreitetes Missverständnis gilt es zu beseitigen: Eine höhere Vererblichkeit sagt wenig darüber aus, ob ein Merkmal veränderlich ist oder nicht.

Die extreme »nativistische« Position, dass Intelligenz nahezu vollständig angeboren ist, wird heute von keinem seriösen Intelligenzforscher mehr vertreten. Die gegenteilige Sichtweise, das heißt der extreme »empiristische« Standpunkt, Intelligenz (oder Hochbegabung) wäre (fast) beliebig lernbar, ist ganz klar widerlegt: Nur unverbesserliche Ideologen propagieren noch diesen pädagogischen Optimismus. Schon die Alltagserfahrung belehrt uns eines Besseren: Ein Minderbegabter kann noch so intensiv gefördert werden, er wird dadurch nie zu einem Hochbegabten werden. Bücher mit reißerischen Titeln wie »Jedes Kind ist hochbegabt« (Hüther & Hauser, 2012) wecken Erwartungen, die niemals einlösbar sind. Psychologisch und pädagogisch interessanter als die Frage nach dem »Wie viel geht auf was zurück?« bei Erb- bzw. Umweltfragen ist die Frage nach dem »Wie«, das heißt die Frage nach den Wechselwirkungen von Erb- und Umweltfaktoren (Anastasi, 1982) und vor allem die Frage nach der Optimierung von Umweltbedingungen mit dem Ziel der Förderung der kognitiven Leistungsfähigkeit.

## 7 Intelligenz: Konstanz und Veränderlichkeit

Wenn man in der Psychologie von *Konstanz* bzw. *Stabilität* eines Merkmals (im Kontrast zu seiner *Veränderlichkeit* bzw. *Instabilität*) spricht, ist damit gemeint, dass es sich über längere Zeiträume hinweg (Jahre oder Jahrzehnte) nur wenig verändert, also zeitstabil ist. Ab einer Mindeststabilität eines Verhaltens – diese setzt eine transsituative Konstanz voraus – bezeichnen wir es als ein Merkmal, als eine *Eigenschaft (trait)*. Ein situationsspezifisches, also von Situation zu Situation fluktuierendes Verhalten wird im Gegensatz dazu *Zustand (state)* genannt. Soll ein Merkmal eine pädagogisch-psychologische und gesellschaftliche Relevanz haben, dann ist eine empirisch belegte Mindeststabilität eine wichtige Voraussetzung. Die Konstanz des Intelligenzkonstrukts betrachte ich nachfolgend unter folgenden Aspekten, die sich alle drei darauf beziehen, dass etwas gleich bleibt, obwohl Menschen älter werden:

(1) *Strukturstabilität* (qualitativer Aspekt: Setzt sich die Intelligenz zu unterschiedlichen Zeitabschnitten im Lebenslauf unterschiedlich aus Teilfähigkeiten zusammen?),

(2) *Niveaustabilität* (intraindividueller Aspekt: Kann man zu unterschiedlichen Zeitabschnitten im Lebenslauf unterschiedlich gut denken und Probleme lösen?),

(3) *Positionsstabilität* (interindividueller Aspekt: Wer zu einem Zeitpunkt im Lebenslauf zu den Intelligentesten gehört, gehört er zu anderen Zeitpunkten auch zur Spitzengruppe der intellektuell Leistungsfähigen?).

Dazu folgen einige kurzgefasste Erläuterungen (ausführlicher siehe Rost, 2010). Beachtet werden sollte, dass sich meine Ausführungen auf Untersuchungen von Personengruppen stützen. Das schließt nicht aus, dass im konkreten Einzelfall auch nennenswerte Abweichungen vom allgemeinen Trend vorkommen können.

### 7.1 Intelligenz: Strukturkonstanz (intraindividueller Aspekt)

Im Säuglings-, Kleinkind- und frühen Kindergartenalter spielen sich bedeutsame qualitative Veränderungen und Umstrukturierungen in der Komposition der Intelligenz ab. In den ersten Monaten dominiert der Faktor »psychomotorische Wachheit«. Etwa mit drei Jahren ist der Faktor »Persistenz« der wichtigste Faktor, der für die Unterschiede im Leistungsvermögen von Kindern verantwortlich zeichnet. Diese beiden Faktoren verlieren dann rasch an Bedeutung, denn ab dem Alter von etwa fünf Jahren dominiert dann der Faktor »abstrakt-logisches Denken«, also das, was gemeinhin den Kern der Intelligenz bei Schulkindern und Erwachsenen ausmacht (Hofstätter, 1954; Replikation: Smart, 1965). Auch deshalb ist es kaum möglich, aufgrund der Ergebnisse, die bei Säuglingen und Kleinkindern mit »Entwicklungstests« gewonnen werden, brauchbare individualdiagnostische Vorhersagen für die intellektuelle Leistungsfähigkeit im Schulalter zu treffen. Die »Begabungsdiagnostische Beratungsstelle *BRAIN*« an der Philipps-Universität Marburg nimmt auch aus diesem Grund – von begründeten Ausnahmefällen abgesehen – keine Kinder an, die jünger als fünf Jahre sind. Entwicklungstests für Kleinkinder sollten nur als Screeningverfahren eingesetzt werden, um stärker entwicklungsgefährdete Kinder herauszufiltern. Sie eignen sich nicht für eine Prognose der Intelligenz im Vorschul- und Grundschulalter.

Erst ab dem Alter von etwa fünf Jahren, besser noch ab dem Alter von sieben bis acht Jahren, kann von einer für längere Zeiträume (Jahre bis Jahrzehnte) für Zwecke der Prognose und Förderung zufriedenstellenden Strukturstabilität der Intelligenz (und des Arbeitsgedächtnisses) ausgegangen werden. Was die intellektuelle Hochbegabung betrifft: Man sollte in der frühen Kindheit bis hin zum Kindergartenalter (das heißt vor dem fünften Lebensjahr) außerordentlich zurückhaltend mit einer entsprechenden Diagnose sein. Im Vorschulalter ist nämlich noch viel im Fluss, auch die Struktur der Intelligenz.

## 7.2 Intelligenz: Niveaukonstanz (intraindividueller Aspekt)

Von Geburt an erfolgt eine stete Zunahme des Intelligenzniveaus, die Kinder lernen schnell und intensiv, von Jahr zu Jahr verbessert sich ihr abstrakt-logisches Denkvermögen und ihre Problemlösefähigkeit. Ein sechsjähriges Kind löst Aufgaben, die es mit vier Jahren noch nicht hätte bewältigen können, und mit neun Jahren kann es viel mehr als mit sechs. Eine akzeptable Niveaustabilität (Plateaubildung) der kognitiven Leistungsfähigkeit stellt sich erst nach dem Ausscheiden aus dem System der gesellschaftlich verordneten formalen Bildung (Schule, Berufsschule, Hochschule) ein. Etwa zwischen dem 20. und 25. Lebensjahr erreicht die intellektuelle Leistungsfähigkeit eines Menschen ihren Höhepunkt. Danach verändert sie sich für einige Jahrzehnte kaum.

In der Pflichtschulzeit besteht die Hauptursache für die schnelle Intelligenzzunahme in der kontinuierlichen jahrelangen intellektuellen Förderung, welche

Schüler von wechselnden »Trainern« (Lehrer) mit differenter Methodik angeleitet erhalten – fünf Tage pro Woche, fünf bis sechs Schulstunden pro Tag (plus die Stunden, die für die Hausaufgaben aufzuwenden sind), mehr als 40 Wochen pro Jahr, in unterschiedlichen Fächern (sprachlich-geisteswissenschaftliche, mathematisch-naturwissenschaftliche, sozialwissenschaftliche, sportliche, musisch-künstlerische Domänen). Schule und Hochschule fördern nachhaltig die Intelligenz. Das ist durch diverse Studien aus den USA, aus Deutschland, Israel und Skandinavien eindeutig belegt worden. In der Schulzeit gehen 75 Prozent des Intelligenzzuwachses auf die Beschulung zurück und nur etwa 25 Prozent beruhen auf außerschulischen und familiären Anregungen.

Die hohen Erwartungen, die man bezüglich der Intelligenzförderung an kompensatorische Langzeit-Frühförderungsprogramme (wie Sesamstraße, Head-Start) gestellt hat, haben sich bislang kaum oder gar nicht erfüllt: Die nach Abschluss der Intervention feststellbaren *IQ*-Gewinne nivellieren sich wieder, einige Jahre nach Programmende ist in der Regel kein Intelligenzvorteil der geförderten benachteiligten Kinder mehr objektivierbar – auch bei extrem intensiven und sündhaft teuren Programmen. Es ist offensichtlich schwierig, Intelligenz durch solche Programme nachhaltig zu fördern. Zwar gibt es einige vielversprechende Ansätze zum Denktraining, die kurz- und mittelfristig nicht-triviale Effekte zeitigen (Klauer, 2015). Ob diese auf Alltagsaktivitäten generalisieren und über längerfristige Zeiträume (das heißt über mehrere Jahre) stabil bleiben, ist allerdings alles andere als geklärt.

Als gesichert kann gelten: Im frühen Kindes- und Vorschulalter ist eine intensive und elaborierte Kommunikation im Elternhaus von besonderer Relevanz. Das fördert die kognitive Entwicklung besonders effektiv und nachhaltig. Erwachsene sollten also möglichst viel mit Kindern reden, ihnen viel vorlesen und ihnen tagtäglich vielfältige Sprechanlässe bieten. Wenn kleine Kinder mit anderen kleinen Kindern sprechen, stimuliert das wohl die soziale Entwicklung, ist aber für eine gute Sprachentwicklung eher ungünstig. Hart & Risley (1995) haben die sprachliche Kommunikation in US-Familien analysiert und festgestellt, dass Kinder aus bildungsnahen Schichten in den ersten Lebensjahren etwa dreimal so viele Wörter hören wie Kinder aus bildungsfernen Schichten. Ein reichhaltiger Wortschatz (»Begriffe sind gute Werkzeuge des Denkens«) und eine elaborierte Sprache sind besonders prädiktiv für die spätere kognitive Entwicklung und für den Schul- und Studienerfolg. Dass man Intelligenz ohne Mühe gewissermaßen *en passant* steigern kann (»Mozart-Effekt«, siehe zur Kritik Bundesministerium für Bildung und Forschung, 2006; »Kaugummi-Effekt«, siehe zur Kritik Rost, Wirthwein, Frey & Becker, 2010; »Pygmalion-

Effekt«, siehe zur Kritik Spitz, 1999), ist frommes Wunschdenken ohne jede überzeugende empirische Basis. Die empirische Grundlage dieser »Effekte« ist defizient, kritische Replikationsversuche gingen so gut wie immer unbefriedigend aus.

Ob sich das Stillen von Säuglingen im Vergleich zur Flaschenfütterung mit einer industriell hergestellten Ersatzmilch positiv auf die Entwicklung der kognitiven Leistungsfähigkeit von Klein-, Vorschul- und Grundschulkindern auswirkt, ist noch nicht endgültig geklärt. Die in diesem Zusammenhang fast ausschließlich durchgeführten Feldstudien weisen zwar auf einen Vorteil des Stillens hin; diese Befunde sind aber wegen der vielfältigen methodisch-statistischen Probleme, die quasi-experimentelle Untersuchungen mit sich bringen, nicht eindeutig interpretierbar. Nach Kontrolle verschiedener konfundierender Einflussfaktoren wie sozio-ökonomischer Status, Bildung der Eltern, Geburtsgewicht, Schwangerschaftsdauer, Erziehungsstil und vor allem nach statistischer Berücksichtigung der Intelligenz der Mütter reduzieren sich die Vorteile der Brustfütterung dramatisch oder verschwinden völlig.

Intelligenz ist erst ab dem Erwachsenenalter hinreichend niveaustabil: Die fluide Intelligenz (so wird die stärker biologisch verankerte Grundintelligenz bezeichnet) nimmt etwa ab dem Alter von 20 bis 25 Jahren allmählich, um 60 Jahre herum dann progredient schneller und – physiologischen Abbauprozessen geschuldet – im hohen Alter sehr stark ab, im extremen Fall bis hin zur Demenz (»Alzheimer«). Die bisherigen Versuche, einer starken altersbedingten hirnorganischen Degeneration durch kognitive Interventionen vorzubeugen oder eine beginnende Altersdemenz nennenswert medikamentös zu verzögern, haben sich als wenig wirksam erwiesen. Eine vergleichbar fortschreitende Reduzierung der kognitiven Leistungsfähigkeit findet sich, abgesehen von dem eben erwähnten massiven biologischen Abbauphänomen (Altersdemenz), nicht bei der kulturaffin-erfahrungsbezogenen kristallinen Intelligenz. Hierdurch kann zusammen mit einer reichhaltigen Lebenserfahrung der unvermeidliche Rückgang der kognitiven Leistungsfähigkeit für viele Jahre kompensiert werden. Hohe bildungsbezogene Intelligenz, gepaart mit umfassendem Wissen, einer ausgeglichenen Persönlichkeit und einer hohen ethischen Integrität, stellen zentrale Ingredienzien der Weisheit dar.

In Abhängigkeit vom Land und der Operationalisierung der Intelligenz wird von Generation zu Generation eine deutliche Intelligenzsteigerung in der Größenordnung von 0.2 bis zu 0.5 *IQ*-Punkten pro Jahr beobachtet – nicht nur in industrialisiert-technisch bestimmten Ländern der »Ersten Welt«, sondern auch in Entwicklungsländern. Man führt diese intellektuelle Akzeleration, die nach

dem neuseeländischen Politologen Flynn (1987) als »Flynn-Effekt« bezeichnet wird, auf mehrere Ursachen zurück:
(1) Verbesserung der Qualität schulischer Unterweisung (vermehrte und intensivierte Förderung des Verstehens und Denkens bei deutlicher Verringerung stupiden Memorierens);
(2) Steigerung der Gesamtunterrichtszeit;
(3) bessere Ernährung (Vitamine und Mineralstoffe, hochwertige Proteine, sekundäre Pflanzenstoffe);
(4) Ergänzende Ursachenfaktoren (wie allgemeine Reizüberflutung, genetische Durchmischung; Medieneffekte etc.).

Ob der »Flynn-Effekt« inzwischen in den Ländern der »Ersten Welt« dauerhaft zum Stillstand gekommen ist, ist noch ungeklärt. Sicher ist, dass er sich nicht unbegrenzt fortsetzen kann. In den Ländern der »Dritten Welt« zeigt sich die Intelligenzzunahme inzwischen besonders deutlich. Parallel zum Anstieg der Intelligenz verbessern sich dort kontinuierlich Bildungssituation und Ernährung.

## 7.3  Intelligenz: Positionskonstanz (interindividueller Aspekt)

Diese Stabilitätsfacette betrifft die Konstanz des Intelligenzquotienten, das heißt die Konstanz des Abstandes des individuellen *IQs* vom Mittelwert der Bezugsgruppe. Die bisherigen Indikatoren für die kognitive Leistungsfähigkeit von Säuglingen und Kleinkindern (sog. Entwicklungstests) – auch nicht das Habituations-/Dishabituationsphänomen – gestatten keine für Einzelfallzwecke brauchbare Prognose des *IQs* zum Schuleintrittsalter. Ungefähr ab dem Alter von vier bis fünf Jahren ist dann die für eine mittelfristige (sich über zwei bis drei oder vier Jahre erstreckende) Prognose ausreichende Positionsstabilität von Intelligenz gegeben. Mit zunehmendem Alter nimmt die Stabilität des *IQs* zu. Unter »normalen« Umweltbedingungen ist der *IQ* im mittleren Grundschulalter schon ausgesprochen stabil, und etwa ab dem Alter von 12 bis 13 Jahren vollziehen sich Positionsveränderungen bezüglich der allgemeinen Intelligenz »*g*« (das heißt nennenswerte *IQ*-Rangplatzverschiebungen) in der Regel nur innerhalb der durch die nicht vollständige Zuverlässigkeit der Intelligenztests abgesteckten Grenzen, sieht man einmal von Krankheitsprozessen und/oder schweren seelischen Belastungen ab.

Bloom fasste 1964 in seinem bekannten (aber auch umstrittenen) Buch *Stability and Change in Human Characteristics* diverse Studien zusammen und kam

zum Schluss, dass schon im achten Lebensjahr die im Alter von 17 Jahren erreichte Intelligenz hervorragend vorhergesagt werden kann: der Stabilitätskoeffizient beträgt etwa $r = .90$.
Ab dem Grundschulalter ist der *IQ* das stabilste psychologische Persönlichkeitsmerkmal überhaupt. Einschlägige Langzeitstudien, die sich über mehr als 60 Jahre hinweg erstreckten, berichteten eine (messfehlerbereinigte) Positionsstabilität von $r > .73$. Wenn sich also in den Jahren nach der Jugendzeit stärkere *IQ*-Veränderungen zeigen, dann ist das einer nicht sachgerechten Testdurchführung und/oder Unpässlichkeiten oder Krankheiten sowie stärkeren emotionalen Belastungen zum Zeitpunkt der Testungen geschuldet.

## Literatur

Anastasi, A. (1982). Vererbung, Umwelt und die Frage: »Wie?«. In H. Skowronek (Hrsg.), *Umwelt und Erziehung* (S. 9–26). Frankfurt a. M.: Ullstein.
Baltes, P.B. (1990). Entwicklungspsychologie der Lebensspanne: Theoretische Leitsätze. *Psychologische Rundschau, 41*, 1–24.
Binet, A. & Simon, T. (1905). Méthodes nouvelles pour le diagnostic du niveau intellectuel des anormaux. *L'Année Psychologique, 11*, 191–244.
Bloom, B.S. (1954). *Stability and Change in Human Characteristics.* New York, NY: Wiley.
Boring, E.G. (1923). Intelligence as the test tests it. *The New Republic,* June 6 [wieder abgedruckt in J.J. Jenkins & D.G. Paterson (Hrsg.). (1961), *Studies in Individual Differences: The Search for Intelligence* (S. 210–214). New York: Appleton Century Crofts].
Bundesministerium für Bildung und Forschung (Hrsg.). (2006). *Macht Mozart schlau? Die Förderung kognitiver Kompetenzen durch Musik.* Bonn: BMBF.
Burt, C. (1949). The structure of the mind: A review of the results of factor analysis. *British Journal of Educational Psychology, 19*, 110–114, 176–199.
Calvin, C.M., Fernandes, C., Smith, P., Visscher, P.M. & Deary, I.J. (2010). Sex, intelligence and educational achievement in a national cohort of over 175,000 11-year-old schoolchildren in England. *Intelligence, 38*, 424–432.
Carroll, J.B. (1993). *Human Cognitive Abilities: A Survey of Factor-Analytic Studies.* Cambridge, MA: Cambridge University Press.
Cattell, R.B. (1963). Theory of fluid and crystallized intelligence: A critical experiment. *Journal of Educational Psychology, 54*, 1–22.
Cattell, R.B. (1987). *Abilities: Their Structure, Growth, and Action.* Amsterdam: North Holland.
Ceci, S.J., Williams, W.M. & Barnett, S.M. (2009). Women's underrepresentation in science: Socio-cultural and biological considerations. *Psychological Bulletin, 135*, 218–261.
Deary, I.J. (2013). *Intelligenz. Eine sehr kurze Einführung.* Bern: Huber.
Deary, I.J. & Batty, G.D. (2007). Cognitive epidemiology. *Journal of Epidemiology and Community Health, 58*, 378–384.

Deary, I.J., Strand, S., Smith, P. & Fernandes, C. (2007). Intelligence and educational achievement. *Intelligence, 35*, 13–21.
Eysenck, H.J. (2004). *Die IQ-Bibel. Intelligenz messen und verstehen.* Stuttgart: Klett-Cotta.
Flynn, J.R. (1987). Massive IQ-gains in 14 nations: What IQ tests really measure. *Psychological Bulletin, 101*, 171–191.
Gardner, H. (1991). *Abschied vom IQ. Die Rahmentheorie der vielfachen Intelligenzen.* Stuttgart: Klett-Cotta.
Gottfredson, L.S. et al. (1997). Mainstream science on intelligence. An editorial with 52 signatories, history, and bibliography. *Intelligence, 24*, 13–23.
Guilford, J.P. (1985). The structure-of-intellect model. In B.B. Wolman (Hrsg.), *Handbook of Intelligence: Theories, Measurements, and Applications* (S. 225–266). New York, NY: Wiley.
Hart, B. & Risley, T. (1995). *Meaningful Differences in the Everyday Experience of Young American Children.* Baltimore, MD: Brookes.
Hausmann, M., Slabbekoorn, D., van Goozen, S.H.M., Cohen-Kettenis, P.T. & Güntürkün, O. (2000). Sex hormones affect spatial abilities during the menstrual cycle. *Behavioral Neuroscience, 114*, 1245–1250.
Herrnstein, R.J. & Murray, C. (1994). *The Bell Curve. Intelligence and Class Structure in American Life.* New York, NY: Free Press.
Hofstätter, P.R. (1954). The changing composition of »intelligence«. A study in T-technique. *The Journal of Genetic Psychology, 85*, 159–164.
Hofstätter, P.R. (1966). Zum Begriff der Intelligenz. *Psychologische Rundschau, 17*, 229–248.
Hofstätter, P.R. (1971). *Differentielle Psychologie.* Stuttgart: Kröner.
Hofstätter, P.R. (1972). *Psychologie.* Frankfurt a.M.: Fischer.
Horn, J.L. & Noll, J. (1994). A system for understanding cognitive capabilities: A theory and the evidence on which it is based. In D.K. Detterman (Hrsg.), *Theories of Intelligence* (S. 151–204). Norwood, MA: Ablex.
Horn, J.L. & Noll, J. (1997). Human cognitive capabilities: Gf-Gc theory. In D.P. Flanagan, J.L. Genshaft & P.L. Harrison (Hrsg.), *Contemporary Intellectual Assessment. Theories, Tests and Issues* (S. 53–91). New York, NY: Guilford.
Hüther, G. & Hauser, U. (2012). *Jedes Kind ist hoch begabt. Die angeborenen Talente unserer Kinder und was wir aus ihnen machen* (3. Aufl.). München: Knaus.
Jackson, D.N. & Rushton, J.P. (2006). Males have greater g: Sex differences in general mental ability from 100,000 17- to 18-year-olds on the Scholastic Assessment Test. *Intelligence, 34*, 479–486.
Jäger, A.O. (1984). Intelligenzstrukturforschung. Konkurrierende Modelle, neue Entwicklungen, Perspektiven. *Psychologische Rundschau, 35*, 21–35.
Jensen, A.R. (1980). *Bias in Mental Testing.* New York, NY: Free Press.
Jensen, A.R. (1998). *The »g« Factor. The Science of Mental Ability.* Westport, Ct: Praeger.
Kimura, D. (1999). *Sex and Cognition.* Cambridge, MA: MIT Press.
Kimura, D. (2004). Human sex differences in cognition. Fact, not predicament. *Sexualities, Evolution & Gender, 6*, 45–53.
Kimura, D. (2007). »Under-representation« or misrepresentation? In S.J. Ceci & W. Williams (Hrsg.), *Why aren't more Woman in Science?* (S. 39–46). Washington, DC: American Psychological Association.

Kimura, D. & Hampson, E. (1994). Cognitive pattern in men and women is influenced by fluctuations in sex hormones. *Current Directions in Psychological Science, 3*, 57–61.

Klauer, K.J. (2015). Training des induktiven Denkens – Fortschreibung der Metaanalyse von 2008. *Zeitschrift für Pädagogische Psychologie, 28*, 5–19.

Pargulski, J.R. & Reynolds, M.R. (2917). Sex differences in achievement: Distributions natter. *Personality and Individual Differences, 104*, 272–278.

Rost, D.H. (2008). Multiple Intelligenzen, multiple Irritationen. *Zeitschrift für Pädagogische Psychologie, 22*, 97–112.

Rost, D.H. (2010). Stabilität von Hochbegabung. In F. Preckel, W. Schneider & H. Holling (Hrsg.), *Diagnostik von Hochbegabung* (S. 234–266). Göttingen: Hogrefe.

Rost, D.H. (2013). *Handbuch Intelligenz*. Weinheim: Beltz.

Rost, D.H., Wirthwein, L., Frey, K. & Becker, E. (2010). Steigert Kaugummikauen das kognitive Leistungsvermögen? Zwei Experimente der besonderen Art. *Zeitschrift für Pädagogische Psychologie, 24*, 39–49.

Sarrazin, T. (2010). *Deutschland schafft sich ab. Wie wir unser Land aufs Spiel setzen*. München: DVA.

Smart, R.C. (1965). The changing composition of »intelligence«. A replication of a factor analysis. *The Journal of Genetic Psychology, 107*, 111–116.

Snyderman, M. & Rothman, S. (1987). Survey of expert opinion on intelligence and aptitude testing. *American Psychologist, 42*, 137–144.

Spearman, C. (1904). »General intelligence«, objectively determined and measured. *American Journal of Psychology, 15*, 201–292.

Spearman, C. (1927). *The Abilities of Man: Their Nature and Measurement*. London: Macmillan.

Spitz, H.H. (1999). Beleaguered Pygmalion: A history of the controversy over claims that teacher expectancy raises intelligence. *Intelligence, 27*, 199–234.

Stern, W. (1912). Die psychologischen Methoden der Intelligenzprüfung und ihre Anwendung bei Schulkindern. In F. Schumann (Hrsg.), *Bericht über den V. Kongreß für experimentelle Psychologie in Berlin vom 16.–20. April 1912* (S. 1–109). Leipzig: Barth.

Sternberg, R.J., Conway, B.E., Ketron, J.L. & Bernstein, M. (1981). People's conceptions of intelligence. *Journal of Personality and Social Psychology, 41*, 37–55.

Terman, L.M. (1916). *The Measurement of Intelligence. An Extension of and a Complete Guide for the Use of the Stanford Revision and Extension of the Binet-Simon Intelligence Scale*. Boston, MA: Riverside.

Thurstone, L.L. (1936). The factorial isolation of primary abilities. *Psychometrika, 1*, 175–182.

Thurstone, L.L. (1938). *Primary mental abilities*. Chicago: University of Chicago Press.

Vernon, P.E. (1950). *The Structure of Human Abilities*. London: Methuen.

Zimmer, D. (2012). *Ist Intelligenz erblich? Eine Klarstellung*. Reinbek: Rowohlt.

# Beziehungs-Weise-Lernen-Lassen

## Warum die frühe Kindheit »Pisa« macht

*Inken Seifert-Karb*

>»Wir alle haben uns auseinanderzusetzen mit der Bildungswucht, die heute die Kindertageseinrichtungen trifft und die gespeist wird einerseits vom viel zitierten Pisa-Schock und andererseits von der Erkenntnis der Neurobiologen, dass gerade im frühen Alter das Kind besonders bildungsfähig sei, vielleicht auch von der Wirtschaft, die schlichtweg gutes »Humankapital« für die Zukunft braucht.«
>
> *Haug & Draude (2006, S. 3)*

### Was haben frühkindliche Beziehungserfahrungen mit späteren Lernerfolgen zu tun?

Die von der OECD (Organisation for Economic Cooperation and Development) im Jahr 2000 erstmals auch in Deutschland durchgeführte *Pisa-Studie* unter 15-jährigen Schülerinnen und Schülern bescheinigte dem »Land der Dichter und Denker« ein schockierend schlechtes Ergebnis. Im Zeitalter der Wissensgesellschaft und der Globalisierung erreichte Deutschland nur Rang 22 unter insgesamt 32 untersuchten Staaten.

Etwa zeitgleich wurde ein demografischer Wandel deutlich, welcher unter anderem durch eine persistierend niedrige Geburtenrate einen gravierenden Fachkräftemangel befürchten ließ. Dieser wiederum würde langfristig zur Schlechterstellung Deutschlands im globalisierten Wettbewerb beitragen und zudem Beitragseinbußen im Gesundheits- und Rentensystem mit sich bringen. Damit wäre letztlich die gesamte Volkswirtschaft betreffen – eine Entwicklung, die Deutschland sich nicht leisten konnte. Es galt also zum einen, die Geburtenrate durch den verstärkten Ausbau von Betreuungsangeboten (Krippenplätze) und attraktive Finanzleistungen (Elterngeld) zu erhöhen und die geborenen Kinder so früh wie möglich zu bilden, zum anderen, die vorhandenen Fachkräfte, also auch Mütter und Väter von Säuglingen und Kleinkindern, so früh wie möglich wieder an deren Arbeitsplatz zurückzubringen.

Um den offenbar viel zu lange übersehenen Anzeichen eines Bildungsnotstands oder gar einer *Bildungskatastrophe*, wie sie für Deutschland bereits 1964 von dem Bildungsreformer Georg Picht aufgrund eines damals ebenfalls internationalen Vergleichs prognostiziert wurde (vgl. Picht, 1964), zu begegnen, unternahm man nicht nur erhebliche Anstrengungen im Schulwesen (z. B. die Überarbeitung von Lehrplänen und die Verkürzung bzw. internationale Angleichung der Gymnasialzeit von G9- auf G8-Schuljahre), sondern entdeckte plötzlich auch die frühe Kindheit als bisher vernachlässigtes Bildungsalter. Schließlich boomte seit Anfang der 1990er Jahre die empirische Säuglingsforschung und konnte einen erstaunlich *kompetenten Säugling* (vgl. Dornes, 1991) nachweisen. Auch waren durch die Erkenntnisse der Neurowissenschaften vielversprechende »Zeitfenster« in aller Munde, welche es unbedingt zu nutzen gelte, da ein Kleinkind vermeintlich nur in genau diesen – »spielend« – beispielsweise mehrere Sprachen lernen könne. Mit der angeblich Jahrzehnte praktizierten »Kuschelpädagogik«, so tönte es auch aus der Bundeshauptstadt, müsse deshalb endlich Schluss sein. Auch aus diesen Gründen haben die einzelnen Bundesländer sukzessive eigene Bildungs- und Erziehungspläne[1] für den Vorschulbereich entwickelt, welche den Krippen und Kindertagesstätten eine verbindliche Orientierung für eine optimale frühkindliche Bildung geben sollten und sollen.

Unter dem Motto »Bildung von Anfang an«, wie es beispielsweise dem Hessischen Bildungs-und Erziehungsplan vorangestellt wurde, sollten von nun an Familien und außerfamiliäre Betreuungsinstitutionen wie Krippen und Kindertagesstätten als *Bildungsorte* fungieren und zu sogenannten *Erziehungspartnerschaften* zusammenfinden mit dem Ziel, Bildungschancen bereits ab frühester Kindheit anzugleichen und zu verbessern.

Doch die seit 2001 alle drei Jahre durchgeführte Pisa-Studie, in die mittlerweile auch die ersten SchülerInnen-Jahrgänge einbezogen wurden, die von eben diesen Förderplänen eigentlich bereits profitiert haben müssten, lässt bis heute eine nahezu unveränderte Abhängigkeit vom Sozial- und Bildungsstatus des Elternhauses erkennen (vgl. Spannagel, 2015, S. 14). Zudem machen Kinder aus akademisch gebildeten Elternhäusern nicht nur wesentlich öfter Abitur als Kinder von Eltern mit niedrigeren Bildungsabschlüssen, sondern setzen anschließend geradezu selbstverständlich ihre Ausbildung durch ein Studium fort – und dieses wiederum, meist ebenso selbstverständlich, für einige Semester im Ausland.

---

1 http://www.bildungsserver.de/Bildungsplaene-der-Bundeslaender-fuer-die-fruehe-Bildung-in-Kindertageseinrichtungenstand-2027.html (02.05.2017).

Somit steht Deutschland, auch 15 Jahre nach dem sogenannten »Pisa-Schock«, weiterhin in der Kritik:

> »Die Frage der sozialen Selektivität bleibt nach wie vor aktuell. Seit längerer Zeit ist dieser Befund unbestritten, hinreichend belegt und bleibt als eine der dringlichsten Herausforderungen bestehen. Dass es dem Bildungssystem in Deutschland trotz beträchtlicher Bemühungen in Bildungspraxis und Bildungspolitik auch bei erkennbaren Fortschritten noch nicht gelungen ist, den engen Zusammenhang zwischen sozialer Herkunft und Bildungserfolg aufzubrechen, verweist erneut auf den besonderen Handlungsbedarf, der es erforderlich macht, Lösungsansätze über die verschiedenen Bildungsbereiche hinweg zu konzipieren« (DIPF, 2016, S. 14).

Und auch 50 (!) Jahre nach Pichts eindringlichem Plädoyer für eine weitreichende Bildungsreform zieht ein Experteninterview in der ZEIT (2014) ein ernüchterndes Resümee:

> »Weder Pichts Mahnung noch der Pisa-Schock des Jahres 2001 reichten aus, um wesentliche Weichen im Bildungssystem umzustellen. So hält Deutschland am sozial selektiven System der Mehrgliedrigkeit fest – ein Grund dafür, dass das deutsche Bildungssystem weder besonders leistungsfähig noch gerecht ist.
> Das Versprechen, dass nur die Leistung zählt und nicht die Herkunft, wird immer noch nicht eingelöst. Akademikerkinder haben bei gleicher Leistung eine fast viermal höhere Chance, auf ein Gymnasium zu gehen als Arbeiterkinder. Nur 19 Prozent der Studienanfänger kommen aus einer Arbeiterfamilie, aber 50 Prozent aus einem Akademikerhaushalt. In den Grundschulen haben inzwischen 40 Prozent der Schüler einen Migrationshintergrund. Aber unser System hat Probleme, das anzuerkennen. Aus Pichts ›katholischem Arbeitermädchen vom Lande‹ ist inzwischen ›der Arbeitersohn mit Migrationshintergrund aus der Großstadt‹ geworden. Dass Kinder mit Migrationshintergrund keine Bildungsverlierer sein müssen, zeigen Länder wie Kanada und Schweden. Deren Mut, das System an der Vielfalt der Kinder auszurichten, statt die Kinder in vermeintlich leichter zu handhabende Gruppen aufzuteilen, fehlt hierzulande bis heute« (ZEIT, 2014).

Schaut man sich die einzelnen Bildungs- und Erziehungspläne für den Primarbereich jedoch einmal genauer an, so fällt auf, dass in den jeweiligen Texten zwar viel von Weltaneignung, Förderung, Lernzielen und Kompetenzen die Rede ist, dass jedoch leider die seelischen Grundvoraussetzungen unerwähnt bleiben. Gleiches gilt für die ganz »normalen« Voraussetzungen, weil nun einmal entwicklungsbedingte Krisen oder Idiosynkrasien – beispielsweise Temperamentseigenschaften und/oder Belastungen nach Frühgeburt und/oder eventuelle (Rest-)Symptome frühkindlicher Regulationsstörungen – ein Aufnehmen- und Verarbeiten-Können der so dynamisch propagierten, prinzipiell durchaus erstrebenswerten Bildungsziele wie

➢ starke, kommunikationsfreudige und medienkompetente Kinder,
➢ kreative, fantasievolle und künstlerische Kinder,
➢ lernende, forschende und entdeckungsfreudige Kinder und
➢ verantwortungsvoll- und wertorientiert handelnde Kinder

eventuell erschweren oder verunmöglichen. Stattdessen zeigen bereits die zahlreichen Fotos dieser Hochglanzbroschüren, dass hier vor allem das vigilante, allzeit aufnahmebereite Kind adressiert wird, welches sich von früh bis spät in wissbegierigem Kontakt mit stets hoch motiviert lehrenden Erwachsenen befindet.

Auch die Sprache, in der viele dieser Bildungspläne (die man sich als PDF im Internet herunterladen kann) damals formuliert wurden, lässt eher an Führungsetagen eines Unternehmens als an Betreuungseinrichtungen für Klein- und Vorschulkinder denken. Denn plötzlich war die Rede von: »Qualifizierung der Management- und Steuerungsebene«, von »Organisationsentwicklung und Projektmanagement«, »Optimierung von Bildungs- und Erziehungszielen«, »Steuerung von Bildungsprozessen« und von »Dokumentation der kindlichen Aktivitäten und der erreichten Kompetenzen und Lernfortschritte«.

Da sich die meisten Bildungs- und Erziehungspläne auf die Altersspanne null- bis zwölfjähriger Kinder beziehen, ging und geht man offenbar davon aus, dass auch schon Kleinstkinder, die seit Inkrafttreten des Rechtsanspruchs auf einen Krippenplatz (1. August 2013) immer öfter bereits mit Vollendung ihres ersten Lebensjahres in eine Krippe kommen, per se nicht nur die notwendigen körperlichen und kognitiven, sondern auch die emotionalen Voraussetzungen mitbringen, um an diesen frühpädagogischen Bildungsangeboten ohne Weiteres partizipieren zu können. Doch bei genauem Lesen der einerseits ambitionierten Bildungsziele und der andererseits leider mehr als ernüchternden Realität (zu große Gruppen, Personalmangel, fragwürdige Betreuungsqualität) in mehr als zwei Dritteln aller deutschen Krippen und Kindertagesstätten (vgl. Tietze et al., 2012), fragen sich längst Fachleute aus Pädagogik, Psychologie, Säuglings- und Familienforschung sowie Kinderheilkunde und den Neurowissenschaften: Wo bleiben in diesen Bildungs- und Erziehungsplänen Kinder, die aufgrund der ganz normalen Turbulenzen in der biopsychosozialen Entwicklung des Säuglings- und Kleinkindalters (z. B. dem Durchlaufen der psychosexuellen Entwicklungsphasen) oder aber der bereits genannten frühkindlichen Regulationsstörungen, Folgen von Frühgeburt oder aber chronischen Erkrankungen nicht immer und ohne Weiteres das vermeintlich erstrebenswerte Bildungspensum einer optimierungsorientierten Leistungsgesellschaft absolvieren können? Und wo bleiben Kinder mit kranken Eltern und/oder Familien in Krisen und Kinder aus anderen Kulturen – oder gar Kriegsgebieten? Kurz: Wo bleiben menschliche Gefühle wie Kummer, Angst, Anlehnungsbedürfnis, Scham, Neid und Eifersucht, aber auch lustvolles Körpererleben mit Schmieren und Matschen, ausgelassenes Herumalbern, zärtliche Freundschaftsbeziehungen und die Zeit für zweckfreies, selbstbestimmtes Spiel (vgl. u. a. Seifert-Karb, 2017)?

Der Erziehungswissenschaftler und psychoanalytische Pädagoge Manfred Gerspach hat sich diesbezüglich bereits 2005 deutlich geäußert. Seine Kritik richtet sich vor allem

»gegen die darin enthaltenen Menschenbildannahmen und ihre Konsequenzen für das unmittelbare pädagogische Handeln. Diese Menschenbildannahmen kumulieren mit einem postmodernen Bild des Kindes, das von einem adultomorphistischen [aus der Sichtweise bzw. Erfahrung des Erwachsenen abgeleiteten] Grundverständnis geprägt ist und auf rein behavioralen Positionen beruht. Die gegenwärtige Bildungsdebatte läuft Gefahr, den Kindergarten frühzeitig und über Gebühr mit reinen Wissensansprüchen zu überfrachten. Bildung wird automatisch mit Schule gleichgesetzt, auf die Berücksichtigung von Kindern mit Behinderung werde vollständig verzichtet und für Abweichungen vom Normativen sei kein Platz mehr. Dem Bedürfnis nach emotionaler Sicherheit werde nicht genügend Rechnung getragen und der umfassende Bildungsauftrag der Kindertagesstätten vorschnell auf Aneignung von Wissensbeständen reduziert« (2005, S. 12f.).

Und Textor (2016) bilanziert gut zehn Jahre später:

»Inzwischen ist auch eine Tendenz zur Verschulung der frühkindlichen Bildung festzustellen: In manchen Kindertageeinrichtungen werden die in den Bildungsplänen genannten Bildungsbereiche wie Schulfächer behandelt und nacheinander abgearbeitet (›Scheibchen-Pädagogik‹). So gibt es mancherorts schon richtige ›Stundenpläne‹: In halb- oder ganzstündiger Abfolge wechseln die Angebote in den Bereichen Sprache, Naturwissenschaften, Religion, Literacy, Medienbildung, Technik, Kunst usw. Die Verschulung wird auch dadurch gefördert, dass für viele Bildungsbereiche Kurse bzw. Förderprogramme mit genau vorgeschriebenen Einheiten, Koffer mit nach Vorgabe einzusetzenden Materialien (›Koffer-Pädagogik‹)

und Bücher mit detailliert dargestellten Aktivitäten (›Rezeptbücher‹) vorgelegt wurden. Das ›Abarbeiten‹ der Vorschläge erfolgt in unterrichtsähnlichen Situationen (›Instruktionspädagogik‹) – zumal abstrakte Inhalte, der Umgang mit Symbolen und Texten sowie das kognitive Lernen im Vordergrund stehen. [...] Schließlich werden die Leistungen der Kleinkinder erfasst, insbesondere durch die nach einer Lerneinheit häufig geäußerte Frage: ›Was haben wir heute gelernt?‹ (aber auch durch Sprach- und andere Tests).«

Leider immer noch viel zu zögerlich setzt sich in institutionellen Bildungs- und Betreuungseinrichtungen wie Krippe und Kindertagesstätte und noch zögerlicher an Grundschulen die Erkenntnis durch, *dass Kinder zu den Personen, von denen sie betreut werden und/oder lernen sollen, zunächst eine vertrauensvolle Beziehung aufbauen müssen und dass diese über einen möglichst langen Zeitraum stabil bleiben muss, wenn ein nachhaltiger Lernerfolg eintreten soll.*

Dass die Berücksichtigung dieses von der Psychoanalyse, der Psychoanalytischen Pädagogik und den Neurowissenschaften längst bestätigten Wissens (vgl. u. a. Bauer, 2004, 2007, 2015; Bernfeld, 1973 [1925]; Gerspach, 2005; Hüter & Krens, 2010; Hüter & Endres, 2014; Hüter & Quarch, 2016; Katzenbach & Ruth, 2008; Naumann 2011, 2015; Zulliger, 1991) offenbar mit erheblichem (unbewusstem) Widerstand verbunden ist, ist zumindest auf den ersten Blick nicht recht zu verstehen, denn die meisten von uns können sich auch später in ihrem Leben noch sehr gut an *die* Menschen erinnern, mag es sich beispielsweise um einen Onkel, eine Tante, eine Haushaltshilfe, den Fußballtrainer, eine Freundin der Mutter oder die Klavierlehrerin gehandelt haben, *die sie als Kind* – abgesehen von idealerweise den eigenen Eltern – *besonders gern mochten* und von denen sie *deshalb* (!) vieles, durchaus auch Herausforderndes und/oder Unbequemes annehmen und lernen konnten.

Auch in der Schule waren es meist *genau die* Lehrerinnen oder Lehrer, von denen man sich besonders *wahrgenommen, gemocht* und *unterstützt* fühlte, weil sie sich *echt* für einen interessierten, zu denen sich somit ein *intensiveres emotionales Band* – also eine *Bindung* – entwickelt hatte.

*Für* diese Lehrer – und (noch) nicht an erster Stelle für die Fächer, die sie unterrichteten – lernte man plötzlich mit besonderem Eifer, Fleiß und Freude. Man war, blieb oder wurde *einfach gut, weil die Beziehung gut war.* Und für vermutlich nicht wenige Menschen prägte diese Art von *Bildungsbeziehung* gar ihren späteren Berufswunsch und beflügelte sie langfristig – das heißt über Studium und/oder Ausbildung hinaus – zu dem, was man wohl allgemein als *Primärmotivation* oder *Selbstläufer* bezeichnet.

Angesichts *der steigenden Inanspruchnahme*[2] – *bei gleichzeitig besorgniserregenden Qualitätsmängeln* – frühkindlicher Bildungsorte muss daher nicht nur im Hinblick auf die seelische Gesundheit von Säuglingen und Kleinkindern, sondern auch auf die damit untrennbar verbundenen Bildungserfolge *endlich auch dezidiert die Frage nach genau diesen frühen (Bildungs-)Beziehungen gestellt und personell und strukturell beantwortet werden.*

## Kuschelpädagogik? Ja, bitte!

Insbesondere in den ersten drei Lebensjahren geht es, wie die beiden folgenden Beispiele zeigen sollen, vor allem um filigrane intrapsychische und interpersonelle Beziehungs-Erfahrungen, welche sich weder im Guten noch im Schlechten von der *Qualität dieser Beziehungen* des Säuglings oder Kleinkindes zu seinen Eltern (oder zu vergleichbar vertrauten Menschen) und deren bewussten und unbewussten Familienfantasien und Beziehungsdynamiken trennen lassen und daher *die wichtigste Weichenstellung für das Ge- oder Misslingen späterer Bildungsprozesse* ausmachen.

## Einfühlsame Bindungs-Beziehungen – Grundvoraussetzung für spätere Lernerfolge

Wie basal *sichere, weil einfühlsame und kontinuierliche Bindungs-Beziehungen* sind, damit Kinder von früh an einen erfolgreichen Bildungsweg beschreiten können, sollen zunächst die beiden folgenden Fallbeispiele verdeutlichen:

### Jonas: Zwölf Monate

Der einjährige Jonas sitzt etwa zwei Meter entfernt von seiner Mutter, die sich schon eine Weile mit mir unterhält, auf dem Fußboden. Er ist sehr konzentriert mit dem Erkunden eines Schlüsselbandes beschäftigt, das er aus der Handtasche seiner Mutter gezogen hat und versucht nun, den daran mit einem kleinen Karabinerhaken befestigten Schlüssel abzulösen. Und obwohl das nicht so klappt, wie er will, bleibt er beharrlich bei der Sache, zieht mit der einen Hand am Band, mit der anderen am Schlüssel, klopft

---

2  http://www.bildungsserver.de/Zahlen-zur-Betreuung-von-Kindern-im-Alter-0-3-Jahre-3635.html (02.05.2017).

damit auf den Boden, zieht, schüttelt, zieht wieder und nachdem all seine Versuche nicht zur gewünschten Lösung führen, wendet er sich an seine Mutter. Er streckt ihr den Schlüssel mit einem deutlichen »Da!« entgegen, schaut sie auffordernd an und als er bemerkt, dass es die Tasche ist, die sein Vorhaben am anderen Ende erschwert, zieht er diese mit sichtlicher Anstrengung einhändig hinter sich her, damit seine Mutter auch ja an den Schlüssel gelangen kann. Sie reagiert prompt, ruhig und mit einem freundlichen Blick und löst den Schlüssel vom Karabinerhaken, so wie es Jonas mit Sicherheit schon oft beobachtet hatte. Aber schließlich wollte er das – in seinem Alter – auch allein können, wollte genau wissen, wie das funktioniert.

Mit seinen gerade einmal zwölf Monaten ist er bereits in der Lage, derart komplexe Zusammenhänge zu erfassen und zu erkennen, dass dieses klappernde, blinkende Ding, das die Erwachsenen Schlüssel nennen, irgendwie nicht an dieses lange Ding alias Band gehört, sondern davon abgelöst werden muss, um es für so spannende Vorgänge wie beispielsweise das Hineinstecken in ein Schlüsselloch und das anschließende Auf- oder Zuschließen von Türen zu gebrauchen.

Aus eigenem Antrieb, also in der Sprache der Motivationspsychologie intrinsisch oder primär motiviert, befasst sich Jonas mit einer Frage, die ihm so niemand gestellt hat, beginnt sozusagen sein eigenes Forschungsprojekt und sucht sich dafür die passenden Hilfskräfte. Bereits in frühester Kindheit lassen sich also Motivationsmuster beobachten, die sich wohl viele Eltern und Lehrer spätestens bei Pubertierenden zurückwünschen würden und vermutlich hin und wieder auch für sich selbst. Dass das zarte Pflänzchen Primärmotivation und Ausdauer von Anfang an einer sorgsamen Beziehungspflege bedarf, damit es nicht schon im Keim erstickt wird, versuche ich nun weiter auszuführen:

Jetzt, da Jonas Schlüssel und Band endlich getrennt in Händen hält, versucht er sogleich auch den Umkehrschluss, indem er beides wieder miteinander verbinden will. Doch als er eben dabei ist, mit eindrucksvollem Pinzettengriff den Karabinerhaken zu erkunden, geschieht etwas, das ihn seine Forschungen jäh unterbrechen lässt: Seine Mutter war von ihrem Stuhl aufgestanden, was ihn zunächst noch nicht sonderlich beeindruckt hatte. Doch nun war sie dabei, zur Tür zu gehen.

Augenblicklich lässt Jonas Schlüssel und Band fallen und tut das, was gemäß den Forschungsergebnissen der Bindungstheorie »sicher gebundene Kinder« in einer derartigen Situation und in seinem Alter tun: Er zeigt »Bindungsverhalten«. Da er noch nicht sicher laufen und ausreichend sprechen kann, krabbelt er seiner Mutter hinterher und als diese ihm liebevoll erklären will, dass sie doch ganz schnell wiederkomme, gibt er ihr durch deutliche Protestlaute zu verstehen, dass sie in dieser Situation mit ihrer üblichen Freundlichkeit nichts würde ausrichten können – und er mit wolle.

Da es sich um eine erste Begegnung zwischen Jonas, seiner Mutter und mir handelte, war ich für ihn eine gänzlich fremde Person und hätte ihn nicht ohne Weiteres trösten können. Dass er in einer für ihn völlig fremden Umgebung (meiner Praxis) überhaupt derart konzentriert erkunden und damit lernen (!) konnte, war einzig und allein der sicheren Bindungsbeziehung zu seiner Mutter, das heißt deren realer physischer und psychischer Anwesenheit und damit der Abwesenheit von Angst und Stress geschuldet (vgl. Seifert-Karb, 2017).

Denn *gerade weil* er ein »sicher gebundenes« Kind ist, ist es ihm in seinem Alter (noch) nicht gleichgültig, wenn er plötzlich ohne die Gegenwart seiner wichtigsten Bindungsperson mit einer Fremden zurückbleiben soll. Den Unterschied zwischen »vertraut« und »fremd« hat er jedoch soweit verinnerlichen können, dass er ihm auch über die als »Fremdelphase« oder »Achtmonatsangst« bezeichnete Entwicklungsstufe (zwischen dem siebten und zehnten Lebensmonat) hinaus verfügbar ist. Dennoch war er mit seinen zwölf Monaten noch nicht fähig, über ein konstantes inneres Bild seiner physisch abwesenden Mutter zu verfügen, das ihm ermöglicht hätte, sie sich jederzeit in Erinnerung zu rufen und sich ihrer auch über einen längeren Zeitraum der Abwesenheit sicher zu sein. Diese in der Terminologie der psychoanalytischen Entwicklungspsychologie *Objektkonstanz* sogenannte intrapsychische Fähigkeit entwickeln sicher gebundene Kinder etwa ab dem 18. Lebensmonat, endgültig ausgeprägt ist sie jedoch frühestens am Ende des dritten Lebensjahres, also genau in dem Alter, das über viele Jahrzehnte als das gemeinhin übliche Eintrittsalter in den Kindergarten galt.

Jonas konnte also deutlich zeigen, dass er über den unerwarteten Aufbruch der Mutter (ich hatte sie gebeten, unter dem Vorwand, nur kurz zur Toilette gehen zu wollen, einmal kurz den Raum zu verlassen, um sehen zu können, wie Jonas sich verhalten würde) beunruhigt war und dass er sich in einem Zustand von Verunsicherung über den Verbleib seiner wichtigsten Bindungsperson nicht mehr länger auf eine Sache wie in seinem Fall dem »Experiment Schlüsselband« würde konzentrieren können. Plötzlich standen sämtliche seiner inneren Alarmsignale auf Rot, das heißt, sein Bindungsverhalten war extrem hoch und sein gesamtes Explorationsverhalten lag – im wahrsten Sinne – komplett am Boden.

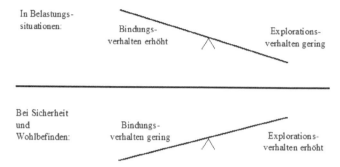

Abb. 1: Bindungs-Wippe (Quelle: Fischer, 2010; Zeitschrift für Inklusion-online.net)

Jonas' Verunsicherung forderte nun unverzüglich Wiederberuhigung durch die emotionale und körperliche Nähe seiner Mutter. Erst nachdem diese ihm gestisch, mimisch und verbal deutlich machte, dass sie ihn mitnehmen werde, um, wie sie ihm gesagt hatte, zur Toilette zu gehen, was sie nun auch tatsächlich tat (nach meinem Eindruck auch, um sich selbst eine nachträgliche Beruhigung für den plötzlichen Trennungsstress zu verschaffen, was wiederum zeigte, dass sie offensichtlich mental wie affektiv mit dem Stressempfinden ihres kleinen Sohnes mitempfinden und reflektieren konnte, was sie ihm da zugemutet hatte), konnte er in seinem Bindungsverhalten nachlassen.

Als beide nach wenigen Minuten wieder ins Zimmer zurückkehren, kann Jonas seine »Forschungsarbeiten« zunächst scheinbar unbeschwert fortsetzen. Ohne Weiteres setzt er sich wieder mitten in sein »Forschungslabor«, das er ja bereits zu Beginn der Stunde in einigen Metern Entfernung zu seiner Mutter und mir aufgebaut hatte. Doch indem er kurz darauf in deutlich weinerlichem Ton nach seiner Teeflasche verlangt, zeigt er mit einiger Zeitverzögerung, dass ihn dieser kurze Schreckmoment trotz der prompten Beruhigung und Nähe seiner Mutter anhaltender verunsichert hat, als das auf den ersten Blick zu vermuten war. Während er nun so dasitzt und trinkt, wirkt er in sich gekehrt, weit weg, wie in einer fernen Welt und sehr ernst. Es ist ihm deutlich anzusehen, dass er in seinem Inneren etwas zu verarbeiten versucht und dass ihm das orale Auftanken, mittels Saugen aus der Teeflasche, dabei hilft. Erst nach dieser kurzen Regression auf eine frühere, am Ende des ersten Lebensjahres allmählich ausklingende Entwicklungsphase (Orale Phase) ist für den einjährigen Jungen offenbar wirklich wieder »alles gut«.

Diese Fallvignette zeigt, wie vital und ausdauernd sich bereits ein einjähriges Kind die Welt aneignen mag, solange es sich seiner vertrauten Bindungspersonen sicher sein kann. Sie zeigt aber auch, wie filigran und störanfällig derartige Prozesse und wie angewiesen selbst sicher gebundene Kinder in diesem Alter noch auf eine schnelle »Wiedergutmachung« auch kürzester Trennungs- Verunsicherungen sind, um beruhigt in ihren Experimenten fortfahren zu können.

Ein sicher gebundenes Kind zeigt im Alter von etwa einem Jahr *deutlich* seinen Kummer, wenn die wichtigste Bezugsperson aus dem Sichtfeld gerät, lässt sich von dieser aber sofort und nachhaltig trösten, sobald sie wiederkommt. Nachhaltig bedeutet in diesem Zusammenhang, dass es sich schon bald wieder seinem Spiel oder anderen Entdeckungen zuwenden kann, weil seine überwiegende Lebenserfahrung die eines verlässlichen, Sicherheit gebenden Anderen ist, der immer dann Trost spendet, wenn das Kind diesen braucht. So erfährt es, dass es selbst in der Lage ist, etwas zu bewirken, wenn es diesen Anderen beispielsweise ruft, seine Arme nach ihm ausstreckt oder ihm etwas zeigt.

Dieses *Gefühl der Selbstwirksamkeit* wird bei einem sicher gebundenen Kind zu einem sogenannten »inneren Arbeitsmodell«, das lebenslang im Sinne von Urvertrauen wirkt und sich in etwa folgendermaßen übersetzen lässt:

*Ich bin es wert, wenn ich mich unsicher oder unwohl fühle, dass ich mich an jemanden wende und um Hilfe oder Aufmerksamkeit bitte. Ich habe überwiegend erlebt, dass mir dann auch wirklich so geholfen wird, wie ich es tatsächlich brauche – nicht zu viel, aber auch nicht zu wenig. Dies zeigt mir, dass es sich lohnt, wenn ich meine Gefühle einem anderen Menschen zeige. Diese Erfahrung gibt mir so viel Vertrauen und Kraft, dass ich getrost auf neue Dinge zugehen kann, um sie zu entdecken. Sollte ich vor Aufgaben stehen, die ich nach intensivem Ausprobieren allein nicht lösen kann, so werde ich die Hilfe bekommen, die ich benötige, um den nächsten Schritt wieder selbst tun zu können.*

Sicher gebundene Kinder zeigen auch später im Kindergarten- und Schulalter angemessenes Sozialverhalten und können sich gut konzentrieren. Sie sind zufriedener, selbstständiger und verfügen über mehr Kreativität und Ausdauer. Daher lösen sie sowohl zwischenmenschliche Konflikte als auch schwierige Sachaufgaben besser als ihre unsicher gebundenen Altersgenossen.

Wie sich dagegen das Verhalten eines unsicher gebundenen, emotional belasteten Kleinkindes in der Praxis zeigen kann und wie unbewusste, weil unverstandene familiäre Belastungen auch Kinder aus sogenannten vollständigen Familien mit hochqualifizierten Eltern im Erkunden und Lernen behindern und damit auch institutionelle Bildungsangebote nicht genutzt werden können, soll ein zweites Fallbeispiel verdeutlichen:

### Mira: Zweieinhalb Jahre

Mira ist zweieinhalb Jahre alt, als ich sie und ihre Eltern kennenlerne. Diese hatten sich auf Anraten der Kindertagesstätte mit ihrer Tochter an mich gewandt, da Mira in ihrer Krippengruppe bereits von Anfang an durch extreme Unruhe und Aggressivität aufgefallen war. Obwohl sie die Einrichtung seit gut einem Jahr besuchte und nach Meinung der ErzieherInnen dort längst mit allem vertraut sein müsse, »schubse und beiße sie die anderen Kinder von früh bis spät scheinbar aus heiterem Himmel, ziehe sie an den Haaren oder kneife ihnen ins Gesicht«. Wenn diese dann weinen und/oder hinfallen, zeige sie keinerlei Betroffenheit, sondern lache nur, trete oft noch einmal nach und laufe dann weg. Falls ihr dabei ein anderes Kind im Weg stehen sollte, werde auch dieses durch Hauen, Schubsen oder Treten drangsaliert. Zudem könne sie sich kaum länger auf eine Tätigkeit konzentrieren und besonders schwierig werde es dann, wenn die ErzieherInnen eines der zeitintensiveren Tisch- oder Brettspiele anbieten, bei denen es beispielsweise um Farb- und Formenwahrnehmung, um manuelle Geschicklichkeit und um Sprachförderung geht. Nicht nur, dass Mira dann selbst nichts von diesem Angebot mitbekomme und im Vergleich zu Kindern ihres Alters sprachlich und feinmotorisch zurück sei, sondern dass sie auch die anderen Kinder erheblich störe, weshalb sich deren Eltern immer öfter bei der Einrichtungsleitung beschwerten, waren die Gründe, warum die Erzieherinnen Miras Eltern bereits mehrfach aufgefordert hatten, sich psychologische Hilfe zu suchen.

Mira wurde im Alter von eineinhalb Jahren in die Krippe eingewöhnt, da ihre Mutter, die in leitender Funktion in der Informationstechnologie tätig ist, wieder arbeiten wollte. Die Eltern waren kurz vor Miras Geburt aus ihrer ländlichen Heimat in die Nähe einer Großstadt gezogen, weil der Vater dort eine gute Position in einer Anwaltskanzlei gefunden hatte. Um sich die im Vergleich zu ihrer bisherigen Wohnung hohe Miete und die teureren Lebenshaltungskosten leisten zu können, hatte sich auch Miras Mutter schnellstmöglich nach einer Anstellung umgesehen und sie und ihr Mann waren sehr erleichtert, als sie erstaunlich schnell bei einer internationalen Firma und obendrein im selben Stadtteil, in dem auch die Kanzlei des Vaters ansässig war, eine Stelle fand. Dass beide Eltern morgens gemeinsam im Auto zur Arbeit und meist auch zurückfahren konnten, entlastete die Familienkasse erheblich. Dass sie zudem das Glück hatten, so kurz nach dem Umzug einen Krippenplatz für Mira zu finden, empfanden sie als »echten Treffer«. Auch die Eingewöhnung der damals einjährigen Tochter verlief erstaunlich problemlos. Scheinbar ohne Zögern ging Mira auf andere Kinder und die fremden Erzieherinnen zu und war, wenn sie morgens in die Krippe gebracht wurde, sofort in den vielen offenen Räumen der Einrichtung verschwunden. So machte sie auch ihren Eltern, die sie abwechselnd vom Auto bis in den Krippenflur brachten, die Verabschiedung leicht. Wenn Mira am Nachmittag abgeholt wurde, war es der Mutter eine Freude, ihre kleine Tochter gleich im Anschluss noch in einen Mal- oder Musikkurs oder in eine Frühenglischgruppe zu bringen, denn auch dort zeigte Mira keinerlei Trennungsprobleme.

Umso irritierter waren die Eltern, als sie bereits nach etwa einem halben Jahr zum ersten Mal in die Krippe gebeten wurden, weil Mira im Vergleich zu anderen Kindern ihres Alters extrem aggressiv war und noch immer kaum still sitzen oder für eine Weile konzentriert bei einem Spiel bleiben konnte. Aufgefallen war den Erzieherinnen außerdem, dass sie konstant den Blickkontakt verweigerte, sobald man sie ansah oder mit ihr sprach. Was im Rahmen der Eingewöhnung auch von den Erzieherinnen noch als Angstfreiheit, temperamentvolle Entdeckerfreude und kindliche Spontaneität angesehen wurde, zeigte sich mittlerweile – und bei diagnostischem Hinsehen umso deutlicher – als Anzeichen einer klinisch relevanten Störung des Sozialverhaltens (ICD 10: F 90.1) und somit einer komplexen Symptomatik, der sich die Erzieherinnen – selbst einem so jungen Kind gegenüber – (verständlicherweise) nicht länger gewachsen fühlten.

Miras Eltern stammten beide aus gut situierten Akademikerfamilien und waren auch selbst akademisch hoch qualifiziert. Obwohl sie bereits anspruchsvolle Positionen innehatten, strebten sie in ihren jeweiligen Berufen beharrlich weiter an die Führungsspitze. Somit waren sie vor allem mit sich selbst beschäftigt und für ihr Wunschkind Mira blieb von Geburt an nur wenig emotionaler und zeitlicher Raum. In der Annahme, dass es ihr in der Krippe, die Mira nach einer zuvor bereits ein Jahr während Ganztagsbetreuung bei einer Tagesmutter besuchte, weil die Eltern sich in dieser Betreuungsform eine noch bessere frühkindliche Bildung erhofften, an nichts fehle, hatten die Eltern die Erziehung ihrer kleinen Tochter von früh an sorglos an Profis übertragen und aus ihrer Sicht somit bestens geregelt.

In den familientherapeutischen Gesprächen wurde bald deutlich, dass beide in ihren jeweiligen Herkunftsfamilien mit sehr hohen Leistungserwartungen bei stets drohendem Liebesentzug und den damit einhergehenden Versagensängsten aufgewachsen waren. Wie sehr sie unter alldem gelitten hatten und dass sie mit ihrer Tochter unbewusst etwas wiederholten, sozusagen, um auch Mira von früh an auf ein Leben vorzubereiten, indem man nun einmal zu funktionieren hatte und zu den Besten gehören musste, sofern man jemals Anerkennung bekommen wolle, wurde ihnen jedoch erst in einem mühsamen therapeutischen Prozess bewusst. In diesem war über lange Zeit die massive Abwehr beider Eltern gegenüber emotionaler Nähe und Einfühlsamkeit Thema, welche sie immer wieder mit »Gefühlsduselei« und »Schwäche« abtun mussten. Doch das »Darüber-Reden« verhalf ihnen immerhin wechselseitig zu einem tieferen Verständnis für die Vorgeschichte des anderen, was wiederum zunächst einen schützenden Abstand zu den schmerzhaften Erfahrungen der jeweils eigenen Lebensgeschichte ermöglichte, der sie sich – verständlicherweise – erst allmählich nähern konnten.

Erfreulicherweise berichteten die Erzieherinnen jedoch bald von einer gewissen Entspannung bei Mira, die sie weniger aggressiv und fahrig erlebten und die ihnen, wie sie sagten, »irgendwie verwandelt« vorkam, da sie wenigstens hin und wieder Blickkontakt und positive körperliche Nähe nicht nur zu den Erzieherinnen, sondern auch zu anderen Kindern suchte und zulassen konnte. Bei Brett- oder Tischspielen saß sie nun gern auch mal für eine Weile bei einer Erzieherin auf dem Schoß und kommentierte – durchaus aufmerksam – das Spielgeschehen, auch wenn ihr ein konzentriertes Mitspielen noch nicht möglich war.

Im Gegensatz zu *sicher gebundenen* Kindern (Jonas) konnten und können sich Kinder mit einem sogenannten *unsicher-vermeidenden oder unsicher-ambivalenten Bindungsmuster* (Mira) auf die emotionale Verfügbarkeit ihrer wichtigsten Bezugspersonen kaum oder immer nur zeitweise verlassen und mussten und müssen mit ihrem Trennungsschmerz oder anderem Kummer allein fertigwerden. Da sie mit ihren inneren Spannungszuständen jedoch viel zu früh überfordert waren oder sind, reagieren sie oft mit körperlicher Unruhe, wirken abwesend, zurückgezogen, unkonzentriert, missmutig oder auch aggressiv. Auch fallen sie fast immer durch ein Vermeiden des Blickkontaktes auf. In Trennungssituationen wirken sie in jungem Alter oft völlig unbeeindruckt und suchen auch nach der Rückkehr ihrer Eltern wenig bis keinen Trost, sondern verhalten sich abweisend oder aggressiv. Werden sie vor schwierige Aufgaben gestellt, geben sie tendenziell schneller auf, werden ärgerlich oder aggressiv und lenken durch Bagatellisieren oder Herumalbern von ihren Misserfolgen ab. Ihr inneres Arbeitsmodell lässt sich wie folgt beschreiben:

*Wenn ich Kummer habe oder mit einer Sache nicht fertigwerde, tue ich gut daran, mir nichts anmerken zu lassen, denn meine Trauer oder Hilflosigkeit löst bei meinen wichtigsten Bezugspersonen Gereiztheit, Spott oder ebenfalls Kummer aus. Ich kann mir aber nicht leisten, die, auf die ich angewiesen bin, zu verärgern. Also sehe ich zu, wie ich mit meiner Not allein fertigwerde. Doch oft gelingt mir das nicht und ich bin mit meinen Gedanken ganz weit weg, werde zappelig oder wütend. Dann passiert genau das, was ich eigentlich nicht wollte, und die Erwachsenen reagieren (schon wieder) ärgerlich oder traurig.*

Jonas' Mutter war (im Gegensatz zu Miras Eltern) aus eigener Motivation in meine Praxis gekommen, weil sie sich als alleinerziehende Mutter Gedanken machte, wie sie ihrem kleinen Sohn langfristig eine gute Beziehung zu seinem Vater ermöglichen könne, der sich von ihr getrennt hatte, als er erfuhr, dass sie schwanger war. Inzwischen hatten sich die Eltern zwar auf ihre gemeinsame Elternverantwortung verständigen können, indem sie sich das Sorgerecht teilten, doch Jonas' Mutter war derart tief enttäuscht von diesem Mann, dass sie befürchtete, als alleinerziehende Mutter ihrem Sohn *den so wichtigen Vater als entwicklungsfördernden Dritten* nicht gut genug ermöglichen zu können, und Jonas vielleicht später im Kindergarten oder in der Schule darunter leiden könne.

Wie begründet ihre Sorge war, soll ein kurzer Exkurs in eines der neueren Theoriekonzepte der Psychoanalyse verdeutlichen, das, wenn auch unter anderen Gesichtspunkten, gleichermaßen für Mira und ihre Eltern von Bedeutung ist.

## Die Bedeutung des Dritten in der frühkindlichen Beziehungs-Bildung

Durch die psychoanalytische Triangulierungsforschung, die 1971 durch den Psychoanalytiker Ernst Abelin (1971, 1975) und sein *Konzept der frühen Triangulierung* begründet wurde, welches das Hinzutreten eines Dritten (des Vaters) zu einer Zweierbeziehung (Mutter-Kind) bereits deutlich *vor* der klassisch Freud'schen ödipalen Entwicklungsphase (drittes bis sechstes Lebensjahr) beschreibt, ist inzwischen bekannt, wie wichtig die Fähigkeit, jemand oder etwas Drittes *an*erkennen zu können, nicht nur für die Beziehungs-, sondern auch die Lernfähigkeit eines Kindes ist (vgl. Bauriedl, 1998; Katzenbach & Ruth, 2008; Grieser, 2011, 2015; Seifert-Karb, 2008a, 2015). Denn der oder das Dritte stellt eine unentbehrliche Perspektiverweiterung dar, die es überhaupt erst ermöglicht, sich *Andere/s* (Menschen/Dinge/komplexe Kausalbeziehungen/gemeinsame oder differierende Gedanken/Meinungen) *vorzustellen* und *mit einem dyadischen Beziehungspartner über dieses/diesen Dritte/n in einen reflektierenden Austausch zu treten.*

Ich möchte daher, neben der Bedeutung sicherer Bindungs-Beziehungen auch diesen wichtigen *Meilenstein frühkindlicher Entwicklung – und späterer Bildungserfolge –*, der mich als psychoanalytische Paar- und Familientherapeutin, welche sich in komplexen Beziehungskostellationen orientieren können sollte, seit vielen Jahren besonders interessiert, auch an dieser Stelle etwas näher beleuchten.

Nicht nur Abelin, sondern auch die Psychoanalytikerin und Paar- und Familientherapeutin Thea Bauriedl (1998) geht »von der grundsätzlichen Triangularität menschlicher Beziehungen« aus und betont, dass »Krisen durch die Frage gekennzeichnet [sind], ob sich trotz eines bestimmten Ereignisses oder einer Veränderung verhärtete (Zwei-gegen-Einen) Beziehungsstrukturen [wie es bei Jonas' Eltern der Fall war] aus Anlass oder mit Hilfe dieses Ereignisses emanzipatorisch verändern können« (ebd., S. 139). Damit zählt sie (mit Abelin, 1971, 1975; Buchholz, 1990; Bürgin, 1998; von Klitzing, 1998) nicht nur zu den ProtagonistInnen der psychoanalytischen Triangulierungsforschung, sondern deutet bereits früh in der psychoanalytischen Theoriebildung auf das Potenzial hin, welches das Konzept der Triangulierung – nicht zuletzt für zukünftige Herausforderungen an unsere Gesellschaft – bereithält. Und da die Fähigkeit zur Triangulierung als intrapsychisches Beziehungsmuster in der frühesten Eltern-Kind-Beziehung tradiert, weil gleichzeitig aus früheren Familien- und Beziehungserfahrungen der Eltern reproduziert und dadurch für das Kind so und nicht anders, das heißt, durch all das, was seine Eltern bewusst oder unbewusst mitbringen, von früh an emotional eingefärbt wird, handelt es sich hier um ein genuin familiendynamisches Thema, das auch Horst-Eberhard Richter schon früh in seinen beiden weithin bekannten Büchern *Eltern, Kind und Neurose* (1963) und *Patient Familie* (1970) beschrieben hat.

Wie wir bei Jonas gesehen haben, setzt Erkunden und Lernen idealerweise ein Freisein von Belastungen voraus, damit das Kind sich etwas Drittem, wie in seinem Fall einem Schlüsselband, *konzentriert lernend* zuwenden kann. Es setzt weiter voraus, dass das Kleinkind eine Vorstellung davon erwerben konnte, dass es *sinnvoll ist, dieses Dritte* (Schlüsselband) *mit jemandem zu teilen*, das heißt sich über seine Entdeckung und die damit eventuell verbundenen Herausforderungen mit jemandem zu verständigen, der aufmerksam, einfühlsam und resonant genug ist. Wäre dies seiner Mutter nicht möglich gewesen, weil sie innerlich selbst zu sehr belastet wäre (wie Miras Eltern), hätte Jonas seine »Forschungsarbeiten« wahrscheinlich früher oder später unter stiller Resignation, unruhigem und oberflächlichem Switchen von einer zur nächsten und übernächsten Aktivität, Quengeln oder anderen störenden Verhaltensweisen (wie bei Mira) aufgegeben oder gar nicht erst begonnen.

Doch indem sich seine Mutter Gedanken über den fehlenden Dritten, seinen Vater, machte, setzte sie sich mit einem für sie selbst durchaus belastenden Thema selbstkritisch und differenzierend auseinander, das heißt, sie war sich bewusst, dass es sich bei der Vater-Sohn-Beziehung um etwas Eigenes, nämlich um einen für Jonas' Entwicklung weiterführenden Beziehungs- und Erfahrungsraum handelte. Sie zeigte sich damit *hinreichend gut* »*trianguliert*«, indem sie diesem Dritten Raum geben konnte und sich nicht, wie immer wieder in Ein-Eltern-Familien zu beobachten, in eine exklusive und damit latent oder manifest parentifizierende Zweier-Beziehung mit ihrem Kind verstricken musste.

Im Gegensatz dazu war es Miras Eltern noch nicht hinreichend gut gelungen, ihre stark an ihrem beruflichen Aufstieg orientierte Erwachsenen-Paar-Beziehung auch intrapsychisch zu einem Beziehungs-Dreieck zu erweitern, in welchem auch ihre kleine Tochter ihren Platz als zunächst nähe- und versorgungsbedürftiges Baby und Kleinkind finden konnte. Deren existenzielle Entwicklungsbedürfnisse wurden stattdessen allzu früh an institutionelle Dritte (Tagesmutter, Krippe) delegiert, noch bevor sich Mira ihrer Eltern als primäre und haltgebende Bindungspersonen wirklich sicher sein konnte. So entsprach ihr »inneres Arbeitsmodell« dem eines unsicher-vermeidenden Kindes, das seine innere Haltlosigkeit und Unsicherheit durch Unruhe und Aggressivität zu regulieren versucht und dadurch in einen »Teufelskreis negativer Gegenseitigkeit« (vgl. Papoušek, 2004) geraten war. Nicht nur Miras Beziehungserfahrungen, sondern auch ihre Bildungschancen waren somit bereits früh belastet: Ihre Lust am Erkunden blieb stets oberflächlich und flüchtig, ihre Aufmerksamkeitsspanne kurz und ihre Konfliktlösungsversuche aggressiv, was zu immer neuen Maßregelungen seitens der Erzieherinnen, Ablehnung durch die anderen Kinder, Beschwerden seitens deren Eltern geführt hatte und letztlich zum Ausschluss aus der Krippengruppe (Untragbarkeit in der Gruppe, Überforderung der Erzieherinnen) hätte führen können.

So zeigt das Fallbeispiel Mira einmal mehr, dass selbst der Bildungsgrad und die sogenannte »Vollständigkeit« des vielzitierten »Elternhauses« kein Garant für den Lernerfolg eines Kindes ist, sondern es grundsätzlich auf die *Qualität der Beziehungen* ankommt, in denen es lebt. Unbenommen bleibt dagegen, dass materiell und intellektuell privilegierte Familien eventuelle Defizite und/oder zwischenmenschliche Probleme meist erfolgreicher und bei Bedarf auch durch private Unterstützungssysteme kompensieren können.

Die intrapsychischen und idealerweise lebenslang verfügbaren *Repräsentanzen einer gelungenen Triangulierung*, die nicht nur für die frühe Eltern-Kind-Beziehung von Bedeutung sind, sondern gleichsam als Rüstzeug für einen emotional kompetenten Umgang mit Vereinnahmungs- und Ausschlusserfahrungen gelten, wie sie uns allen in vielen späteren Lebenssituationen (mit Familie, Freundeskreis, Arbeitskollegen, Teams und anderen sozialen Gruppen) begegnen können, lassen sich – im positiven Modus – etwa folgendermaßen beschreiben:

➢ Ich kann es gut aushalten, *mich als Beziehungspartner für eine gewisse Zeit aus dem triadischen Geschehen zurückzunehmen* und den beiden anderen, die da gerade etwas miteinander zu tun haben, den Raum lassen, den sie für diese Zweisamkeit benötigen, denn ich *erkenne ihre Intersubjektivität* an. Auch wenn ich *mich in dieser Zeit eigenen Dingen zuwende*, was ich kann, *weil ich fähig bin, auch zeitweise allein zu sein*, bleibe ich *für sie präsent und daher verlässlich* ansprechbar. Somit fühle ich mich weder selbst völlig ausgeschlossen, noch muss ich andere völlig ausschließen. Deshalb muss ich auch niemanden vereinnahmen.

➢ Wenn ich selbst Teil einer Zweisamkeit bin, bin ich mir (als Erwachsene/r) immer auch bewusst, dass es den Dritten/etwas Drittes gibt, der/das durch sein Dasein einen Bezugspunkt repräsentiert, durch welchen diese Zweisamkeit zwar phasenweise ausschließlich werden darf, aber niemals werden muss. Diese Gewissheit lässt gleichzeitig in der Zweisamkeit Raum für die *Entfaltung des Einzelnen* und eröffnet damit beiden dyadischen Beziehungspartnern immer auch die Möglichkeit, den/das Dritte/n im Bewusstsein zu behalten.

➢ Dieses Bewusstsein aller drei füreinander ermöglicht daher auch gute, weil rechtzeitige und *feinfühlige Abstimmungsprozesse* vor allem, wenn es gilt, Übergänge zu gestalten, die unsere Beziehungsräume verändern (Mikro-Transformationen) und von denen immer alle drei betroffen sind. Somit fühlt sich jede/r wahrgenommen und anerkannt und daher auch sicher in seiner jeweiligen Rolle.

➢ Damit sind, um noch einmal mit Bauriedl zu sprechen, auch die Grenzen klar, die es braucht, um sich wertschätzend zu begegnen. *Diese Sicherheit* wiederum *ermöglicht überhaupt erst den notwendigen Raum für Exploration und zweckfreies Spiel, Kreativität, angstfreies Denken und Lernen.*

Der Freiburger Neurobiologe und Psychiater Joachim Bauer weist in seinem lesenswerten Buch *Lob der Schule* (2007) noch auf eine weitere Facette von Triangulierung hin, die insbesondere im Zusammenhang mit Lernen von Bedeutung ist:

»Mit dem Eintritt in die Schule vollzieht sich für die Eltern ein Vorgang, der meines Wissens bislang nur wenig reflektiert wurde, gleichwohl starke emotionale Reaktionen auslösen und auf Jahre hinaus zur Quelle vielfältiger Probleme werden kann. Es kommt zu einer Triangulierung. Aus einer bisher zweiseitigen Beziehung zwischen Eltern und Kind wird eine dreiseitige Konstellation zwischen Eltern, Kind und Schule. Dies hat zur Folge, dass die Eltern ins Blickfeld der Institution Schule geraten und dass die Schule – weit mehr als der Kindergarten – neben den Eltern einen erheblichen Einfluss auf das Kind bekommt. Lehrkräfte und Eltern nehmen insoweit nun potenziell konkurrierende pädagogische Positionen ein, die von beiden Seiten emotional stark wahrgenommen werden. Nicht überall ergibt sich daraus eine Kooperation.« (ebd., S. 92)

»Für das Kind«, so fährt Bauer fort, »ist die Lage angesichts dieser Triangulierung ganz ähnlich wie zuvor in der gewohnten Familienkonstellation mit der potenziellen Konkurrenz zwischen Vater und Mutter: Kinder entwickeln sich am besten, wenn beide Eltern kooperieren (dies gilt auch, wenn sie in vielen Dingen unterschiedlicher Ansicht sind, ja selbst dann, wenn sie getrennt leben). [...] Wie soll es in die Lage kommen, sich innerlich auf Schule einzulassen, Motivation aufzubauen und sich mit Bildungszielen zu identifizieren, wenn es spürt, dass die Eltern Vorbehalte gegenüber der Schule haben, dass die Eltern meinen, das Kind vor den Lehrern schützen zu müssen, oder wenn die Eltern einen gar mehr oder weniger offenen Krieg gegen die Schule führen?« (ebd., S. 92f.).

## Ein allzu früh an Leistungs-Fortschritten orientiertes Verständnis von Bildung?

Einen ebenfalls wichtigen Aspekt zum Verhältnis von Beziehung und Bildung betont Bauriedl in ihrem Aufsatz »Die Triangularität menschlicher Beziehungen und der Fortschrittsglaube in der psychoanalytischen Entwicklungstheorie« (1998). Dabei geht es ihr um eine kritische Sicht auf eine *Fortschrittsideologie*, wie sie ihrer Ansicht nach *auch sogenannten Entwicklungsmarkern* zugrunde liegt, *welche ein normatives Fortschreiten von einer früheren unreifen zu einer reiferen, nächst höherwertigen Entwicklungsphase innerhalb einer linearen Abfolge vorbestimmter Entwicklungsstufen vorsehen* (z. B. Definitionen von Entwicklungszielen und Altersangaben in Entwicklungstabellen oder Beobachtungsprotokollen). Bauriedl nimmt hier aber auch die Phasenlehre der psychoanalytischen Entwicklungspsychologie kritisch in den Blick, indem sie auch auf die implizite Fortschrittsideologie definierter Entwicklungsstufen hinweist, auf denen Kinder möglichst zügig voranschreiten und nicht etwa auf einer Stufe länger stehen bleiben sollen, um das Ziel des Besser- und Größerwerdens nicht zu verfehlen. Dies versteht Bauriedl als ein Äquivalent zu einem unsere moderne Leistungsgesellschaft charakterisierenden Fortschrittsglauben, der Kindheit und Kinder als tendenziell defizitär, weil klein, unfertig, unfähig, behindernd oder gar krank, definiert (vgl. Gerspach, 2005; Seehaus, 2015)

Ein derartiges latentes »Negativimage« von Kindheit – so kam es mir bei der Lektüre von Bauriedl in den Sinn – mag vielleicht ja auch ein unbewusster, weil mit Schwäche und Hilfsbedürftigkeit assoziierter Grund für die in den vergangenen Jahrzehnten persistierende Kinderlosigkeit in Deutschland sein und eventuell auch für die geringe Wertschätzung und die damit einhergehende Unterbezahlung von Berufsgruppen wie Hebammen und ErzieherInnen.

Immerhin scheint sich für ältere Kinder und deren Erziehungspersonen die erfreuliche Einsicht zu verbreiten, dass das sprichwörtliche *Gras nicht schneller wächst, wenn man daran zieht*, wie man aus den Berichterstattungen über eine Rückkehr vieler Gymnasien von G8 zu G9 herauslesen könnte.

Dass ein unangemessener Leistungsbegriff inzwischen leider auch Familien mit Säuglingen und Kleinkindern erreicht hat, »Pisa« also längst bis »in die Wiege schaut« (vgl. Seifert-Karb, 2008b), wird deutlich, wenn man die wachsenden Bildungsansprüche einer zunehmend verunsicherten Elterngeneration betrachtet. Fast schon obligatorisch buchen Eltern – vor allem in städtischen Ballungsgebieten – unterschiedlichste Bildungskurse, die sie, mitunter täglich, und zusätzlich zur Krippen- oder Tagesmutterbetreuung (Mira) mit ihren Säuglingen und Kleinkindern besuchen. So früh wie möglich möchten sie ihre Kinder optimal fördern, auch weil sie spüren, dass der Anschluss an ein materiell- und statusgesichertes Leben unsicherer wird.

Mit den oben genannten Bildungs- und Erziehungsplänen und dem Rechtsanspruch auf einen Krippenplatz ab dem ersten Lebensjahr wird das Thema Frühkindliche Bildung inzwischen zwar überwiegend von staatlichen oder konfessionellen Institutionen verantwortet (man könnte auch sagen okkupiert, doch das wäre ein anderes Thema) und ist somit vor dubiosen Bildungsanbietern und einem kommerziellen Bildungsmarkt wohl weitgehend geschützt. Doch der Bildungsdruck, der nun auf diesen Institutionen liegt, ist entsprechend hoch, und damit bei genauem Hinsehen alles andere als förderlich. Denn fatalerweise, und das macht diese Dynamik vor allem aus Sicht der betroffenen Kinder riskant, sind die Fachkräfte, welche im Bildungs- und Gesundheitssystem der frühen Kindheit dringend benötigt werden, noch immer nicht ausreichend vorhanden, wie sich seit Jahren am Mangel gut ausgebildeter Krippen-ErzieherInnen zeigt. Und das vorhandene Personal ist nicht nur schlecht bezahlt, sondern körperlich und psychisch oft dermaßen belastet, dass immer mehr Fachkräfte in ihren anstrengenden Berufen selbst seelisch und/oder körperlich erkranken.

Dass aber weder Sprachförderung noch kognitives Lernen und ebenso wenig Resilienz und Inklusion gelingen, wenn nicht gleichzeitig sichere Bindungen durch verlässliche Beziehungen zu ihrerseits bindungsfähigen und einfühlsamen Erwachsenen in ebenfalls sicheren Lebens- und Arbeitsbeziehungen erfahren werden können, wird dabei von politisch Verantwortlichen, von Trägerorganisationen, aber auch von Eltern noch zu oft übersehen.

So relativiert beispielsweise Peter Hobson (2014), Psychoanalytiker und Psychopathologe an der renommierten Tavistock-Klinik in London, in seinem sehr lesenswerten Buch *Die Wiege des Denkens* im Grunde auch die weit verbreitete Illusion eines vorwiegend kognitiv einzuübenden Spracherwerbs, wie er in vielen Bildungs- und Erziehungsplänen als eines der wichtigsten Bildungsziele propagiert wird. Er weist nämlich auch in diesem Zusammenhang auf die basale Bedeutung zwischenmenschlicher Beziehungen – für jegliches Denken und Lernen – hin:

> »Einige Psychologen gehen davon aus, dass die Einzigartigkeit des Menschen in der Errungenschaft der Sprache gründet. Das ist nicht ganz falsch, aber auch nicht ganz richtig. Vor der Sprache war da noch etwas anderes – etwas Grundlegendes, gewissermaßen Primitiveres, mit einem Entwicklungspotenzial von beispielloser Dynamik, das uns zur Sprache *hintrieb*; etwas, das sich in winzigen Schritten weiterentwickeln konnte, aber dann plötzlich die Denkprozesse entstehen ließ, die unsere mentalen Vorgänge revolutionierten; etwas, das uns (leider) keine fossilen Überreste offenbaren können. Dieses Etwas war der intensive soziale Kontakt. Genau die Bindeglieder, die zwischen dem Bewusstsein der einen und dem Bewusstsein der anderen Person einen Kontakt – insbesondere einen emotionalen Kontakt – herstellen, ziehen uns zum Denken hin. Einfach gesagt: Die Fundamente des Denkens wurden gelegt, als unsere Primaten-Vorfahren auf dieselbe Art in emotionalen Kon-

takt zueinander zu treten begannen, wie das zwischen Menschenbabys und ihren Eltern geschieht« (ebd., S. 17f.).

Doch selbst wenn in einigen Bildungs- und Erziehungsplänen immerhin einige Bruchstücke der Bindungstheorie zu finden sind und man sich bundesweit mehr denn je um eine ausreichende Personaldecke bemühen will, wird in der deutschen Bildungspolitik bzw. Krippen- und Kindergartenpädagogik bei Weitem noch nicht hinreichend reflektiert, *welcher Art zunächst die emotionalen Voraussetzungen sowohl der Eltern (!) und – je jünger die Kinder, umso relevanter – auch der ErzieherInnen sein müssten, damit bereits in der frühen Kindheit (auch) die Voraussetzungen für bessere Pisa-Ergebnisse angebahnt werden könnten.*

Denn auch wenn der jeweilige Bindungstypus (noch) keine Diagnose, sondern lediglich eine Facette der sich in diesem frühen Alter jedoch maßgeblich formenden Persönlichkeit darstellt, ist immer wieder zu beobachten, dass insbesondere Kinder, die zu den ca. 40 Prozent zählen, die aufgrund emotionaler Mangelerfahrungen im ersten Lebensjahr ein sogenanntes unsicher-vermeidendes, unsicher-ambivalentes oder gar desorganisiertes Bindungsmuster ausgebildet haben, zunächst Sicherheit vermittelnde und kontinuierliche Bindungsbeziehungen benötigen, bevor sie von Bildungsangeboten profitieren können.

## Was sollte eine Gesellschaft lernen, bevor sie kleine Kinder lehren will? Plädoyer für eine große Bildungsrunde!

Würde man die Zusammenhänge, die dieser Beitrag aufzuzeigen versucht, nicht nur aus entwicklungspsychologischer Sicht, sondern auch als bildungspolitische Handlungsmaxime wirklich ernst nehmen, würde man sich wohl noch einmal grundsätzlich mit der Frage auseinandersetzen müssen: Wie viel Bildungs-, Optimierungs- und Leistungsdruck vertragen Säuglinge und Kleinkinder, wenn sie – als nachfolgende Generation – in einem umfassenden Sinn gesund aufwachsen sollen?

Antworten auf diese Frage müssten meines Erachtens interdisziplinär, in einer großen Bildungsrunde gesucht werden, will heißen: gemeinsam mit Eltern, KinderärztInnen, ErzieherInnen, FrühpädagogInnen, EntwicklungspsychologInnen, NeurowissenschaftlerInnen und Personalverantwortlichen der Wirtschaft. So müsste beispielsweise das Personal-Zeit-Management von Unternehmen und Firmen dahingehend weiterentwickelt werden, dass Mütter und Väter von Säuglingen und Kleinkindern grundsätzlich von Früh-, Spät- und Wochenenddiensten befreit sind und wichtige Meetings weder am Morgen noch am Spätnachmittag stattfinden müssen, damit die sensiblen Übergänge der Bring- und Abholzeiten kindgerecht, also in Ruhe, vonstatten gehen können. Ebenfalls sollten befristete Arbeitsverträge für Menschen, die für das Aufwachsen von Kindern verantwortlich sind, der Vergangenheit angehören. Allein dies würde unmittelbar und nicht nur für die betroffenen Kinder und Eltern, sondern auch für das Betreuungspersonal in Kindertagesstätten eine enorme Entlastung bedeuten. Inwieweit dies machbar wäre, wird meines Wissens im Bundesfamilienministerium derzeit auch tatsächlich überprüft. Immerhin.

Auch würde in einer großen Bildungsrunde unmissverständlich deutlich, dass es nicht nur um zahlenmäßig genügend Betreuungspersonal gehen, sondern dieses auch entsprechend der heute vorhandenen entwicklungspsychologischen und neurowissenschaftlichen Erkenntnisse über die frühkindliche Entwicklung ausgebildet sein muss. Das hieße idealer- wie konsequenterweise, dass auch ErzieherInnen oder Tagesmütter und Tagesväter zu den etwa 60 Prozent sicher gebundenen und damit emotional in hohem Maße verfügbaren und feinfühligen Menschen in unserer Gesellschaft zählen sollten, allemal aber über ausreichend berufsbezogene, gegebenenfalls auch therapeutische Selbsterfahrung verfügen müssen, um die frühkindlichen Nähe- und Beziehungswünsche nicht etwa bagatellisierend oder ignorierend abwehren zu müssen.

Doch diesem basalen Qualitätsaspekt – einer persönlichkeitsorientierten Eignungsfeststellung – konnte aufgrund des enormen Drucks, unter dem insbesondere kommunale Träger seit Anfang der letzten Jahrtausendwende durch die ambitionierten Ausbaupläne des Bundesfamilienministeriums stehen, bisher leider nicht entsprochen werden, obwohl es hier bereits erprobte, die Beziehungsqualität in den Fokus nehmende Curricula gibt (vgl. u. a. Datler et al., 2011; Edelhoff, 2017; Seifert-Karb, 2013, 2017). Auch eine regelmäßige psychoanalytisch-pädagogische Fallsupervision sollte zu den Mindeststandards guter frühpädagogischer Qualität gehören, ist aber noch immer nicht flächendeckend etabliert.

Individuelle Entwicklungszeit und das Verinnerlichen guter und verlässlicher Beziehungserfahrungen im Sinne von Urvertrauen und Selbstwirksamkeit sind Grundvoraussetzungen eines gesunden Aufwachsens, die sich weder fragmentieren noch beschleunigen lassen. In flexibilisierten und profitorientierten Gesellschaften scheinen in der Vergangenheit jedoch genau diese psychischen Entfaltungs- und Rückzugsräume und Bindungserfahrungen immer weniger Beachtung gefunden zu haben, ja tendenziell zu Hemmnissen geworden zu sein.

Umso hoffnungsvoller für ein nachhaltiges Umdenken sind daher die beiden öffentlichen Aussagen, mit denen ich diesen Beitrag schließen möchte.

Jörg Dräger (2016), Vorstand der Bertelsmann-Stiftung, resümiert im Abschlussbericht einer aktuellen Studie zur Kita-Qualität in den Bundesländern:

»Ein kindgerechtes Betreuungsverhältnis ist Voraussetzung für eine gute Kita-Qualität. Bundesweit ist der Trend zwar positiv, doch in den meisten Bundesländern sind die Personalschlüssel noch immer weit entfernt von einem pädagogisch sinnvollen Wert. Nach Empfehlungen der Bertelsmann-Stiftung sollte sich eine Erzieherin um höchstens 3 unter Dreijährige oder 7,5 Kindergartenkinder kümmern.

Der Ländermonitor zeigt den Unterschied zwischen den Bundesländern und somit die unterschiedlichen Bildungschancen je nach Wohnort eines Kindes. Zudem fällt das tatsächliche Betreuungsverhältnis im Kita-Alltag ohnehin ungünstiger aus als der rechnerisch ermittelte Personalschlüssel. Erzieherinnen wenden mindestens ein Viertel ihrer Zeit für Team- und Elterngespräche, Dokumentation und Fortbildung auf. Auch zunehmend längere Betreuungszeiten sowie längere Öffnungszeiten der Kitas verschlechtern die Betreuungsrelationen, wenn diese nicht durch zusätzliches Personal abgedeckt werden können. ›Der Kita-Besuch allein verbessert nicht die Bildungschancen der Kinder. Es kommt auf die Qualität der Angebote an‹.«

Und das Resümee der derzeit aktuellsten, 2015 veröffentlichten Pisa-Studie lässt ebenfalls Hoffnungsvolles vernehmen:

»Freundschaft und Werte, Zuwendung und Unterstützung – das ist es, worauf es laut Andreas Schleicher, dem Pisa-Koordinator der OECD, ankommt, damit Jugendliche sich im Leben und in der Schule wohlfühlen. [...] Deutlich wird aber, dass Zuwendung und Wohlbefinden zusammengehören und Wohlbefinden und Leistung auch. Angst vor Prüfungen hingegen oder davor, ausgelacht und ignoriert zu werden, passen nicht zu Motivation und guten Leistungen. Großer Druck und Abwertung sind kontraproduktiv« (Sadigh, P., 2017).

Herr Dräger und Herr Schleicher scheinen beziehungs-weise Männer zu sein – von ihnen könnten wir wohl alle ganz gelassen lernen.

## Literatur

Abelin, E. (1971). The Role of the Father in the Separation-Individuation Process. In J. B. McDevitt & C. F. Settlage (Hrsg.), *Separation-Individuation* (S. 229–252). New York: International Universities Press.

Abelin, E. (1975). Some further observations and comment on the earliest role of the father. *Internat. J. PsychoAnal, 56*, 293–302.
Bauer, J. (2004). *Das Gedächtnis des Körpers. Wie Beziehungen und Lebensstile unsere Gene steuern.* München: Piper.
Bauer, J. (2007). *Lob der Schule.* Hamburg: Hoffmann & Campe.
Bauer, J. (2015). *Warum ich fühle, was Du fühlst.* München: Heyne.
Bauriedl, T. (1998). Triangularität menschlicher Beziehungen und der Fortschrittsglaube in der psychoanalytischen Entwicklungspsychologie. In D. Bürgin (Hrsg.), *Triangulierung* (S. 123–141). Stuttgart: Schattauer.
Bauriedl, T. (2014 [1998]). »Die Triangularität menschlicher Beziehungen und der Fortschrittsglaube in der psychoanalytischen Entwicklungstheorie«. *Psychoanalytische Paar- und Familientherapie, 15*(1), 79–99.
Bernfeld, S. (1973 [1925]). *Sisyphos oder die Grenzen der Erziehung.* Frankfurt a.M.: Suhrkamp TB.
Buchholz, M.B. (1990). *Die unbewusste Familie. Psychoanalytische Studien zur Familie in der Moderne.* Berlin: Springer.
Bürgin, D. (1998). *Triangulierung.* Stuttgart: Schattauer.
Bürgin, D., Klitzing, von, K. (2001). Zur Psychoanalyse von Kindern und Jugendlichen. Traidische Kompetenz: Ressource für die psychische Entwicklung. In W. Bohleber & S. Drews (Hrsg.), *Die Gegenwart der Psychoanalyse – Die Psychoanalyse der Gegenwart.* Stuttgart: Klett-Cotta.
Datler, M., Datler, W., Fürstaller, M. & Funder, A.(Hrsg.). (2011). Hinter verschlossenen Türen. Über Eingewöhnungsprozesse von Kleinkindern in Kindertagesstätten und die Weiterbildung pädagogischer Teams. In M. Dörr, R. Göppel & A. Funder (Hrsg.), *Reifungsprozesse und Entwicklungsaufgaben im Lebenszyklus.* Jahrbuch für Psychoanalytische Pädagogik 19 (S. 20–55). Gießen: Psychosozial-Verlag.
Deutsches Institut für Internationale Pädagogische Forschung DIPF (2016). *Bildungsbericht 2016.* http://www.bildungsbericht.de/de/bildungsberichte-seit-2006/bildungsbericht-2016/pdf-bildungsbericht-2016/wichtige_ergebnisse_web2016.pdf (02.05.2017).
Dräger, J. (2016). Kita-Qualität steigt, aber Unterschiede zwischen den Ländern bleiben enorm. https://www.bertelsmann-stiftung.de/de/themen/aktuelle-meldungen/2016/juni/kita-qualitaet-steigt-aber-unterschiede-zwischen-den-laendern-bleiben-enorm/ (02.05.2017).
Dornes, M. (1991). *Der kompetente Säugling.* Frankfurt a.M.: Suhrkamp.
Edelhoff, J. (2017). Blackbox Kita: Was passiert mit den Kindern? http://daserste.ndr.de/panorama/archiv/2017/Blackbox-Kita-Was-passiert-dort-mit-unseren-Kindern,kita856.html (02.05.2017).
Fischer, U. (2010). Bindungstheoretische Impulse für eine inklusive Pädagogik – Ansätze zur Kompetenz- und Autonomieentwicklung in der heilpädagogischen Arbeit. http://www.inklusion-online.net/index.php/inklusion-online/article/view/150/150 (20.06.2017).
Gerspach, M. (2005). Stellungnahme zum Entwurf des Hessischen Bildungs-und Erziehungsplans »Bildung von Anfang an«. Fachhochschule Darmstadt. Zitiert in I. Seifert-Karb (2008), Die überförderte Familie…wenn Pisa in die Wiege schaut (S. 13). *Psychoanalytische Familientherapie, 9*(1), 3–27.
Gerspach, M. (2006). *Elementar-Pädagogik.* Stuttgart: Kohlhammer.
Grieser, J. (2011). *Architektur des psychischen Raumes.* Gießen: Psychosozial-Verlag.
Grieser, J. (2015). *Triangulierung.* Gießen: Psychosozial-Verlag.
Haug, E. & Draude, W. (2006). Droht der Kindergarten zu verschulen? Dokumentation zur Tagung

der Friedrich-Ebert-Stiftung in Zusammenarbeit mit der GEW Baden-Württemberg und dem Bundesverband ev. ErzieherInnen und SozialpädagogInnen, Stuttgart. http://library.fes.de/pdf-files/bueros/stuttgart/04839.pdf4 (08.05.2017).

Hobson, P. (2014). *Die Wiege des Denkens*. Gießen: Psychosozial-Verlag.

Hüter, G. & Krens, I. (2010). *Das Geheimnis der ersten neun Monate. Unsere frühesten Prägungen.* Weinheim: Beltz.

Hüter, G. & Endres, P.M. (2014). *Lernlust. Worauf es im Leben wirklich ankommt.* Hamburg: Murmann.

Hüter, G. & Quarch, C. (2016). *Rettet das Spiel. Weil Leben mehr als funktionieren ist.* München: Hanser.

Katzenbach, D. & Ruth, J. (2008). Lernen-Lernstörung-Triangulierung. Zum Zusammenspiel von Emotion und Kognition bei Lernprozessen. In F. Dammasch, D. Katzenbach & J. Ruth, *Triangulierung.* Frankfurt a.M.: Brandes & Apsel.

Klitzing, K.v. (1998). »Wenn aus zwei drei werden ...«. Ergebnisse einer prospektiven Studie zur Entstehung der Eltern-Kind-Beziehung. In D. Bürgin (Hrsg.), *Triangulierung.* (S. 104–115). München: Schattauer.

Naumann, T. (2011). *Eltern heute – Bedürfnisse und Konflikte.* Gießen: Psychosozial-Verlag.

Naumann, T. (2015). Ökonomisierungsdruck? Eine andere Pädagogik ist möglich! In I. Seifert-Karb (Hrsg.), *Frühe Kindheit unter Optimierungsdruck* (S. 133–143). Gießen: Psychosozial-Verlag.

Papoušek, M., Schieche, M. & Wurmser, H. (2004). *Regulationsstörungen der frühen Kindheit. Frühe Risiken und Hilfen im Entwicklungskontext der Eltern-Kind-Beziehungen.* Bern: Verlag Hans Huber.

Picht, G. (1964). *Die Deutsche Bildungskatastrophe: Analyse und Dokumentation.* Olten/Freiburg i.B.: Walter-Verlag.

Richter, H.-E. (1963). *Eltern, Kind und Neurose.* Reinbek: Rowohlt.

Richter, H.-E. (1970). *Patient Familie.* Reinbek: Rowohlt.

Sadigh, P. (2017). Leistung macht nicht glücklich. http://www.zeit.de/gesellschaft/schule/2017-04/pisa-studie-zufriedenheit-schule-jugendliche (02.05.2017).

Seehaus, R. (2015). Normierung des Kinderkörpers – Formierung der Elternsorge. In I. Seifert-Karb (Hrsg.), *Frühe Kindheit unter Optimierungsdruck* (S. 205–217). Gießen: Psychosozial-Verlag.

Seifert-Karb, I. (2004). Seelische Gesundheit junger Familien im öffentlichen Gesundheitswesen. *Frühe Kindheit der Deutschen Liga für das Kind, 4*(4), 20–23.

Seifert-Karb, I. (2008a). Wenn drei zu zweit allein sind – Triagnostik der frühen Eltern-Kind-Beziehung. In F. Dammasch, D. Katzenbach & J. Ruth, *Triangulierung. Denken, Lernen und Handeln aus psychoanalytischer und pädagogischer Sicht* (S. 111–131). Frankfurt a.M.: Brandes & Apsel.

Seifert-Karb, I. (2008b). Die überförderte Familie...Wenn Pisa in die Wiege schaut. *Psychoanalytische Familientherapie, 9*(1), 3–26.

Seifert-Karb, I. (2010). Früh betreut – spät bereut? Aspekte seelischer Gesundheit in der Krippenbetreuung. Vortrag vom 09.06.2010, Justus-Liebig-Universität Gießen.

Seifert-Karb, I. (2013). »BiB – Beziehung im Blick«- Ein psychoanalytisch-pädagogisches, videogestütztes Curriculum zur Qualifizierung des Betreuungspersonals von Säuglingen und

Kleinkindern in Krippen und Tagespflegestellen. In M. Wininger, W. Datler & M. Dörr, *Psychoanalytische Pädagogik und Frühe Kindheit* (S. 237–255). Opladen: Verlag Barbara Budrich.

Seifert-Karb, I. (2014). Triangularität, Transformation und Trianguläres Bewusstsein. Überlegungen zur Aktualität von Thea Bauriedls »Die Triangularität menschlicher Beziehungen und der Fortschrittsglaube in der psychoanalytischen Entwicklungstheorie«, *Psychoanalytische Paar- und Familientherapie, 15*(1), 79–99.

Seifert-Karb, I. (Hrsg.). (2015). *Frühe Kindheit unter Optimierungsdruck*, Gießen: Psychosozial-Verlag.

Seifert-Karb, I. (2017, im Druck). Früh betreut-spät bereut? – Was wird aus der Fähigkeit zum Alleinsein in Zeiten außerfamiliärer Betreuung von Säuglingen und Kleinkindern? In H. Schnoor (Hrsg.), *Psychosoziale Entwicklung in der Postmoderne*. Gießen: Psychosozial-Verlag.

Sennett, R. (1998). *Der flexible Mensch*. Berlin: Berlin-Verlag.

Spannagel, D. (2015). Trotz Aufschwung; Einkommensungleichheit geht nicht zurück. WSI-Verteilungsbericht 2015. *WSI-Report, 26*. Hans-Böckler-Stiftung.

Spannagel, D. (2016). Soziale Mobilität nimmt weiter ab. WSI-Verteilungsbericht 2016. *WSI-Mitteilungen, 69*(8), 612–620. Hans-Böckler-Stiftung.

Textor, M. (2016). Erziehungs- und Bildungspläne. http://www.kindergartenpaedagogik.de/1951.html (22.05.2017).

Tietze, W., Becker-Stoll, F., Bensel, J., Eckhardt, A.G., Haug-Schnabel, G., Kalicki, B., Keller, H. & Leyendecker, B. (Hrsg.). (2012). NUBBEK. Nationale Untersuchung zur Bildung, Betreuung und Erziehung in der frühen Kindheit. Fragestellungen und Ergebnisse im Überblick. http://www.nubbek.de/media/pdf/NUBBEK%20Broschuere.pdf (10.08.2017).

ZEIT (2014). Hat Georg Picht recht behalten? http://www.zeit.de/2014/06/bildungskatastrophe-these-georg-picht/komplettansicht (08.05.2017).

Zulliger, H. (1991). *Heilende Kräfte im kindlichen Spiel*. Frankfurt a. M.: Fischer/Geist & Psyche.

# Besser lernen, aber wie?

Zu den Chancen des Ästhetischen im Bildungsprozess

*Max Fuchs*

## 1 Vorbemerkung

Seit einigen Jahren hat kulturelle und ästhetische Bildung offensichtlich Konjunktur. Es gibt große Förderprogramme des Staates und es engagieren sich auch immer mehr private Stiftungen in diesem Feld. Dies bedeutet, dass nicht nur mehr Geld in dieses Arbeitsfeld fließt, sondern dass es auch neue Akteure mit zum Teil neuen konzeptionellen Vorstellungen über die kulturelle Bildungsarbeit gibt. Interessant wäre es auch, mehr über die verschiedenen Motivationen der unterschiedlichen Akteure zu wissen, die nunmehr unser Arbeitsfeld für sich entdeckt haben. Schön wäre es, wenn es ausschließlich fachliche Gründe wären, etwa die Überzeugung, dass das Menschenrecht auf (kulturelle) Bildung nunmehr umgesetzt werden müsse. Es gibt einige Gründe dafür, dass dies alleine nicht als Motivation für verschiedene Akteure eine Rolle spielt. Ich werde im Folgenden im Wesentlichen auf die fachlichen Gründe eingehen, die für eine verstärkte Einbeziehung des Ästhetischen in pädagogische Prozesse sprechen.

## 2 Die Bedeutung der ästhetischen Praxis: ein altes Thema, neu entdeckt

Seit Menschen in Gruppen zusammen leben und ihr Leben bewusst gestalten müssen, besteht das Problem, dass das vorhandene Wissen an die nachwachsende Generation weitergegeben werden muss. Man kann davon ausgehen, dass es seit der Frühzeit des Menschen daher auch Überlegungen darüber gegeben hat, wie dies am besten geschieht: Wie kann man gut lernen? Es ist deshalb selbstverständlich, dass auch bei der Entstehung einer wissenschaftlichen Pädagogik, etwa in den Arbeiten von Johann Komensky (Comenius) vor über 350 Jahren diese Frage im Mittelpunkt der Überlegungen stand. In seiner *Großen Didaktik* unterbreitete er einen Lösungsvorschlag, nämlich eine »vollständige Kunst, alle Menschen alles zu lehren« (so der Untertitel der Großen Didaktik). Er beschreibt sein Anliegen weiter so, »dass die gesamte Jugend beiderlei Geschlechts ohne jede Ausnahme rasch, angenehm und gründlich in den Wissenschaften gebildet, zu guten Sitten geführt, mit Frömmigkeit erfüllt und auf diese Weise in den Jugendjahren zu allem, was für dieses und das künftige Leben nötig ist, angeleitet werden kann ...« (Comenius, 1970, S. 7).

Auch das Ziel seiner didaktischen Überlegungen kommt uns bekannt vor, denn es geht darum, dass »Lehrer weniger zu lehren brauchen, die Schüler dennoch mehr lernen; in den Schulen weniger Lärm, Überdruss und unnütze Mühe herrsche, dafür mehr Freiheit, Vergnügen und wahrhafter Fortschritt; in der Christenheit weniger Finsternis, Verwirrung und Streit, dafür mehr Licht, Ordnung, Friede und Ruhe.«

Auch die Art und Weise, wie Comenius sich einen derart gestalteten Lernprozess vorstellt, klingt ausgesprochen modern: Comenius hat ausdrücklich die Sinne in den Lernprozess eingeführt, etwa dadurch, dass er für den schulischen Unterricht entsprechende Medien entwickelt hat, zum Beispiel sein umfassendes Werk *Die Welt im Bild*.

Neu ist es also nicht, wenn man heute erneut fordert, dass der Mensch natürlich mit seinem Gehirn, aber eben auch mit allen Sinnen lernen möge (Lernen mit Kopf, Herz und Hand, so schon Pestalozzi). Diese Forderung ist so alt, dass man sich fragen muss, wieso sie immer wieder aufgestellt wird. Der Grund liegt darin, dass – aus welchen Gründen auch immer – die jeweils real existierenden Schulen sich offenbar nicht an das Prinzip der Einbeziehung der Sinne gehalten haben. Solange es eine institutionalisierte Schule gibt, gibt es daher eine ständige Kritik an ihrer kognitivistischen Verengung. Man spricht von einer »Verkopfung« und von einer »Buchschule«.

Dagegen haben im Laufe der Geschichte der Pädagogik immer wieder die bedeutenden Theoretiker und Stichwortgeber andiskutiert, sodass man die Behauptung aufstellen kann, dass die Geschichte der pädagogischen Ideen identisch ist mit einer Geschichte der Reformpädagogik: Es geht um einen ständigen Protest gegen ein eindimensionales Menschenbild.

Doch woher kommt diese Geringschätzung der Sinne? Gibt es möglicherweise historische Gründe dafür, die Sinne aus dem pädagogischen Geschehen auszuklammern?

## 3 Probleme mit den Sinnen

Das »Ästhetische« ist zum einen sehr alt, denn es geht auf das griechische Wort *aisthesis* zurück, das sinnliche Erfahrung und Erkenntnis bedeutet. Zum anderen ist die Rede von dem Ästhetischen sehr neu, denn es gehört erst seit etwa 1750 zur Sprache der Gebildeten. In Mitte des 18. Jahrhunderts hat nämlich der Philosoph Alexander Baumgarten sein Hauptwerk mit dem Titel *Aesthetica* vorgelegt, bei dem es zunächst einmal gar nicht um die schönen Künste, sondern – ganz so, wie es das griechische Ursprungswort meint – um eine Rehabilitation der Sinne geht. Eine Notwendigkeit für eine solche Rehabilitation sah Baumgarten in der Dominanz des Rationalismus auf dem europäischen Kontinent, der schon die dominante Philosophie der Scholastik war und der auch mit Beginn der Philosophie der Neuzeit bei Descartes im Zentrum stand (vgl. Fuchs, 2011).

Ein solcher Rationalismus hat zudem eine lange Tradition. Man erinnere sich nur an Platon und seine Verachtung der Sinne: Das Wesentliche in seinem einen objektiven Idealismus waren die ewigen und unveränderlichen Ideen, zu denen der Mensch nur indirekt, nämlich über Schatten an der Höhlenwand Zugang hatte. Diese Skepsis gegenüber den Sinnen war dabei durchaus konform mit der griechischen Kultur, in der alles, was mit den Sinnen zu tun hatte, keine gesellschaftliche Anerkennung fand. Das beginnt bei der handwerklichen Tätigkeit, die im Wesentlichen in den Händen der Sklaven lag. Man erinnere sich, dass freie Polisbürger nur solche reichen Männer werden konnten, bei denen keine Notwendigkeit bestand, den Lebensunterhalt durch eigene Arbeit zu verdienen.

Die Verachtung von Arbeit schloss dabei auch die Bildhauer ein, denn auch diese mussten sich die Hände schmutzig machen. Die Verachtung der Sinnlichkeit erstreckte sich aber auch auf die Theaterkunst und die Epen. Denn die traditionellen griechischen Epen waren für Platon und die von ihm neu geschaffene Philosophie (und das neu geschaffene Berufsbild eines professionellen Philosophen) ebenso eine Konkurrenz wie das Theater: Es ging um das Deutungsrecht für die Belange der Polis. Bei seiner Ablehnung des Theaters argumentierte er damit, dass dieses in mehrfacher Hinsicht lüge: Zum einen spielten die Schauspieler bloß eine Rolle, waren also gar nicht sie selbst. Zum anderen stellten sie Dinge vor, die mit den Sinnen eben nur unzureichend erfasst werden können. Das Theater war daher für Platon ein Ereignis, das gegen die Sittlichkeit der Polis gerichtet war: Es verderbe die Menschen. Die handwerkliche Tätigkeit wiederum hieß im Griechischen *techné*, was ins Lateinische mit *ars* und schließlich ins Deutsche mit Kunst übersetzt wurde.

Bei der Rede über »Kunst« ging es also zunächst einmal überhaupt nicht um die schönen Künste, sondern es ging um eine handwerkliche Tätigkeit, eine Tätigkeit also, die nach strengen Regeln bestimmte Produkte herstellte. Dieser Kunstbegriff findet sich bis heute im Deutschen und auch in anderen Sprachen, wenn etwa von der politischen oder pädagogischen Kunst oder von handwerklichen Produkten die Rede ist. Kunst ist in diesem Verständnis eine sinnliche Tätigkeit, die zunächst einmal – in der damaligen Zeit – keine Hochachtung in der Gesellschaft erfährt.

Dazu kommt, dass auch die Sinne in der politischen Geschichte keine guten Karten haben. Denn es war die sinnliche Seite des Menschen, es waren seine Emotionen und Gefühle, es waren seine Leidenschaften, denen man die Schuld daran gab, dass der Mensch so gewalttätig ist. Der Philosoph Thomas Hobbes baute auf der Idee, dass der Mensch dem Menschen ein Wolf sei, seine gesamte Philosophie auf. Wer also Frieden wollte, musste die Leidenschaften des Menschen zähmen. Zu diesen Leidenschaften gehörte auch der die Menschen generell unterstellte Egoismus. Bekanntlich hat der Moralphilosoph Adam Smith, der als Begründer einer Theorie des Kapitalismus gilt, im Egoismus sogar die Grundlage dieses neuen Wirtschaftssystems gesehen. Das Kunststück bestand dabei darin, aus privaten Lastern öffentliche Tugenden zu machen. Das war die Grundidee der von ihm entwickelten Konzeption einer Marktwirtschaft.

In der Erziehungswissenschaft waren es im Rahmen der Aufklärungspädagogik die Philanthropen, eine erste zusammenhängende Gruppe von pädagogischen Theoretikern und Praktikern, die für eine kurze Zeit einen gewissen Einfluss in der Bildungspolitik einzelner Fürstentümer hatten, die publizistisch ausgesprochen aktiv und auch erfolgreich waren. Mit Ernst Christian Trapp wurde in der wichtigsten Universität der Aufklärungszeit, der Universität in Halle, eine erste Professorenstelle besetzt, die sich ausschließlich der Pädagogik widmen durfte. Allerdings blieb Trapp nur kurze Zeit in Halle, da er sich mit seinem Ansatz weder bei seinen Kollegen noch bei den Studierenden durchsetzte. Er wurde ersetzt durch Friedrich Wolf, einen Neuhumanisten, der in jeder Hinsicht das genaue Gegenteil des Ansatzes von Trapp vertrat.

Nur als Nachtrag: Neben der Rehabilitation der Sinne durch Baumgarten, die – wie skizziert – durchaus nötig, aber auch schwierig war, war ein weiteres Verdienst von Baumgarten, einen einheitlichen Kunstbegriff eingeführt zu haben, der alle Künste erfasste. Denn bis zu dieser Zeit war es nicht üblich, die Gemeinsamkeiten von Bildender Kunst, Theater, Musik oder Literatur in den Vordergrund zu stellen.

## 4 Zur aktuellen Situation der Sinnlichkeit

Werfen wir einen Blick in den pädagogischen Alltag und betrachten, wie kleine Kinder lernen. Man kann dabei sehen, dass der sinnliche Umgang der Kinder mit der Welt und mit anderen Menschen eine entscheidende Rolle spielt. Sie wollen alles anfassen und am liebsten auch in den Mund stecken, was gar nicht so dumm ist, da der Mund bekanntlich der sensibelste Körperteil des Menschen ist. Sie agieren spielerisch mit Dingen und Menschen, sie experimentieren und erleben so, wie ihre Umwelt beschaffen ist: wie sie sich anfühlt, ob sie warm oder kalt ist, ob sie glatt oder rau ist, ob sie leicht oder schwer ist, ob sie gut oder schlecht riecht. Auf diese Weise erobern die Kinder die Welt mit allen Sinnen, im Handeln und im experimentierenden Spiel.

Genau dies ist der Grundgedanke in allen reformpädagogischen Ansätzen. Auch der Physikdidaktiker Martin Wagenschein hat daran erinnert, dass selbst die theoretische Physik ihre Grundlage in der sinnlichen Wahrnehmung und Beobachtung hat. Und bekanntlich gibt Maria Montessori für professionelle Pädagoginnen und Pädagogen immer nur einen Rat: beobachten, beobachten, beobachten.

In der aktuellen Kulturpädagogik findet man daher ein breites Spektrum im Umgang mit dieser Sinnlichkeit:

- Man kann als Kern der kulturpädagogischen Praxis den Umgang mit den traditionellen Künsten sehen und dann von künstlerischer Bildung sprechen.
- Ein erweiterter Bereich ist die ästhetische Bildung, die über die traditionellen Künste hinausgeht und bei der produktive und rezeptive Gestaltungsprozesse eine Rolle spielen.
- Im Hinblick auf die ursprüngliche Wortbedeutung von Ästhetik wird verständlich, dass man auch von einer aisthetischen Bildung sprechen kann: Denn es gibt Felder im Bereich der Kulturpädagogik wie etwa die Spielpädagogik oder die Zirkuspädagogik, bei denen die Sinne eine entscheidende Rolle spielen, die sich aber selbst nicht als Künste im traditionellen Sinne verstehen.
- Von kultureller Bildung als dem weitesten Begriff kann man dann sprechen, wenn man all die genannten Praxisformen nicht in einem von der Gesellschaft isolierten Bereich versteht, sondern die gesellschaftlichen Kontexte einbezieht. Denn in der Geschichte des Kulturbegriffs kann man zeigen, dass sich »Kultur« schwerpunktmäßig auf gesellschaftliche Prozesse bezieht und der komplementäre Begriff der »Bildung« sich auf das Individuum konzentriert.

Doch zurück zu den Sinnen: Im Zuge der Postmoderne, also etwa seit den 1980er Jahren, spricht man von einer Wiederkehr des Körpers oder des Leibes. Man entdeckt die Leibphänomenologie von Helmuth Plessner aus den 1920er Jahren wieder. In den Kulturwissenschaften spricht man aktuell von einem *material turn*, also einer Wiederentdeckung der Relevanz der gegenständlichen Umwelt, der Dinge. Man erkennt, dass zwar der Mensch wesentlich mit Symbolen wie etwa der Sprache oder auch mit Bildern hantiert, dass er aber immer auch in einer gegenständlichen Umwelt agiert, sodass man von einer »Logik der Dinge« sprechen kann, die sich der Mensch im handelnden Umgang aneignet. Bekanntlich ist ein solch handelnder Umgang mit Dingen die Basis für wichtige Entwicklungstheorien des Menschen (etwa bei Piaget, Wygotski oder Leontiew).

Im Hinblick auf die Schule ist dieser Ansatz deshalb wichtig, weil damit auch die gegenständliche Bedeutung der Schule als wichtiger Erzieher und Faktor im Bildungsprozess in den Blick gerät. So diskutiert man seit einigen Jahren verstärkt wieder über die Rolle der Schularchitektur in Bildungsprozessen. Im Jahre 1992 hat der Göttinger Erziehungswissenschaftler Christian Rittelmeyer erste Untersuchungen zur Schularchitektur vorgelegt, aktuell ist es die Essener Erziehungswissenschaftlerin Jeanette Böhme, die diesen Forschungsansatz fortsetzt. Im Kontext unserer eigenen Arbeit zu dem Konzept der Kulturschule bringen wir dies auf den kurzen Slogan: »Schule muss schön sein«.

Auch in der Erziehungswissenschaft insgesamt kann man von einer Rehabilitation der sinnlichen Seite des Menschen und des Lernens sprechen. Aktuelle Lehrbücher etwa zur Lerntheorie erweitern das bislang bekannte Spektrum möglicher Ansätze dadurch, dass nunmehr auch leibliches, mimetisches oder performatives Lernen einbezogen und in ihrer Bedeutung auch für das kognitive Lernen erkannt werden.

## 5 Die Ästhetik und die Künste

Ästhetische Theorien kann man grob danach unterscheiden, ob sie sich eher auf das (künstlerische) Werk oder eher auf das (rezipierende oder produzierende) Subjekt konzentrieren.

Im Hinblick auf werkbezogene Ansätze hat sich durch die Entwicklung der Künste das Problem ergeben, dass es gar nicht mehr so leicht ist, ein solches Werk zu identifizieren. Es scheint sogar so zu sein, dass Künstlerinnen und Künstler alles daran setzen, kein Werk im traditionellen Sinne mehr zu produzieren.

Ich erinnere nur an den inzwischen 100 Jahre alten Ansatz des Dadaismus und vor allen Dingen an die revolutionären Arbeiten von Marcel Duchamp mit seinen Readymades. Man muss sehen, dass spätestens seit der zweiten Hälfte des 19. Jahrhunderts in der realen Entwicklung der Künste immer wieder Versuche unternommen wurden, den bis dahin gültigen Kunstbegriff aufzuheben und ein neues Verständnis von Kunst durchzusetzen.

Dies gilt dabei nicht bloß in der bildenden Kunst. Man erinnere sich bloß an das Werk *4:33* von John Cage, bei dem in einer normalen Konzertatmosphäre ein Pianist vier Minuten und 33 Sekunden *nichts* macht. Daher hat man heute größte Schwierigkeiten, werkbezogene Ästhetikkategorien zu entwickeln.

In Ästhetiken, die das Subjekt in den Mittelpunkt stellen, ist der Begriff der ästhetischen Erfahrung zentral. Dabei bezieht sich dieser Begriff nicht bloß auf identifizierbare Kunstwerke, sondern man kann ästhetische Erfahrungen an allen Gegenständen und Prozessen machen: Es kommt darauf an, in welcher Weise man auf die Wahrnehmungsgegenstände zugeht. Ästhetische Erfahrung ist auch der Kernbegriff im Bereich der ästhetischen Bildung, was auch solche Schulpädagogen so sehen, deren Schwerpunkt nicht in der ästhetischen Bildung liegt:

»Die bewusste ästhetische Gestaltung des Schulbetriebs ist Ausdruck der gewachsenen Bedeutung der Humanfunktion von Schule. Sie dient nicht nur der ästhetischen Erziehung (was allein die Anstrengungen rechtfertigen könnte), sondern fördert die Achtsamkeit gegenüber der Natur, der Technik und Dingen, die mit Menschenwitz und -fleiß hergestellt worden sind. Warum das Ganze? Ausnahmsweise einmal nicht für irgendwelche hehren Ziele der Schulentwicklung, für das Image des Schulzentrums oder den guten Eindruck beim Schulrat, sondern just for fun and just for me« (Meyer, 1997, S. 158).

## 6 Die Kulturschule – das Ästhetische und das Lernen

In den letzten Jahren haben wir Konzepte einer Kulturschule und einer kulturellen Schulentwicklung entwickelt, die die Erkenntnis über die Relevanz des Ästhetischen bei Prozessen des Lernens in den Mittelpunkt stellen. Eine Kulturschule wird als eine Schule verstanden, in der alle (Lehrerinnen und Lehrer sowie Schülerinnen und Schüler) die Möglichkeit bekommen, umfassend ästhetische Erfahrungen zu machen. Man kann dies kulturelle Profilierung von Schule nennen. In einer pragmatischen Sichtweise kann man dies so formulieren, dass das Ästhetische als prinzipielles Gestaltungselement in allen Qualitätsbereichen von

Schule, die die Referenzrahmen Schulqualität unterscheiden, eine entscheidende Rolle spielen muss.

Ein solcher Ansatz wird inzwischen in immer mehr Bundesländern in einer wachsenden Anzahl von Schulen verfolgt. So gibt es in Hessen seit vielen Jahren das Konzept einer Kulturschule, Hamburg hat seit Jahren Modellschulen Kultur eingeführt und nicht zuletzt gibt es das große Programm der Stiftung Mercator und der Bundeskulturstiftung »Kulturagenten für kreative Schulen«, in dessen Rahmen in den ersten vier Jahren knapp 150 Schulen in einen solchen Entwicklungsprozess einbezogen wurden, eine Anzahl, die nunmehr in der Fortsetzung dieser Laufzeit deutlich vergrößert wird.

In der Schulentwicklung gehen die meisten von einem Dreieck aus, das Personalentwicklung, Organisationsentwicklung und Unterrichtsentwicklung unterscheidet.

Im Hinblick auf *Unterrichtsentwicklung* geht es darum, dass nicht bloß in den künstlerischen Schulfächern die Künste eine Rolle spielen, sondern dass auch in nichtkünstlerischen Fächern zunehmend künstlerische und ästhetische Methoden zur Anwendung kommen. Inzwischen gibt es eine Reihe von Erfahrungen, dass man in der Tat Mathematik, Biologie, Chemie oder Physik durch den Einsatz künstlerischer Praktiken sehr gut vermitteln kann. Es gibt sogar eine internationale Initiative LTTA *(learning through the arts)* mit einem deutschen Stützpunkt an der Universität in Würzburg, in deren Rahmen Künstlerinnen und Künstlern weiter qualifiziert werden, um in den unterschiedlichen Unterrichtsfächern zu zeigen, wie man künstlerische Methoden sinnvoll integrieren kann.

Es gibt Beispiele, wie durch tänzerisches oder theatralisches Handeln abstrakte mathematische Formeln dargestellt werden können. Man erinnere sich zudem daran, dass Geografie etwas mit der Wahrnehmung von Landschaft, also einem ästhetischen Prozess, zu tun hat. Auch wenn man nicht sofort selbst körperlich aktiv werden will, gibt es vielfältige Möglichkeiten, ästhetische Aspekte in Unterrichtsfächern zu identifizieren. So gab es bei einem Symposion einen sehr schönen Vortrag eines Mathematikdidaktikers über »Schönheit in der Mathematik«. Bekanntlich spielte die Mathematik in der Renaissancekunst eine wichtige Rolle (etwa im Zusammenhang mit der Entwicklung der Zentralperspektive).

Dieser Ansatz ist mit dem zweiten Punkt im Dreieck, der *Personalentwicklung,* insofern eng verbunden, als Lehrerinnen und Lehrer lernen müssen, wie solche künstlerischen Methoden in ihrem eigenen Fach sinnvoll und curriculumkonform eingesetzt werden können. Auch in dieser Hinsicht gibt es inzwischen viele Erfahrungen.

Eine Herausforderung ist die *Organisationsentwicklung* von Schule, denn hierbei geht es darum, in systematischer Weise alle Bereiche, die im Referenzrahmen

Schulqualität genannt werden, in entsprechender Weise zu entwickeln. Auch hier gibt es inzwischen vielfältige Erfahrungen, zahlreiche pragmatische Arbeitshilfen und Fachleute, die ihre reichhaltigen Erfahrungen in Beratungsprozessen weitergeben können. Es geht im Wesentlichen um das inzwischen auch in allen Qualitätstableaus von Schule eingeführte Konzept einer Schulkultur, die darauf Wert legt, die Abläufe im Jahr, die entsprechenden Höhepunkte, die Abschlussfeiern, wichtige Rituale wie Verabschiedung und Begrüßung von Kolleginnen und Kollegen, in einer Weise zu inszenieren, dass eine Identifikation mit der Schule entstehen kann. Es geht dabei um Prinzipien der Wertschätzung und Anerkennung, und dies nicht bloß in der Beziehung von Lehrerinnen und Lehrern zu ihren Schülern, sondern auch innerhalb des Lehrerkollegiums und innerhalb der Schülerschaft.

Auf der Makroebene der politischen Rahmenbedingungen erhält ein solcher Ansatz eine Unterstützung durch das in den letzten Jahren entwickelte und immer mehr umgesetzte Konzept einer kommunalen Bildungslandschaft. Das bedeutet, dass alle Einrichtungen in einer Kommune, die mit Kindern und Jugendlichen zu tun haben, eine systematische und verbindliche Zusammenarbeit vereinbaren. Im Hinblick auf die Kulturschule sind es insbesondere Kultureinrichtungen, die zu einer Kooperation mit den Schulen ermutigt werden sollen (vgl. Fuchs & Braun, 2015/2016).

## 7  Die Kulturschule: bloß ein schöner Traum?

Man kann sich natürlich jetzt zu Recht fragen, ob dies alles funktioniert. Ich erinnere an das Zitat von Comenius: Es gehe darum, weniger zu lehren und mehr zu lernen, es gehe um Freiheit, Vergnügen und Fortschritt. In der Tat gibt es aktuelle Debatten, die genau dies als Zielstellung haben. So spricht der Kasseler Erziehungswissenschaftler Olaf-Axel Burow in seiner »positiven Pädagogik« davon, dass wieder mehr Glück in die Schule kommen müsse. Damit ist gerade kein neues Schulfach Glück gemeint, sondern eine solche Organisation von Schule, in der sowohl die Schülerinnen und Schüler als auch die Lehrerinnen und Lehrer eine Befriedigung ihrer Bedürfnisse in der Schule erfahren. Ein aktueller Begriff ist der Begriff des Wellbeing.

Wir haben in unserer Konzeptentwicklung eng mit der englischen *Initiative Creative Partnerships* zusammengearbeitet, die eine ähnliche Konzeption verfolgt und realisiert hat. Diese Initiative ist zwar inzwischen von der konservativen Regierung beendet worden (sie wurde seinerzeit von der Labour Regierung unter Tony Blair gegründet). Doch hat sie im Laufe der Jahre eine große Anzahl von Schulen erfasst, hat diesen Schulen Geldmittel für Kunstprojekte und eine Kooperation mit Künstlerinnen und Künstlern sowie kulturelle Schulberater *(creative agents)* zur Verfügung gestellt. Dies war allerdings verbunden mit einer harten Evaluation durch die zentrale englische Evaluationsagentur OFSTED. Die Ergebnisse sind absolut ermutigend. So haben die Evaluationen eine vierfache Wirkung ergeben:

➢ Dieser Ansatz ist positiv für die Entwicklung von Schülerinnen und Schülern, die sich offenbar so wohl in der Schule fühlen, dass die Schwänzerquote erheblich abgesenkt werden konnte.
➢ Für die Lehrerinnen und Lehrer ist offenbar eine solche Schule ein angenehmer Arbeitsplatz, was an einem drastischen Absinken des Krankheitsstandes erkennbar wurde.
➢ Für die Eltern sind solche Schulen attraktiv, was man an einer deutlichen Erhöhung der Elternbeteiligung am Schulleben erkennen konnte.
➢ Nicht zuletzt waren die Schulen auch in Kategorien von PISA leistungsfähiger.

Es bestehen gute Chancen, dass die oben zitierte Vision von Comenius über eine vermehrte ästhetische Praxis in der Schule und über die Realisierung des Konzepts einer Kulturschule Wirklichkeit werden kann. Es lohnt sich für alle Beteiligten.

## Literatur

Comenius, J. A. (1970). *Große Didaktik*. Düsseldorf/München: Küpper.
Burow, O.-A. (2011). *Positive Pädagogik*. Weinheim/Basel: Beltz.
Fuchs, M. (2011). *Kunst als kulturelle Praxis*. München: Kopaed.
Fuchs, M., Braun, T. (Hrsg.). (2015/2016). *Die Kulturschule und kulturelle Schulentwicklung*. 3 Bände. Weinheim/Basel: Beltz-Juventa.
Meyer, H. (1997). *Schulpädagogik*. 2 Bände. Frankfurt a. M.: Scriptor.
Rittelmeyer, C. (1992). *Schulbauarchitektur*. Göttingen: Universität.

# Psychosoziale Beratung in der Schule

Gabriele R. Winter & Horst Gerhard

Wenn davon die Rede ist, dass psychische und soziale Auffälligkeiten bei Schülerinnen und Schülern zugenommen haben, so wird dies gemeinhin mit höheren Leistungsanforderungen und mit schwierigeren familiären Verhältnissen in Verbindung gebracht. Das Aufwachsen von Kindern und Jugendlichen in Schule und Familie vollzieht sich in der Tat heute unter gesellschaftlichen Bedingungen, die einem rasanten Wandel unterliegen.

In diesem Beitrag wird der Frage nachgegangen, in welcher Form Schülerinnen und Schüler[1] wie auch deren Eltern psychosoziale Unterstützung benötigen und was man sich unter »psychosozialer Beratung in der Schule« vorstellen kann. Wir versuchen uns dem Thema aus zwei Perspektiven zu nähern: aus derjenigen einer Beratungseinrichtung, die schulisches Geschehen von außen begleitet, sowie aus einer internen Perspektive, die zu beleuchten sucht, welche Beratungsformate bzw. -angebote Schule aus eigenen Ressourcen heraus zur Verfügung stellt bzw. stellen kann. Diese beiden Sichtweisen sind in einer langjährigen, fruchtbaren Kooperation zweier Institutionen zum Tragen gekommen, durch die modellhaft erprobt worden ist, wie durch eine Bündelung schulinterner wie -externer Ressourcen psychosoziale Unterstützung gewährleistet werden kann. Die Erfahrungen aus dieser Kooperation liegen den nachfolgenden Überlegungen zugrunde und fließen in die Reflexionen mit ein.[2] Die beiden kooperierenden Institutionen sollen zunächst kurz porträtiert werden.

---

1   Im Text ist der besseren Lesbarkeit halber oft von »Schülern«, »Lehrern«, »Kollegen« etc. die Rede, auch wenn Angehörige beiderlei Geschlechts gemeint sind.
2   Die Berichte über die Erfahrungen aus dieser Kooperation sind im nachfolgenden Text in kursiver Schrift gefasst.

> »Theo-Koch-Schule Grünberg« (vertreten durch Gabriele Winter): Die Theo-Koch-Schule in Grünberg ist mit 1750 Schülern und 140 Lehrkräften die größte integrierte Gesamtschule im Landkreis Gießen. Entstanden ist sie in den 70er Jahren durch die Zusammenlegung der Mittelpunktschule und des Grünberger Gymnasiums. Ihre weitere Entwicklung vollzog sich in dem Spagat zwischen Leistungsdifferenzierung einerseits und dem Integrationsanspruch andererseits. Mit der Installation einer Beraterin für Suchtprävention kam es zu Kooperationen mit außerschulischen Beratungseinrichtungen. Daraus formte sich nach und nach ein engmaschiges Beratungsnetz, in dem das Beratungszentrum Laubach und Grünberg im Zentrum stand.

> »Beratungszentrum Laubach und Grünberg« (vertreten durch Horst Gerhard[3]): Das Beratungszentrum Laubach und Grünberg ist aus einem Zusammenschluss der Psychosozialen Kontakt- und Beratungsstelle Laubach und der Jugend- und Drogenberatung Grünberg hervorgegangen. Die erste und zugleich historisch ältere Einrichtung wurde vor mehr als 35 Jahren von einer Gruppe engagierter, psychosozialer Praktiker um Horst-Eberhard Richter ins Leben gerufen. Richter hat seinerzeit – als Pionier der psychoanalytischen Familienforschung und -therapie – angestoßen, dass unter anderem mit der Arbeit dieser Beratungsstelle psychoanalytische Impulse ins soziale Feld getragen wurden.[4] Zu dem Beratungszentrum gesellten sich seit den 2000er Jahren weitere Bausteine eines verbundartigen Versorgungssystems für den östlichen Landkreis Gießen hinzu: die Tagesstätte Laubach sowie das Betreute Einzelwohnen Laubach. Das Beratungszentrum verfügt über unterschiedliche Schwerpunktbereiche, die Beratung und Betreuung von Menschen mit seelischen Problemen und Erkrankungen, Drogen- und Suchtberatung sowie Erziehungsberatung umfassen; die Beratungsangebote in diesen Bereichen sind verknüpft mit präventiven Angeboten. Von Beginn an arbeitete die Beratungsstelle multiplikatorisch zusammen mit Schulen, der Jugendhilfe, medizinischen Institutionen etc. Auf diese Weise ist auch die Kooperation mit der Theo-Koch-Schule Grünberg entstanden.

---

3   Erwähnt werden muss an dieser Stelle, dass neben dem Autor Renate Lauer und Sybilla Bansen über lange Jahre hinweg in diesem Arbeitsfeld der Beratungsstelle tätig gewesen bzw. noch immer tätig sind.

4   Bis zu seinem Tod im Dezember 2011 ist Horst-Eberhard Richter dem Trägerverein, dem »Verein für Psychosoziale Therapie (VPsT)« und seinen Einrichtungen als Vorstand verbunden geblieben.

## Psychosoziale Beratung

»Psychosoziale Beratung« geschieht nicht *an* Menschen, sondern *mit* Menschen in einem offenen dialogischen Prozess. Sie hat mit emotionalen Befindlichkeiten von Menschen zu tun, die Orientierung suchen und Hilfe bei der Auffindung oder Aktualisierung von Mitteln zur Problemlösung in ihrer Lebenssituation benötigen (vgl. Pauls, 2004, S. 266). Gegenüber therapeutischen Interventionen ist Beratung eher problemlösend, in der Thematik begrenzt und an der alltäglichen Realität orientiert – auch wenn die Grenzen fließend sind. In unserem beraterischen Alltagshandeln schließen Ressourcen- und Defizitorientierung einander nicht aus, es verschränken sich vielmehr psychoanalytische und systemische Perspektiven. Eine Freisetzung von Ressourcen und schöpferischen Potenzialen – bei Einzelnen, in Paarbeziehungen oder Familien – wird von der verstehenden Arbeit an Hemmungen, Ängsten, Schuldgefühlen und Vermeidungshaltungen flankiert, deren Wurzeln allzu häufig in unbewältigten infantilen Verstrickungen und ungelösten alten Abhängigkeiten liegen. Entscheidend ist die Qualität der Beratungsbeziehung: Die Grundhaltung des Beraters sollte von Empathie, Respekt, Akzeptanz und Geduld getragen sein.

Beim Blick auf »psychosoziale Beratung in der Schule« tut sich ein weites Feld auf, mit einer Vielzahl von Aspekten, von denen wir hier nur einige behandeln können. Zunächst einmal stellt sich die Frage: Wer berät: der Schüler, der Lehrer, der Schulpsychologe, der Mitarbeiter einer externen Beratungsinstitution? Und wer wird beraten: die Schüler, die Lehrer, die Eltern? Dabei stößt man schnell darauf, dass es unterschiedliche Formate von Beratung in der Schule gibt: Peer-Beratungen unter Schülern (Konfliktmoderatoren), Beratung von Schülern durch Lehrer, Beratung von Kollegen durch »Beratungslehrer«. Externe Beratungsinstitutionen machen Beratungsangebote für Schüler; parallel hierzu können sie Lehrer in der Reflexion ihrer Arbeit mit einem Blick von außen unterstützen. »Beratung in der Schule« ist zudem nicht zwingend räumlich-physikalisch zu verstehen, sondern hat ihren Ausgangspunkt in der Schule, weil hier seelische und soziale Notlagen und Störungen wahrnehmbar geworden sind; diese können aber prinzipiell auch an einem anderen Ort bearbeitet werden.

Nur wenn Lehrer, Schüler und Eltern ein »Wissen« darüber haben oder erlangen, dass es psychosoziale Probleme und seelische Konflikte auch an der eigenen Schule gibt, wird die Etablierung von Beratungsangeboten überhaupt erwogen werden. Beratung erfordert immer die Fähigkeit und Bereitschaft zur Selbstreflexion der eigenen Einstellung, der eigenen Haltungen etc. als wichtige Grundlage von Beziehungsarbeit.

Anfang der 90er Jahre fanden sich vielfach Abwehrhaltungen, wie sie etwa vom seinerzeitigen Direktor der Gesamtschule Grünberg in einem Gespräch mit einem Mitarbeiter der Beratungsstelle zum Ausdruck gebracht worden sind: »Die Probleme, für deren Bearbeitung Sie zuständig sind (Suchtberatung, Suchtprävention), kennen wir an unserer Schule nicht. Aber Sie können Ihr Angebot gerne mal in einer Gesamtkonferenz dem Kollegium vorstellen. Die Bundeswehr macht das ja auch.« Eine »Kultur des Hinsehens« zu praktizieren, erfordert eine grundlegend andere Haltung.

## Gesellschaftlicher Kontext

Heutzutage erscheint es gar nicht sinnvoll, sich frühzeitig festzulegen – sei es auf ein Lebensmodell, einen Partner, eine Versicherung, einen Strom- oder Telefonanbieter. Die Multioptionalität moderner Lebensverhältnisse verlangt geradezu, sich möglichst viele Wege offenzuhalten. Jeder will ständig seine Ausgangslage verbessern, muss immerzu Möglichkeiten sondieren und darauf achten, im richtigen Moment zuzugreifen. Als »Ego-Taktiker« hat Klaus Hurrelmann die Angehörigen dieser Jugendgeneration bezeichnet, die in struktureller Unsicherheit leben und von Anfang an ein »biografisches Selbstmanagement« betreiben müssen. Sie unterliegen einem enormen Leistungs- und Anpassungsdruck, der ein Grundgefühl erzeugt »wie bei einem Gang über zu dünnes Eis« (vgl. Tillmann, 1995, S. 267).

Leistungsdruck beginnt spätestens in der fünften Klasse und lässt von diesem Moment an nicht mehr nach. Viele Schüler haben Versagensängste, die sich als Angst vor Arbeiten, als Prüfungsangst oder grundsätzlicher Angst vor der Schule zeigen. Der Druck verschärft sich durch die weitergehende Leistungsdifferenzierung nach der sechsten Klasse noch einmal. Er macht sich vereinzelt in aggressivem Verhalten bemerkbar und tritt verbreitet in Erscheinungen wie Autoaggression, Selbstverletzung, Identitätsproblemen und Suchtproblemen auf.

Die Räume schmelzen ab, in denen Zeit wäre, auch mal nicht zu funktionieren. Denn immerfort funktionieren zu müssen, hat einen hohen Preis: Es treten Störungen, Ängste, Sorgen, Probleme auf, temporär – bei manchen auch dauerhaft – mangelt es an Zuwendung und Aufmerksamkeit. Durch die Einführung von G8 wurde ausgerechnet in einer Lebensphase, der Pubertät, in der Schule nicht für alle die höchste Priorität genießt, der gesellschaftliche Erwartungsdruck noch verstärkt. Nun muss ein Schüler in acht Jahren all das lernen, wofür er früher noch ein Jahr länger Zeit hatte. Für wirkliche Reifung gibt es kaum noch Raum.[5]

Wir leben in einer Welt, die einem rasanten Wandel unterliegt und in der die Menschen mit zunehmenden Flexibilitätsanforderungen konfrontiert sind. Wahlmöglichkeiten haben sich erweitert, es ist aber auch zu einem Verlust an Sicherheit und Geborgenheit gekommen. Ergänzt und überlagert wird diese Entwicklung durch eine soziale Polarisierung, die auf Dauer unsere Gesellschaft zu zerreißen droht. Eine immer größere Kluft tut sich auf: Auf der einen Seite findet sich eine erdrückende Mehrheit von etwa 80 bis 90 Prozent der Jugendlichen, die die Chance nutzen, ein Leben zu führen, das den eigenen Ansprüchen genügt. Sie wollen mithalten und sie können mithalten, sind entsprechend motiviert und leistungsbereit. Ihnen stehen ca. 15 bis 20 Prozent gegenüber, für die es immer schwieriger wird, am gesellschaftlichen Wohlstand zu partizipieren. Ihre Zukunft sieht düster aus. Sie scheitern an der Verwirklichung von Lebensentwürfen und fühlen sich schnell sozial abgehängt. Sie sind am Rand der Gesellschaft zu finden, wo Armut auf Vernachlässigung trifft und Schulversagen auf eine Perspektivlosigkeit, die oftmals über Generationen hinweg tradiert wird.[6]

Die Familiensituation, in der Kinder aus sogenannten Multiproblemfamilien aufwachsen, ist durch einen ungeregelten Tagesablauf und wechselnde Bezugspersonen gekennzeichnet. Wir haben es mit Kindern zu tun, die Traumatisierungen oder Bindungsstörungen erlebt haben, deren Eltern Alkoholiker sind oder nach Trennungen übelste Rosenkriege auf dem Rücken der Kinder austragen. Es gibt aber auch Missbrauchsfälle und häusliche Gewalt. Es sind diese Kinder und Jugendlichen, die öffentliche Aufmerksamkeit und insbesondere auch unsere Aufmerksamkeit (als Lehrer, Eltern, Therapeuten etc.) benötigen!

## Psychische Auffälligkeiten und Verhaltensstörungen bei Kindern, Jugendlichen und Eltern

Manche neueren Studien kommen zu dem Schluss, dass psychische und psychosomatische Beeinträchtigungen, Auffälligkeiten und Krankheiten im Kindes-

---

5  Angemerkt sei freilich, dass manche Schüler mit der Schulzeitverkürzung gut zurechtgekommen sind, bei anderen hat sie den Druck noch verstärkt. Die Wahlfreiheit zwischen G8 und G9 verschafft hier vielen Jugendlichen ein bisschen mehr Luft.
6  Zur Frage nach der Entstehung dieser sozialen Ungleichheiten vgl. auch Gerhard, 2003, S. 121ff. sowie Gerhard, 2014, S. 101f.

und Jugendalter deutlich zugenommen haben. Andere wiederum stellen fest, dass die Kinder in den letzten zwanzig Jahren nicht kränker geworden seien, jedoch wenn sie erkrankten, dies wesentlich heftiger ausfiel (vgl. Simon, 2015, S. 35). Eine Oberärztin aus der Kinder- und Jugendpsychiatrie hat beobachtet, dass die Kinder und Jugendlichen immer früher immer komplexere Störungen entwickeln – Anpassungsschwierigkeiten, Selbstverletzungen, Trennungsängste. Gefühlt habe ADHS zugenommen, was aber auch eine Trenddiagnose sei, bei der etwas anderes dahinterstecken könne, zum Beispiel zu wenig Struktur oder dass keine Grenzen gesetzt werden (vgl. ebd., S. 39).

Einer Studie des Robert Koch-Instituts zufolge zeigen mehr als 20 Prozent der Kinder und Jugendlichen in Deutschland psychische Auffälligkeiten: Sie können sich nur schlecht konzentrieren und haben häufig Ängste oder Probleme, Freunde zu finden (vgl. Ravens-Sieberer et al., 2007). Jungen und Mädchen aus sogenannten Multiproblemfamilien sind doppelt so häufig psychisch auffällig wie ihre bessergestellten Altersgenossen.

12 bis 15 Prozent der psychisch auffälligen Kinder und Jugendlichen sind behandlungsbedürftig, aber nur 8 Prozent sind in Behandlung (vgl. Simon, 2015, S. 35). Allerdings zeigt die Entwicklung, dass das Angebot auch Nachfrage schafft. Vor 30 Jahren wurde einem Viertel eine längerfristige Therapie empfohlen, heute der Hälfte. Während die Häufigkeit der Erkrankungen allenfalls moderat gestiegen ist, haben sich die helfenden Systeme deutlich ausgeweitet; dadurch ist die Aufmerksamkeits- und Reaktionsschwelle niedriger geworden. Neben stigmatisierenden Effekten, die hiervon ausgehen, ist dies sicherlich auch ein Gewinn für die Kinder und ihre Familien, weil Defizite sehr viel früher entdeckt werden. Und je früher eine Störung entdeckt wird, umso größer ist die Chance, sie aufzufangen.

Die Ursachen für psychische Auffälligkeiten und Verhaltensstörungen liegen oft darin, dass Eltern ihren Kindern nicht das Maß an Zuwendung und Geborgenheit bieten, ihnen nicht die Orientierung und den Halt vermitteln können (oder auch wollen), welche sie für eine gesunde Persönlichkeitsentwicklung benötigen. Die Psychoanalytikerin Thea Bauriedl hat das Dilemma, in das diese Kinder geraten, so beschrieben:

>»Würden wir unsere Position als Eltern einnehmen, dann könnte gleichzeitig ein Raum für unsere Kinder und Jugendlichen entstehen, in dem diese so sein können, wie sie sind, in dem sie von ihren wirklichen Gefühlen ausgehen könnten und mit diesen Gefühlen die Eltern erreichen können. Nur wenn die Eltern emotional erreichbar sind, können sie von den Jugendlichen ›losgelassen‹ werden. Wer kein Kind sein konnte, kann auch nicht erwachsen werden oder erwachsen sein« (Bauriedl, 1995, S. 28).

Die Unsicherheit der heutigen Eltern, wie richtig zu erziehen sei, ist groß – obwohl oder eher weil es eine Fülle von Erziehungsratgebern gibt. Bereits Sigmund Freud hat die Erziehungsarbeit, neben der Therapie und der Politik, zu den »unmöglichen Berufen« gerechnet, bei denen man sich des »ungenügenden Erfolgs von vorneherein sicher sein kann«. Vielleicht ist aber gar nicht die Erziehungskompetenz der Eltern gesunken, sondern die Anforderungen an sie sind gestiegen? Aus der Fremdsicht (der Sicht von Schule, Jugendamt etc.) können Eltern im Prinzip kaum etwas richtig machen: entweder sind sie überbesorgt und hochanspruchsvoll oder sie vernachlässigen ihre Kinder.

## Psychosoziale Beratung in der Schule

Wenn wir diese Sicht aufgreifen und die beiden – etwas holzschnittartig gefassten – Elterntypen sowie die jeweils zugehörigen Töchter und Söhne etwas eingehender betrachten, dann lassen sich die Themen und Aufgaben, die sich psychosozialer Beratung von Kindern, Jugendlichen, Eltern und Familien stellen, etwas genauer herauspräparieren.

### Typ A: Die vernachlässigenden Eltern und ihre Kinder

Diese Eltern wollen oder können sich nicht kümmern, weil sie zum Beispiel mehrere Jobs haben und ihr Kind deswegen mehr oder weniger mit seinen Schulproblemen und seinen seelischen Nöten alleinlassen oder weil sie als Alleinerziehende die Erziehungsverantwortung nicht ab und zu auf andere Schultern legen können.

Ein Beispiel ist eine Mutter, die nicht in der Lage ist, ihrem zwölfjährigen Sohn – nennen wir ihn Jan – orientierende und begrenzende Vorgaben zu machen und ihn zum regelmäßigen Schulbesuch anzuhalten. Sie hilft, Fehlzeiten (mit ärztlichen Attesten) zu entschuldigen, betont zwar, sie habe alles Mögliche versucht, um Jan zu helfen, aber in Wirklichkeit hat dieser das Heft in der Hand und setzt seinen Willen ihr gegenüber durch ...

»Wenn es Eltern schwer fällt, Autorität in einer Weise auszuüben, die Sicherheit und Halt vermittelt, lassen sie das Kind mit seinen Trieben und der daraus resultierenden Angst allein« (Benasayag & Schmit, 2007, S. 31f.). »Parentifizierung« nennt man die Rollenumkehr, als deren Folge die eigenen Kinder in die Rolle von Bestimmern, mitunter gar von »Tyrannen« geraten. Solche Kinder neigen dazu, antisoziale Verhaltenstendenzen zu entwickeln. Negative Reaktionen auf das eigene problematische Verhalten sind dann allemal besser als gar keine. Der Mangel an Anerkennung, niemandem »wichtig zu sein«, diese Erfahrungen schmerzen.

So wie diese Kinder ihren Eltern machen es auch deren Eltern den Lehrern nicht leicht. In ihrer Hilflosigkeit und Überforderung setzen sie Empfehlungen und mit der Schule getroffene Vereinbarungen nicht um. Sie sind dann für die Lehrer oft nicht (mehr) kommunikativ erreichbar und nicht (mehr) in den Dialog einzubinden.

In der Zusammenarbeit von Beratungszentrum und Theo-Koch-Schule ist immer wieder versucht worden, gerade auch diese Eltern über die Elternarbeit zu erreichen. Zu Themen wie Suchtprävention, Drogenkonsum, Alkoholkonsum, Pubertät, Umgang mit neuen Medien etc. sind Elternabende für eine komplette Jahrgangsstufe konzipiert worden, um möglichst viele Eltern anzusprechen, ihr Problembewusstsein zu schärfen und ihre Handlungsmöglichkeiten zu erweitern. Zum Teil sind diese Elternabende auch in eine umfangreichere Projektarbeit (z. B. zum Thema: »Respekt/respektvoller Umgang«) eingebunden worden, die Eltern, Schüler und Lehrer zusammengeführt hat.

Knüpfen wir noch einmal an das obige Beispiel an und unterstellen, dass hier noch ein anderes System, nämlich die öffentliche Jugendhilfe, beteiligt ist – was im Falle von Vernachlässigung gar nicht so unwahrscheinlich wäre. Wir sehen dann, dass Kinder die Klaviatur der Voreingenommenheiten zwischen den Vertretern der unterschiedlichen Systeme meisterhaft bedienen und wie Seismografen auf mögliche Unstimmigkeiten reagieren. »Dann erzählt ein Junge, der oft in der Schule fehlt, dem Lehrer, sein Vater schlage ihn und der Familienhelfer sei nie da. Gegenüber dem Familienhelfer wiederum beklagt er sich, dass sein Lehrer ihn als Ausländer diskriminiere und er deshalb schwänze.« So wird eine Sonderpädagogin im Interview zitiert (U. Becker; zit.n. Spiewak, 2014). Nur wenn alle an einen Tisch geholt werden, kann solchen Aufspaltungen entgegengewirkt werden. Ob eine Klärung mit schulinternen Mitteln und Möglichkeiten gelingen kann oder ob eine externe Institution beigezogen werden sollte, ist sicherlich im Einzelfall zu entscheiden. Jedenfalls liegt hier ein wichtiger Ansatzpunkt für psychosoziale Beratung, denn das »Schwarze-Peter-Spiel«, wo jede Partei die jeweils andere für Versäumnisse verantwortlich macht, aber keiner sich an die eigene Nase fassen möchte, beeinträchtigt den Dialog zwischen Schule und Elternhaus leider viel zu oft.

Um die Zusammenarbeit zu verbessern, sind an der Theo-Koch-Schule zeitweilig Fallkonferenzen durchgeführt worden, in denen in gemeinsamer Reflexion mit externen Institutionen wie einer kinderärztlichen Praxis, dem Jugendamt, Einrichtungen der Jugendhilfe sowie der Beratungsstelle Fälle beleuchtet worden sind, die von einzelnen Lehrern mitgeteilt wurden. Der mit dem Blick von außen verbundene Perspektivwechsel hat sich hierbei oftmals als hilfreich erwiesen.

Dieses Setting ist durch das Angebot einer Fachberatung für Lehrer ergänzt worden, das vom Beratungszentrum umgesetzt wurde: »Schwierige Fälle« werden im gemeinsamen Gespräch reflektiert und neue Handlungsperspektiven eingeübt. Das Angebot einer Supervision für die schulischen Lehrkräfte hingegen ist auf eher geringe Resonanz gestoßen. Voraussetzung für eine bessere Akzeptanz wäre Vertrauen, das nur im Team wachsen kann. Dagegen hat das Einüben von kollegialer Beratung im Rahmen eines Pädagogischen Tages – angeleitet durch die Mitarbeiter der Beratungsstelle – den Teilnehmenden eine gute Möglichkeit an die Hand gegeben, aus dem lehrertypischen Einzelkämpfertum herauszukommen.

### Typ B: Die überbesorgten Eltern und ihre Kinder

Vertreter dieses Elterntyps, auch als »Helikopter-Eltern« (Kraus) bezeichnet, gewähren dem Kind so gut wie keinen Freiraum; sie begleiten es bis ins Schulgebäude und kümmern sich bis ins Detail um die Hausaufgaben. Dass Eltern heute eher Achtsamkeit an den Tag legen als in früheren Jahrzehnten, kommt den Kindern durchaus zugute. Diese schlägt aber manchmal in Übervorsichtigkeit und Anspruchsdenken um.

Wir betrachten dies am Bespiel von Julia, einer 16-Jährigen mit wenig Selbstwertgefühl, angemeldet in der Beratungsstelle durch ihre Mutter: Sie sei so schüchtern, käme schlecht aus sich heraus, bräuchte Unterstützung, um selbstbewusster zu werden. Schuld daran sei die Schule. Als Julia dann zum Gespräch kommt, trägt sie ihre eigene Version vor: Das habe zu tun gehabt mit einem Wechsel vom Realschul- in den Gymnasialzweig. Sie habe lauter neue Mitschüler bekommen und obwohl sie sich darum bemüht habe, sei sie nicht recht in die Gruppierungen in der Klasse hineingekommen. Auf Intervention der Mutter hin, die mit dem Klassenlehrer gesprochen habe, habe dieser ein Gespräch mit den ablehnenden Mitschülern geführt und das habe eine Besserung bewirkt. Es gehe ihr jetzt ganz gut in der Klasse, sie käme zurecht. Sie beklagt, dass ihre Mutter wenig Interesse daran zeige, wie es ihr, Julia, wirklich gehe. Diese habe eher sehr starre Vorstellungen davon, wie sie sein soll, was sie machen soll – zum Beispiel rausgehen in Clubs oder Discos, sich mit anderen treffen. Julia gibt an, sie sei glücklich, wenn sie zu Hause sei und ein Buch lese. Es bleibe bei dem straffen Programm in der elften Klasse auch gar nicht viel Zeit, sich mit anderen zu treffen. Sie fühle sich aber durchaus über soziale Netzwerke sozial eingebunden, habe auch einen Freund und verfüge über klare Zukunftsvorstellungen etc. Ihr größter Wunsch sei es, von der Mutter gesehen zu werden, wie sie bzw. wer sie wirklich sei.

Die Mutter hatte die Ursache für die Krise von Julia in der Schule gesehen. Sie ist offenbar nicht darauf gekommen, dass sie selbst viel zu wenig Vertrauen in ihr Kind gesetzt hat. Mein Angebot an Julia, ein gemeinsames Gespräch mit ihr und ihrer Mutter zu führen, lehnt sie ab. Sie verspreche sich nichts davon, ihre Mutter würde doch nichts an ihrer Position ändern.

In ähnlich gelagerten Fällen, in denen die Bereitschaft der Kinder und Jugendlichen vorhanden ist, die Eltern einzubeziehen, und diese sich auch darauf einlassen, kann psychosoziale Beratung helfen, solche Mechanismen zu erkennen und den Beteiligten ein wenig die Augen zu öffnen. Ein Junge äußert zum Beispiel in einem solchen Gespräch gegenüber seinem Vater: »Du hast ja nie Zeit für mich!«, woraufhin dieser aus allen Wolken fällt, denn sein Selbstbild sagte ihm etwas anderes. Gerade wenn es in den Familien nur um Leistung geht, ist es wichtig, gemeinsam zu ergründen und Fantasien zu betätigen, was beispielsweise hinter einer Leistungsverweigerung steckt. Horst-Eberhard Richter ist schon vor Jahrzehnten im Verlauf vieler Untersuchungen zu dem Ergebnis gelangt, dass die Eltern in einer Art Selbstheilungsversuch ihr Kind zum Symptomträger machen können (vgl. z. B. Richter, 1963). Die Verweigerung erscheint in diesem Lichte dann als das abgewehrte negative Zerrbild einer überbetonten Leistungsorientierung.

Eine solche Reflexion mit der Familie kann im Kontext einer schulexternen Beratungssituation geschehen, sie kann aber auch innerhalb der Schule beispielsweise durch einen Beratungslehrer initiiert werden. Ein solches Szenario könnte so aussehen: Eine Beratungslehrerin bestellt die Familie ein und schildert ihre Wahrnehmungen: »Mir fällt in der Schule auf, dass ihr Sohn/ihre Tochter in letzter Zeit sehr unaufmerksam ist, den Unterricht stört, etc.« Sie fragt dann die Eltern: »Wie ist das zu Hause, erleben Sie dort auch ähnliche Schwierigkeiten? Was denken Sie, was dahinter steckt?« Abschließend wird eine überschaubare Zahl von Terminen mit der Familie vereinbart, bis zu entscheiden ist, wohin die Reise geht: Will die Familie in diesem Setting weitermachen, also Familienberatung in Anspruch nehmen? Welche Unterstützung benötigt das Kind? Ist intensivere therapeutische Hilfe für die Familie und/oder für das Kind angezeigt? Es kann dann an externe Unterstützungspartner verwiesen werden, je nach Einzelfall an einen Logopäden, Ergotherapeuten, Familientherapeuten, einen niedergelassenen Kinder- und Jugendlichenpsychiater und/oder einen Kinder- und Jugendlichenpsychotherapeuten.

Natürlich spielen das Alter bzw. der psychosoziale Reifegrad der Schüler immer eine Rolle: Während Grundschüler sich bei Therapeuten und Beratern beklagen: »Meinen Lehrer interessiert das ja gar nicht!«, sagen ältere Schüler eher, dass sie gar nicht möchten, dass Lehrer, die ja Leistung einfordern und bewerten, so viel von ihren Nöten mitbekommen. »Ich will das gar nicht, dass der das weiß ...!«

Auch hier ein Beispiel: Anne, Schülerin aus der zwölften Klasse, knapp 18 Jahre alt, hat sich eigenständig um Psychotherapie bemüht und ist bei Therapeuten auf der Warteliste. Sie kommt übergangsweise in die Beratungsstelle. Sie hat durch eine schuleigene Broschüre von uns erfahren.

Sie habe schon einmal eine Phase gehabt, wo sie viel gegessen, dann wieder abgenommen habe. Zuletzt sei es besonders schlimm gewesen, sie habe sich innerlich leer gefühlt, gereizt, aggressiv, depressiv. Zum familiären Hintergrund berichtet sie, dass ihre Eltern sich getrennt hätten, als sie drei Jahre alt war. Bis vor drei bis vier Jahren habe sie bei der Mutter gelebt, es habe viele Streitigkeiten gegeben und irgendwann sei es dann gar nicht mehr gegangen. Seither lebe sie beim Vater. Die Eltern würden sich hassen. Sie habe sich schon immer durch die – von ihr als kalt und aggressiv erlebte – Mutter abgelehnt gefühlt. Anne sagt, sie brauche viel Zeit für sich allein. Es störe sie eher, wenn andere sich mit ihr verabreden wollen. Sie möchte nicht, dass ihre Lehrer so viel von ihr wissen und auf sie Rücksicht nehmen. Im Gespräch mit Freunden gehe es ihr auch eher so, dass es sie belaste, wenn andere sich um sie Sorgen machen. Anne erlebt das Angebot einer schulexternen Beratungsmöglichkeit, die übergangsweise Entlastung bewirkt, als sehr hilfreich.

Die Beratungsstelle hat im Rahmen der Kooperation eine Zeit lang eine Sprechstunde in der Schule angeboten, um vor Ort erreichbar und für die Kinder und Jugendlichen verfügbar zu sein. Wegen des spezifischen Zeitfensters eines solchen Angebots, teils auch aufgrund räumlicher Gegebenheiten, gestaltete sich dies eher als schwierig. Eine Zeit lang haben wir uns dann kooperierend in die »Sorgenzentrale« der Schule eingebunden, einer wöchentlichen Beratungsstunde, die durch die Beratungslehrerinnen für Suchtprävention angeboten wurde. Da auf Dauer die personellen Ressourcen für ein solch ausgedehntes Engagement nicht zu gewährleisten waren, sind wir dazu übergegangen, im Bedarfsfall zeitnah einen Termin für ein Erstgespräch in der Beratungsstelle anzubieten. Zu diesem konnte sich der Schüler auf Wunsch auch von einem Lehrer begleiten lassen. War die Hemmschwelle noch immer zu groß, haben wir das Erstgespräch auch in der Schule durchgeführt. Mit der Einstellung von Schulsozialarbeitern sind in der jüngeren Zeit hier ohnehin nochmal neue, andere Schnittstellen zur Schule entstanden.

Wie schafft man ein Bewusstsein für solche Hilfsangebote in der Schülerschaft? Dies haben wir auf verschiedenen Wegen erprobt, etwa über Projektarbeit oder indem wir die Angebote der Beratungsstelle wie auch uns selbst in Sitzungen der Schülervertretung bekannt gemacht haben; ferner auch, indem wir die Beratungsstelle in Informationsblättern und -broschüren der Schule präsentiert haben. Zudem geben Schüler Informationen über Hilfsmöglichkeiten und -angebote auch untereinander weiter.

Eine gute Möglichkeit, Publicity mit einer themenbezogenen Zusammenarbeit zu verbinden, sind Besuche von Klassen in der Beratungsstelle. Diese sind inzwischen für die siebten Klassen fest institutionalisiert und sehen vor, dass im Rahmen einer Projektwoche zum Thema »Suchtprävention« die Beratungsstelle aufgesucht wird. Das Kennenlernen der Mitarbeiter und der Angebote der Beratungsstelle kann die Schwelle senken, um Hilfsangebote im Bedarfsfall in Anspruch zu nehmen. Durch die Niedrigschwelligkeit werden Stigmatisierungen vermieden.

Noch einmal zurück zum letzten Beispiel: Wo liegen nun die Ursachen für diese entgleisenden Entwicklungen? Allgemeiner gefragt: Produziert das Bildungssystem die Schieflagen und Ungleichheiten oder bringen die Kinder diese von zu Hause mit und das Bildungssystem macht sie – wie unterm Brennglas – lediglich sichtbar? Wer macht den Druck: Sind es die Eltern, die Lehrer, sind es die Schüler selbst, die sich über Gebühr unter Druck setzen, oder sind es alle zusammen? Diese Fragen können immer nur im Einzelfall beantwortet werden, genauso wie die Frage: Was ist heute schon normal, was fällt auf und aus dem Rahmen? »Was einst als pathologisch gegolten hätte, ist heute der Stil einer Generation«, hat Sherry Turkle gesagt, die Autorin des Buches *Alone Together* (2011). Dies sollte beachtet werden, bevor wir auffällige Phänomene und mannigfaltige Alltagsprobleme zu schnell als pathologisch diagnostizieren und sie als therapeutische Fälle behandeln. Die bereits zitierte Oberärztin sagte dazu: »Bei einem Viertel der Patienten glaube ich, sie sind völlig normal, und man müsste als Diagnose abnorme soziale Umstände, eine blöde Schule oder hochanspruchsvolle Eltern angeben.« (zit.n. Simon, 2015, S. 42).

Hier beim Sortieren zu helfen und Lösungswege zu eröffnen, kann und sollte eine vornehmliche Aufgabe psychosozialer Beratung sein – wer immer der Berater und der zu Beratende im jeweiligen Einzelfall und Kontext auch ist ...

Ein Schulleiter eines Hamburger Ganztagsgymnasiums hat eine pensionierte Kollegin, die über eine therapeutische Weiterbildung verfügt, als Psychotherapeutin an seiner Schule installiert. Er hat diesen nachahmenswerten Schritt mit einem ausdrucksstarken Bild begründet:

> »Jedem, der eine Ganztagsschule einrichtet, ist klar, dass sie auch eine Mensa braucht. Aber die Kinder haben nicht nur körperlichen Hunger, sie haben auch

seelischen Hunger. Dafür Strukturen aus einer Hand zu schaffen, wurde völlig versäumt. Wir haben uns angewöhnt, die Probleme immer schön wegzuüberweisen« (Tegge; zit.n. Otto, 2012, S. 64).

## Welche Voraussetzungen braucht es an Schulen für psychosoziale Beratung? Wie können Beratungsprozesse gelingen?

*Pädagogik ist Beziehungsarbeit.*
Erst wenn es mir gelingt, zu dem Jugendlichen in Kontakt zu treten, eine Beziehung aufzubauen, dann kann Lernen gelingen.

Erinnern Sie sich an Ihre eigene Schul- oder Studienzeit: Wenn Sie zu dem Lehrer oder dem Dozenten eine Affinität gespürt haben, haben Sie sich auf ihn eingelassen, sind ihm gefolgt und konnten das Gesagte annehmen. Das ist unabhängig von der fachlichen Kompetenz, die Beziehung zu dem Gegenüber gibt den Ausschlag. Dann kann auch Vertrauen entstehen, dann bin ich bereit, mich zu öffnen, dann traue ich mich, dann gewinne ich an Stärke.

*Vertrauen und Verlässlichkeit als Grundlage in Beratungsprozessen.*
In Beratungsprozessen, in denen es oft um Hilfestellungen in Extremsituationen geht, ist das die Grundvoraussetzung für eine erfolgreiche Arbeit. So erleben es auch die Jugendlichen in der Schule.

Je anonymer der Lernrahmen ist, desto geringer ist die Chance, dass Beratung gelingen kann. Ein fester verlässlicher Rahmen in einer überschaubaren Größe gibt dem Jugendlichen Sicherheit. Je jünger er ist, desto mehr hat diese Verlässlichkeit Bedeutung.

*Unwuchten haben Vorrang.*
Eine Lerngruppe, die sich als Gruppe versteht und nicht nur als das Zusammenkommen von Schülern auf gleichem Lernniveau, gibt Verlässlichkeit. Inwieweit das gelingt, hängt nicht unwesentlich von dem Lehrer ab, der mutig die Fachebene im Unterricht verlässt, wenn er spürt, dass es Unwuchten in der Gruppe gibt.

Es ist ein Irrglaube, dass Lernen in einer gestörten Gruppe gelingen kann. Oft ist es so, dass der Lehrer sehr wohl merkt, dass es dort rumort, aber die Angst, dann nicht mehr im Lehrplan zu sein, Zeit zu verlieren, lässt die Chance vorbeigehen, hier und jetzt mit der Gruppe in einen Kontakt zu treten, in eine Beziehung zu kommen.

*Die gesamte Persönlichkeit im Blickfeld haben.*
Ein Lehrer, der neben dem Fachgespräch auch die Interessen des Schülers außerhalb des Unterrichts zum Thema macht, der überhaupt erst einmal weiß, welche Talente seine Schüler haben, sieht dadurch nicht nur den Menschen, der sich vielleicht mit den mathematischen Gleichungen schwer tut, aber musikalisch, sportlich oder handwerklich Tolles hervorbringt. Er wird auch die Schwäche in dem einen Fach relativieren, sodass sich der Jugendliche dadurch verstanden und angenommen fühlt.

Als ich im letzten Sommer kurz vor den Ferien im Seltersweg in Gießen einkaufen war, beobachtete ich eine Schülergruppe mit einer Lehrerin, die im Zuge einer Wanderwoche ein Stadtspiel organisiert hatte. Die Gruppe hörte sich teils unwillig die Einweisungen der Lehrerin zu dem Spielverlauf an, ein paar Jungs sahen sich bereits auf dem Seltersweg um und verabredeten, zuerst einmal einen Handyladen aufzusuchen, dann ging die Gruppe in kleinen Grüppchen auseinander. Ich dachte bei mir, wie schade diese verpasste Chance sei, die Schüler außerhalb des Unterrichts mit ihren Talenten kennenzulernen.

*Talente im Schulalltag entdecken.*
Warum überhaupt gibt es noch immer diese unsäglichen Wanderwochen zwischen Kommerz und Langeweile? Ein gemeinsames Projekt außerhalb der Schule oder eine Woche, in der man den Talenten in der Gruppe auf die Spur kommt, fördert Vertrauen, gibt Anerkennung und stärkt Persönlichkeiten. Daraus entstehen Heimaten und diese geben Geborgenheit, die in Krisenzeiten tragfähig sind.

*Der Fachlehrerspagat.*
Jetzt werden vielleicht viele Lehrer unter Ihnen denken: Die hat leicht reden, das würde ich auch gern machen, aber ich bin Fachlehrer, unterrichte zwei Zweistundenfächer (z. B. Biologie und Chemie) und springe in meinen 26 Pflichtstunden von Lerngruppe zu Lerngruppe. Wenn ich Pech habe, habe ich die Klasse noch nicht einmal in einer Doppelstunde, sondern in zwei Einzelstunden. Bei einem Sechs-Stundentag verbringe ich die Pausen mit den Materialvorbereitungen, für Gespräche außerhalb des Unterrichts bleibt mir keine Zeit, manchmal habe ich in einem Schuljahr sieben bis acht Schülergruppen zu unterrichten, die Schülernamen merke ich mir über Sitzpläne mit Bildern und was außerhalb meines Fachunterrichts los ist, höre ich meist erst am Ende des Halbjahres in den Zeugniskonferenzen, da ich auch nicht ins Lehrerzimmer komme, um mich mit anderen auszutauschen. Ich gebe zu, das ist ein Extrembeispiel, aber der Alltag von vielen Lehrern enthält Elemente davon.

*Auf die eigene Motivation für den Lehrerberuf besinnen.*
Haben Sie sich so Ihren Berufsalltag vorgestellt? Waren das Ihre Wünsche, als Sie sich entschieden haben, mit Jugendlichen zusammen zu arbeiten?

*Die Schulorganisation bietet kreatives Potenzial.*
Die Vorgaben zur Gestaltung der Stunden in einem Jahrgang lassen von der Verordnung her viel mehr Raum zu, als viele Schulen ihn nutzen. Es ist durchaus möglich, Stunden zu bündeln und Projektphasen zu gestalten. Das ist vielleicht etwas ungewohnt, bringt auch eventuell den normalen Alltagstrott durcheinander und ist mit organisatorischer Mehrarbeit verbunden. Doch im Hinblick auf eine gute Beziehungsarbeit zahlt sich der Einsatz aus.

Einen festen Gruppenraum zu installieren, der durch seine Gestaltung eine Identifikation erlaubt und Heimat signalisiert, in dem jeder Schüler ein verschließbares Fach hat und der ein Anlaufpunkt im Laufe des Vormittags sein kann, ist durchaus ebenfalls Überlegungen wert.

Schulräume werden nur dann zerstört, wenn sie bereits in einem desolaten Zustand sind und die Achtsamkeit für die Räume nicht zum Thema gemacht wird. Hier könnte die Organisation so aussehen, dass möglichst viele Unterrichtsstunden der Gruppe in dem Raum stattfinden können.

Ein Schulleiter hat vor einiger Zeit beim ersten Spatenstich für ein offenes Raumkonzept den Raum als dritten Pädagogen bezeichnet. Wenn ein ganzer Jahrgang auf einer Raumebene zusammenfindet und über die Jahre zusammenwächst, entsteht Nähe, unabhängig davon, wie groß die gesamte Schule ist.

*Heimatlose Lehrer in unüberschaubaren Systemen.*
Ich habe von den Heimaten der Schüler gesprochen, die es braucht, wenn Beratung gelingen soll, die aber braucht es auch für die Lehrer.

Es ist ohne Zweifel so, dass in kleinen Systemen Heimaten eher entstehen können. In einer Grundschule mit acht Lehrern in einem kleinen gemeinsamen Lehrerzimmer ist der informelle Austausch dichter oder in einer Förderschule, in der die Lehrer es gewohnt sind, dass die Kinder eine vermehrte Unterstützung brauchen, sind die Beratungssysteme engmaschiger ausgebaut. Dort ist es die Regel, dass es eine kollegiale Fallberatung gibt, in der man sich über die Problemfälle austauschen kann.

Dort ist es auch legitim, zu sagen, dass man Schwierigkeiten in der Gruppe hat, ohne dass der Lehrer Angst haben muss, die Professionalität würde dadurch infrage gestellt. Das heißt für mich aber als Rückschluss, dass Beratung gelingen kann, wenn die entsprechenden Voraussetzungen gegeben sind.

*Ein arbeitsfähiges Beratungsklima schaffen.*
Aber auch in großen Systemen lassen sich Heimaten schaffen, Heimaten, die mich als Lehrer stützen, mir Sicherheit geben und mir dadurch den Blick nach außen auf meine Schüler ermöglichen. Das fängt damit an, dass jeder unterrichtende Lehrer einen festen Platz für die Zeit zwischen den Unterrichtsstunden hat, an dem er sein Material zwischenlagern kann, seine Kaffeetasse steht und ein Stuhl frei ist (simpel, aber von hoher Bedeutung). Lehrer, die mit Flugzeugkoffern durch die Schule wandern müssen, sind für mich heimatlos. Dass in einer großen Schule mit über 100 Lehrern nicht jeder im gemeinsamen Lehrerzimmer unterkommen kann, klingt einleuchtend. Aber dann muss man überlegen, wie man durch Jahrgangsteams mit Teamräumen kleine Heimaten schaffen kann?

Wie kann man den Lehrereinsatz so gestalten, dass der Kollege in möglichst vielen Stunden in einer Jahrgangsstufe eingesetzt wird? Das ist Aufgabe der Schulleitung und sollte als pädagogische Messzahl Teil des Schulprogramms sein. Von dem Lehrer verlangt es aber damit auch, dass er flexibel im Einsatz ist und eventuell auch fachfremd unterrichtet. Mit einer Klasse durch die Jahrgangsstufen zu wandern, mindestens vier Jahre im gleichen Team zu arbeiten, bringt Ruhe, Verlässlichkeit und Heimaten und macht mich so stark, dass ich auch mal schwach sein kann, weil ich weiß, dass ich Unterstützung im Team bekomme, wenn es eng wird.

*Die eigene Lehrerrolle überdenken.*
Das heißt in der Konsequenz, dass ich mich von dem Rollenanspruch des immer allwissenden Lehrers verabschiede und mit meinen Schülern wieder zum Lernenden werde. Den Schülern im Unterricht zu sagen: »Du, das weiß ich im Moment nicht genau. Wer kann das mal recherchieren?« legen Schüler nicht als Schwäche aus. Wenn dann in der nächsten Stunde der Experte sein Wissen präsentieren kann, zeigt das den Jugendlichen, dass er sie ernst nimmt und schätzt.

Ältere Lehrer, die nicht seit ihrer Jugend den direkten Zugang zu den digitalen Medien hatten und vielleicht im Umgang damit unsicher sind, können das Knowhow ihrer Schüler nutzen und phasenweise den Unterricht an diese Experten abgeben. Das ist kein Gesichtsverlust, im Gegenteil, das zeigt Souveränität.

*Feedbackkultur fördern.*
In kleinen überschaubaren Jahrgangsteams ist es leichter zu sagen: »Ich habe mit diesem Schüler Schwierigkeiten, ich verstehe ihn nicht, ich brauche Unterstützung von euch, könnt ihr mal in den Unterricht kommen und mir ein Feedback geben.« In einer großen Jahrgangskonferenz endet der mutige Hilferuf eines

Einzelnen meist damit, dass sich der nächste meldet und sagt: »Ich habe keine Schwierigkeiten mit dem Schüler.«

Ein Feedback von Schülern und Kollegen zu erhalten, hat für viele Lehrer immer zunächst etwas Bedrohliches. Da wird in den Augen der Unsicheren wieder ein Angriff auf die von ihnen geglaubte souveräne Allwisserrolle gemacht. In der Ausbildungszeit ist es ja die Regel, dass es eine Rückmeldung auf den Unterricht gibt, aber da geht auch immer eine Beurteilung einher, was Ängste um die Examensnote schürt und nicht dazu geeignet ist, durch diese Außenreflexion die Möglichkeit zu haben, sich weiterzuentwickeln.

Eine LiV (Lehrkraft im Vorbereitungsdienst) hat mir einmal gesagt: »Am Beginn meines Referendariats wusste ich genau, was ich wollte, jetzt bin ich total verunsichert.« In fast jedem Ausbildungsmodul taucht ein neuer Beurteiler auf, dem man in der Ausbildungssituation versucht gerecht zu werden, seine Präferenzen zu bedienen, das kann aber nicht die Sicherheit in der eigenen Professionalität fördern, wie das Beispiel zeigt.

Aber ein Feedback auf Augenhöhe innerhalb eines vertrauten Arbeitsteams kann Stärkung sein. Ob ich daraus dann etwas für mich mitnehme, hängt davon ab, inwieweit es mir gelingt, zu mir selbst in Distanz zu gehen und zu wissen, dass die Rückmeldung von außen immer auch eine subjektive, persönliche Wahrnehmung ist, eben ein subjektiver anderer Blickwinkel auf das Geschehen. Aber dieser Blick kann dabei helfen, zu klären, zu entlasten, und birgt die Chance auf Lösungen in vertrackten Fällen.

Wenn Sie niemanden im Kollegium haben, der Ihnen vertraut genug ist, um Ihnen ein Feedback geben zu können, schreiben Sie doch mal einen Brief an sich selbst. Sie werden staunen, welche hohe Sensibilität und Beratungskompetenz Sie haben, wenn Sie sich von außen betrachten (das gilt übrigens nicht nur für Lehrer).

An einem Fall möchte ich deutlich machen, welche Chancen in einem Feedback stecken, das aus der Außensicht gegeben wird.

Es geht um einen Jungen in der fünften Klasse, dessen Mutter ist alleinerziehend, der Junge ist in der Schule unkonzentriert. Morgens weint die Mutter und gibt ihm gute Ratschläge mit auf den Weg. In der Schule angekommen kommt seine engagierte Lehrerin auf ihn zu und macht ihm Mut. Im Unterricht sitzt seine engagierte Integrationshelferin meist neben ihm und hilft ihm bei der Bearbeitung der Aufgaben, in den Pausen steht sie im Schulhof in seiner Nähe. Nach der Schule geht er zu seiner engagierten Therapeutin, mit der er den Vormittag in der Schule reflektiert und Tipps für schwierige Situationen erarbeitet. Dann kommt er nach Hause, im Mitteilungsheft steht: »Heute hat es wieder nicht geklappt.« Die Mutter weint. Im sechsten Schuljahr verschlechterte sich dann nochmals sein Verhalten. Die am Erziehungsprozess Beteiligten waren fassungslos, da sie sich doch so für ihn eingesetzt hatten.

Hier hätte sicher geholfen, mit einem Blick von außen auf die Beratungssituation zu sehen. Ein Junge, der zunehmend in die Pubertät kommt, muss von der Dominanz der vier beteiligten Frauen überfordert sein. Es fehlt eine männliche Figur, die eine Rollenidentifikation ermöglicht. Ein neutraler Beobachter hätte eine Rückmeldung geben können, ohne das Engagement der Beteiligten infrage zu stellen. Ein vertrauensvoller Umgang miteinander ist allerdings dabei eine Grundvoraussetzung.

*Rollenverteilung im Beratungskonzept festlegen.*
Es ja nicht so, dass in Schulen keine ordentliche Beratung stattfinden würde. In den letzten Jahren sind die Beratungsangebote an Schulen kontinuierlich ausgebaut worden. Schulsozialarbeiter, Trainingsräume, Sorgenzentralen, begleitender Unterricht, Erziehungshilfe, Seelsorger, Kooperationen mit außerschulischen Einrichtungen, runde Tische, die Liste ist lang.

Aber je ausgebauter das Beratungssystem ist, umso genauer müssen die Rollen der einzelnen Beteiligten festgelegt werden. Wer ist für was zuständig? Wann wird wer eingeschaltet? Wie wird die Kommunikation aller Beteiligten gestaltet?

Ein Nebeneinanderher von vielen sicher gut gemeinten Beratungsangeboten kann auch zur Verstärkung des Problems führen, wenn es nicht gelingt, in regelmäßigen Abständen alle am Beratungsprozess Beteiligten an einen Tisch zu bekommen, um über mögliche Lösungswege gemeinsam zu sprechen. Fehlen solche Absprachen und gibt es keine Rückmeldung an den Lehrer, so muss ich mich nicht mehr auf meine eigene Professionalität besinnen, der Fall wird damit wegüberwiesen, die Chancen, die die Schule hat, bleiben ungenutzt.

In einem Prozesshandbuch können solche Beratungswege und Feedbackschleifen aufgezeichnet werden. Auf einer Fortbildung konnte der Referent aus dem Unternehmerverband überhaupt nicht verstehen, wie Schulen ohne ein solches Handbuch arbeiten können. Man kann sicher nicht jeden Beratungsfall darin erfassen, weil die Fälle oft sehr komplex sind, aber die Grundstrukturen der Beratungswege sollten dort aufgezeichnet sein. Neue Lehrer an der Schule bekommen so einen ersten Einblick in die Abläufe der Schule.

*In den Beratungsprozess einsteigen.*
Zu Beginn eines Beratungsprozesses geht es darum, die Rollen der Beteiligten nochmals zu klären, ein Anliegen zu formulieren und eine Zielsetzung festzuhalten. Was soll am Ende des Prozesses anders sein?

Wann gilt eine Beratung als erfolgreich? Für mich bedeutet das: Wenn gemeinsam mit den zu Beratenden Problemlösungsstrategien erarbeitet wurden, die helfen, die angestrebte Handlungs- und Entscheidungskompetenz zu verbessern. Das heißt also zum Beispiel, dass ein Schüler, der aus dem Trainingsraum kommt, sein Verhalten reflektieren konnte und Lösungswege erarbeitet hat, um den Konflikt zu klären, nicht gebügelt und völlig neu in die Klasse zurückkehrt, sondern jetzt erst die eigentliche Umsetzung des Vereinbarten anfängt. Das kann ein langer Prozess mit vielen Schleifen und Rückfällen sein, weil sich die Persönlichkeit weiterentwickeln muss.

*Der Raum berät mit.*
Die Faktoren Zeit und Raum sind wesentlicher Bestandteil für das Gelingen von Beratung. Lehrer müssen sich in diesem anspruchsvollen Teil ihrer beruflichen Arbeit unterstützt fühlen, eine wesentliche Aufgabe der Schulleitung ist es, dies auch durch entsprechende organisatorische Maßnahmen zu unterstützen.

Ein Beratungsraum mit einer entsprechenden Ausstattung (Telefon, Kopierer, PC, Schreibmaterial) und eine ansprechende Raumatmosphäre tragen zum Gelingen bei. Eine Freistellung für ein wichtiges Beratungsgespräch in der Unterrichtszeit muss in dringenden Fällen ebenfalls möglich sein. Da sind Jahrgangsteams, die selbstständig arbeiten, ein Vorteil.

*Einen offenen kooperativen Geist fördern.*
Ein Beratungsprozess kann dann gelingen, wenn es in der Schule einen offenen kooperativen Geist gibt, pädagogische Absprachen über Regeln und der Umgang mit Regelverstößen gemeinsam erarbeitet und gelebt werden, alle Mitglieder angemessen an Entscheidungen und Problemlösungen beteiligt werden und die Beziehungspflege zu Schülern, Eltern und Kooperationspartnern Priorität hat.

Ich wünsche Ihnen, dass Sie eine solche Schule selbst erleben können und für Ihre Kinder eine solche finden werden.
    Wissen Sie übrigens, was wir von Tieren lernen können?
➢ Sie haben ein gemeinsames Ziel.
➢ Sie sind im Gespräch.
➢ Jeder hat seinen Platz, der seinen Fähigkeiten entspricht.
➢ Es gibt eine Akzeptanz der Gruppe.

*Abb. 1*

Zum Schluss möchten wir eine – in unseren Augen noch immer aktuelle – Beobachtung von Horst-Eberhard Richter zitieren, die dieser vor mehr als 30 Jahren in einem Aufsatz mit dem Titel »Beratung in unserer Gesellschaft« festgehalten hat:

> »Indessen glaube ich mich nicht darin zu täuschen, daß die Klienten in ihrer Mehrzahl in psychosozialer Beratung und Therapie alles andere als eine Wiederholung der Strukturen und Mechanismen ihrer Alltagswelt wünschen. Sie stellen sich nicht eine Betreuung vor, in der sie gehorsam nach undurchschaubaren Programmen funktionieren und sich wie sonst hierarchischem Druck ergeben sollen. Ihnen schwebt in der Beratung eher eine *Gegenwelt* vor, in der sie sich als Person fühlen können, der man zuhört, die man auch in ihren Phantasien und Träumen, in ihren Unfähigkeiten und Verrücktheiten ernst nimmt« (Richter, 1985, S. 15f.).

## Literatur

Bauriedl, T. (1995). Von der Schwierigkeit, erwachsen zu werden. In A. Hundsalz, H.-P. Klug & H. Schilling (Hrsg.), *Beratung für Jugendliche. Lebenswelten, Problemfelder, Beratungskonzepte*. (S. 15–29). Weinheim/München: Juventa Verlag.

Benasayag, M. & Schmit, G. (2007). *Die verweigerte Zukunft. Nicht die Kinder sind krank, sondern die Gesellschaft, die sie in Therapie schickt.* München: Verlag Antje Kunstmann.

Gerhard, H. (2003). *Zwischen Lifestyle und Sucht. Drogengebrauch und Identitätsentwicklung in der Spätmoderne.* Gießen: Psychosozial-Verlag.

Gerhard, H. (2014). Drogengebrauch und Lifestyle. In B. Kastenbutt, A. Legnaro & A. Schmieder (Hrsg.), *Soziale Ungleichheit und Sucht. Jahrbuch Suchtforschung Band 7* (S. 89–112). Berlin/Münster/Wien/Zürich/London: LIT Verlag.

Otto, J. (2012). Hungernde Seelen. Interview. *ZEIT Magazin, 5* (26.01.2012), 66.

Pauls, H. (2004). *Klinische Sozialarbeit. Grundlagen und Methoden psycho-sozialer Behandlung.* Weinheim/München: Juventa Verlag.

Ravens-Sieberer, U., Ellert, U. & Erhart, M. (2007). Gesundheitsbezogene Lebensqualität von Kindern und Jugendlichen in Deutschland. Eine Normstichprobe für Deutschland aus dem Kinder- und Jugendgesundheitssurvey (KiGGS). *Bundesgesundheitsblatt Gesundheitsforschung Gesundheitsschutz, 50*(5–6), 871–878.

Richter, H.-E. (1963). *Eltern, Kind und Neurose. Psychoanalyse der kindlichen Rolle.* Stuttgart: Ernst Klett Verlag.

Richter, H.-E. (1985). Beratung in unserer Gesellschaft. *Psychosozial 24/25*, 10–25.

Simon, J. (2015). Kann eine Jugendpsychiatrie Kindern helfen, die am Leben verzweifeln? *ZEIT Magazin, 50* (10.12.2015), 32–48.

Spiewak, M. (2014). Du störst! *ZEIT Magazin, 24* (05.06.2014), 71.

Tillmann, K.-J. (1995 [1989]). *Sozialisationstheorien. Eine Einführung in den Zusammenhang von Gesellschaft, Institution und Subjektwerdung.* Reinbek b. Hamburg: Rowohlt.

Turkle, S. (2011). *Alone together.* New York: Basic Books.

# Die Subway-Generation

Jugendliche zwischen globalem Stress und
Selbstverwirklichung

*Burkhard Brosig*

## Generation Subway

Dieser Beitrag steht in der Reihe »Leben lernen«, die gemeinsam von der Liebigschule Gießen, dem Staatlichen Schulamt Gießen, der Sektion Paar-, Familien- und Sozialtherapie des Horst-Eberhard-Richter-Instituts für Psychoanalyse und Psychotherapie und dem Funktionsbereich Familien-und Kinderpsychosomatik am Zentrum für Kinderheilkunde der Justus-Liebig-Universität-Gießen gestaltet wurde.

Dabei ging es um die Frage, welche Rahmenbedingungen erfüllt sein müssten, damit Lernen gelingen könne: In welcher Form muss die Schule auf Umweltbedingungen, soziale Kontexte und sich ändernde Sozialisationsbedingungen von Kindern und Jugendlichen reagieren?

Im vorliegenden Beitrag wird ein *familientherapeutischer Zugang* gewählt, der zudem *familiensoziologische* Elemente enthält, so wie dies in der Gießener familientherapeutischen Identität der von Horst-Eberhard Richter im Wesentlichen begründeten Psychoanalytischen Familientherapie Tradition ist.

Generationenbestimmungen sind riskant, oft reichlich plakativ, dennoch erscheint es sinnvoll, den Versuch zu unternehmen, etwas vom *Zeitgeist* und von der *Stimmung einer ganzen Generation* einfangen zu wollen.

Berühmte soziologische Generationenbestimmungen und damit Zeitdiagnosen finden sich etwa im Werk von Pierre Bourdieu (1993) zum *Elend der Welt* oder auch von Ulrich Beck zur *Risikogesellschaft*. Die Generationenbestimmung hat dabei zusätzlich das Anliegen, diachron *Unterschiede* zwischen den einzelnen Generationen herauszuarbeiten, dabei einen generationalen Wechsel zu beschreiben oder, psychoanalytisch betrachtet, eine an generationalen Auseinandersetzungen und Konflikten orientierte, gleichsam *ödipal motivierte* Abfolge darzustellen.

Die Generation, von der ich spreche, wird üblicherweise mit der Bezeichnung *Generation Z* belegt, die jedoch etwas Unbestimmtes hat. Die Geburtskohorte von 1995–2010 wird in der öffentlichen Darstellung insbesondere durch einen spezifischen Umgang mit den modernen internetbasierten Medien und Techniken charakterisiert, die ihr ebenfalls die Bezeichnung der *digital natives* eingebracht hat.

Neben der Technik-affinen Sozialisation scheint dieser Generation etwas zutiefst Angepasstes, aber auch Konstruktiv-Strebsames, insgesamt Zielgerichtetes in der sozialen Wirklichkeit anzuhaften. Die dahinter stehenden *Werte an sich* scheinen weniger wichtig zu sein, allein die Performanz zählt.

Ich schlage als Kontrast zur etwas unbestimmt wirkenden Formulierung der *Generation Z* die Bezeichnung einer *Subway Generation* vor, die sich insbesondere auf folgende typische Elemente bezieht:
1. (Pseudo-)Individualisierung
2. Digitalisierung
3. Mediatisierung
4. Globalisierung
5. Beschleunigung

Dabei entsteht ein charakteristisches Moment der *bewegten Entfremdung* von der gelebten, erfahrbaren und sinnlich erfassbaren Wirklichkeit, die sich auf die Weiten der virtuellen Realitäten der Cloud-basierten Scheinwelten bezieht, die in immer schnelleren Abfolgen die virtuellen Erfahrungen dieser *digital natives* kennzeichnen.

Das Stichwort *Subway* bezieht sich dabei auf eine Fast-Food-Kette, ein globalisiert agierendes Unternehmen mit den weitaus zahlreichsten Niederlassungen aller Fast-Food-Marken, in der bei der Auswahl eines Subs, eines Sandwiches, unendliche Variationen denkbar sind. Das Sandwich kann getoastet, ungetoastet, mit Extrakäse oder ohne, mit verschiedenen Saucen, mit verschiedenen Belegen aufgebaut werden, sodass eine Variationen-Vielfalt von sicher etwa 500 verschiedenen Möglichkeiten entsteht. Dabei ist jedoch die geschmackliche Erfahrung gar nicht so unterschiedlich, sodass einer scheinbar vielfältigen Wahlfreiheit einerseits eine doch sehr begrenzte geschmackliche Vielfalt in der Realität entgegensteht.

Aus soziologischer Sicht erscheint mir die Generation Z zudem dadurch charakterisiert, dass eine Pseudo-Wahlfreiheit der Lebensgestaltung konstruiert wird, dahinter jedoch wenig tatsächliche, real erfahrbare Gestaltungsmöglichkeiten existieren, die weiterhin in oft prekären Lebensverhältnissen realisiert werden müssen. Gleichzeitig besteht dabei ein globaler Wettbewerb, identitätsbildende, berufliche Orientierungen verschwimmen und Landesgrenzen werden behände überwunden.

Abb. 1

Für meine Darstellung der Subway-Generation stelle ich zwei Fälle vor, die auf jeweils spezifische Art und Weise Aspekte dieser Generation exemplarisch aufzeigen können.

## Ben

Aktuelle Situation und biografischer Hintergrund

Ben ist neun Jahre alt und stellt sich in der familientherapeutischen Ambulanz der Kinderklinik Gießen wegen einer schwer behandelbaren, quälend-chronischen, durch massive Hautveränderungen und konstanten Juckreiz charakterisierten

*Neurodermitis* vor. Die starke psychische Komponente dieser chronischen Hauterkrankung wird unter anderem dadurch deutlich, dass die Hauterscheinungen in den Ferien besser werden, wenn in der Familie insgesamt mehr Entspannung und mehr körperlicher Ausgleich möglich ist. Ben leide weiterhin daran, dass er nur zwei Freunde habe und sich in der Schule insgesamt stigmatisiert und letztlich gemobbt fühle. Die Hauterkrankung sei für seine Mitschüler etwas Problematisches, viele fürchteten, sich an den Hauterscheinungen anstecken zu können, die teils abstoßenden Effloreszenzen lassen den Jungen zum Außenseiter werden.

In der körperlichen Anamnese zeigt sich, dass der Patient vielfältige Vorbehandlungen in spezialisierten, dermatologisch ausgerichteten Kureinrichtungen aufzuweisen hat, die jeweils kurzfristig Linderung ergaben, langfristig jedoch keine wirkliche Besserung der Symptomatik zeigten.

*Allergologisch* konnten Sensibilisierungen gegen Haselnüsse, Tierhaare und viele weitere Allergene nachgewiesen werden.

Seit 2013 sei die Haut des kleinen Patienten extrem gereizt, er werde zunehmend ängstlich und abweisend, geradezu explosiv, die körperliche Entwicklung des Jungen stagniere insgesamt, was sich daran zeige, dass Gewicht und Größe unterhalb der 25. Perzentile liegen.

Die notwendige dermatologische Behandlung könne kaum noch durchgeführt werden, da der kleine Patient sich zunehmend weigere, notwendige Lokalbehandlungen mit Cremes an sich durchführen zu lassen und auch die Körperpflege insgesamt mit Duschen und Waschen kaum noch realisierbar sei. Die Eltern beklagen sich weiterhin darüber, dass ihr Sohn sehr viel Zeit an Medien-Konsolen verbringe, frühere Hobbys wie Fußball und Lesen vernachlässige. Ambulante Logopädie und Psychotherapie haben bisher noch keinen deutlichen Effekt gehabt.

## Evaluation

In der initialen Evaluation der Familie und Psychosomatik zeigt sich eine sehr enge, dabei hochgradig ambivalente Mutter-Sohn-Beziehung, beide sind sehr aufeinander angewiesen und geradezu miteinander verstrickt, die ständigen Kämpfe um Hautpflege und Disziplin und Rahmensetzungen wirken derart kräftezehrend, dass die Mutter am Rand ihrer erzieherischen und seelischen Möglichkeiten ist und häufig nur noch mit Aggressionsausbrüchen auf ihren Sohn reagieren kann, der dann seinerseits um sich schlagend jedwede konstruktive Entwicklung verhindert.

In einem Szenotest werden verschiedene Autos aufgestellt, mit Holzbalken ein Geviert errichtet, in dem ein hoher Turm gebaut wird, es kommen Bäume hinzu und eine Schultafel, die jedoch umgefallen ist. Menschen werden dabei nicht aufgestellt und bekommen somit auch keine Rolle zugewiesen. Versucht man sich in diese Szene empathisch einzufühlen, so zeigt sich eine narzisstische Welt, die von großen Türmen symbolisiert wird, mit Baumaterialen und Autos angefüllt ist, die Natur zeigt sich vorsichtig in Form der aufgestellten Pflanzen, eine warme und gemütliche Mitmenschlichkeit kann dabei jedoch nicht entstehen. Es wirkt so, als habe der Junge eine dicke (Haut-)Schicht gegen menschliche Interaktion und seelisches Empfinden aufgebaut.

Dies steht in einem scharfen Kontrast zu dem, was in den Familiengesprächen erlebbar ist, in denen beide Eltern, Vater wie Mutter, ein hohes Maß an Einfühlungsvermögen zeigen und auch große Energie dareinsetzen, die Situation ihres Sohnes zu verstehen. Dennoch wirken sie irgendwie hilflos und es gelingt ihnen nicht wirklich, eine Rolle als Vater und Mutter einzunehmen, in der mit elterlichem Nachdruck feste Regeln installiert werden könnten und Autorität im Sinne einer Beruhigung und Klärung entfalten würde.

## Verlauf

So sind unsere therapeutischen Interventionen daran orientiert, beiden Eltern Mut zu machen, familiäre Regeln zu installieren, eine ödipale Differenzierung aufzufalten, in der Kinder- und Elternrollen unterschieden werden können, in der Autorität möglich ist und zu einer klaren Ordnung führt. Im Sinne psychotherapeutischer »Hausmittel« wird zusätzlich darauf geachtet, dass das Kind ausreichend körperlichen Ausgleich durch Sport gewinnt und der Medienkonsum des Jungen deutlich eingeschränkt wird. In einer etwa sechs Wochen andauernden psychosomatisch-stationären Komplexbehandlung im Rahmen einer allgemeinpädiatrischen Station mit einer halbjährlichen Nachbehandlung im familientherapeutischen Setting (ein Termin alle vier Wochen) gelingt es, diese Erziehungsprinzipien allmählich bei den Eltern akzeptabel zu machen und diese kontinuierlich zu ermuntern, ihre Rolle als Vater und Mutter deutlicher und mit mehr Überzeugung einzunehmen. Parallel zur stationären Behandlung wird eine dermatologische Konsilbehandlung durchgeführt, in der mittels Psychoedukation Grundprinzipien der dermatologischen Neurodermitis-Behandlung neu eingeübt werden, moderne Neurodermitis-Cremes eingesetzt werden und allmählich auch wieder ausgeschlichen werden können. Durch partielle Übernahme der Hautpflege durch Schwestern kann es zudem zu einer gewissen Entlastung der Mutter-Sohn-Beziehung kommen.

Burkhard Brosig

## Katamnese

Am Ende des Schuljahres hat sich der Patient deutlich stabilisiert, er hat nun mehr Akzeptanz unter seinen Mitschülern und die psychosomatische Behandlung findet sogar Eingang in sein Zeugnis:
»Aufgrund der starken Hautprobleme fiel es Ben im Schuljahr sehr schwer, sich im Unterricht zu konzentrieren. Er zeigte wenig Motivation, sich am Unterrichtsgespräch zu beteiligen und wirkte stets sehr müde. Er fiel hin und wieder durch störende Unterrichtsgeräusche auf. Meist war er mit unterrichtsfremden Dingen beschäftigt oder kratzte sich am Körper. Erfreulicherweise änderte sich dies im Verlauf des Schuljahres. Vor allem, nachdem er sechs Wochen stationär in einer Klinik untergebracht war, besserte sich der körperliche Zustand und das Lern- und Arbeitsverhalten nach den Ferien enorm. Ein Belohnungssystem unterstützte diesen Erfolg, er holte den verpassten Lernstoff flott nach. Super Ben! Nur das Arbeitstempo sollte weiterhin noch gesteigert werden.«

## Sarah

### Aktuelle Situation und biografischer Hintergrund

Sarah ist 14 Jahre alt und stellt sich mit ihrer deutlich durch äußere Merkmale der muslimischen Kultur charakterisierten Familie wegen *funktioneller Bauchschmerzen* vor. Es ist für die Familie kaum vorstellbar und auch wenig akzeptabel, dass diese massiven, seit zwei Jahren bestehenden Bauchschmerzen keinen sicheren somatischen Hintergrund haben sollen. Die Familie glaubt vielmehr, dass ein wirklicher körperlicher Grund diagnostisch noch nicht gefunden wurde und die Bemühungen der Ärzte nicht intensiv genug waren, den wirklichen Hintergrund dieser starken körperlichen Belastung zu klären.

Sarah besucht die siebte Klasse eines Gymnasiums und wird von ihren Lehrern zwar als intelligent und arbeitsfähig beschrieben, sie scheint jedoch so sehr in einem starken Konflikt gefangen, dass eine effektive Nutzung des schulischen Angebotes und einer damit verbundenen, prinzipiell erreichbaren, kognitiven Entwicklung immer wieder zum Stillstand kommt.

Die Familie ist ein Musterbeispiel globalisierten Lebens, als schiitische Moslems wanderten sie ursprünglich aus dem Iran aus, inzwischen sind die Familienmitglieder, unter anderem Onkel und Tanten von Sarah, weit über die Kontinente verteilt, insbesondere werden immer wieder Familienbesuche in London durchgeführt.

## Evaluation

Testpsychologisch fällt Sarah durch hohe Indices an *Depression* auf, weiterhin zeigt sich in den Fragebogen-Inventaren eine hohe Klagsamkeit im Bereich gastrointestinaler Beschwerden (GBB-KJ, Magenbeschwerden). Im Familienbogen (FB) werden aber auch positive Momente der Familie deutlich, so zeigen sich Stärken in der affektiven Beziehung der Familienmitglieder untereinander sowie hohe Werte in der familiären Emotionalität. Sie zeigt hier insgesamt *starke Identifikationsmomente* mit den Eltern bei gleichzeitig *massiven Autonomiebestrebungen*, sodass der Grundkonflikt der Patientin bereits testpsychologisch relativ gut charakterisierbar ist (zur Indikation und Beschreibung der Fragebögen siehe Brosig et al., 2011).

In der Therapie spricht sie über ihre Lebenswelt, über ihre schulischen Erfahrungen und, was die Eltern *absolut nicht* wissen dürfen, über ihre Liebschaften.

Sie zeigt sich entsetzt, dass *Nacktbilder* der Jungs in ihrer Klasse über das Internet verschickt werden und sie schämt sich massiv dafür, dass sie in einem unbeobachteten Moment in der Toilette der Schule *ohne Kopftuch* fotografiert worden ist. Ihre schulische Welt steht damit in einem schroffen Kontrast zu den Werten und Normen ihrer schiitischen-religiösen familiären Herkunft. Sie ist einerseits ganz in der westlichen Welt der Mediatisierung in der Schule und den damit verbundenen Nebenwirkungen angekommen, andererseits gebunden an die familiären Werte und die religiösen Überzeugungen ihrer Familie.

Die Schule für Kranke, in der sie im Verlauf ihres sechswöchigen stationären pädiatrisch-psychosomatischen Behandlungsarrangements beschult wird, nimmt Kontakt mit der Herkunftsschule auf, um die Situation der Patientin noch einmal durch eine Fremdanamnese der Lehrer daheim besser verstehbar zu machen. Die Lehrer berichten:

»Nach Ansicht der Herkunftsschule müsste man der Mutter eindeutig klarmachen, dass Sarahs Symptome dem Entziehen vor Aufgaben und dem Erlangen von Aufmerksamkeit dienen. Und später: Sarah ist eine der Schülerinnen, die in jeder großen Pause vor dem Lehrerzimmer stehen und irgendetwas brauchen: nach Meinung der Klassenlehrerin in erster Linie Aufmerksamkeit.«

## Verlauf

Im Verlauf der Behandlung werden wichtige Elemente unserer therapeutischen Konzeption an die Eltern rückgemeldet: Vater und Mutter müssen akzeptieren, dass Sarahs Beschwerden nicht körperlich bedingt sind und weitere somatische

Abklärungen nur der Fixierung dieser körperlich-somatisierenden Symptomatik dienen.

Auch in dieser Familie werden die Eltern ermuntert, ihren Erziehungsauftrag endlich anzunehmen und sich in mal eher konfrontativer, mal wiederum eher liebevoller Auseinandersetzung mit dem Kind zu beschäftigen. Die Symptomatik diene vor allen Dingen dazu, intensiveren Kontakt mit den Eltern zu gewinnen, und ist Ausdruck von Leere und innerer Unterstimulierung.

Den Eltern muss deutlicher werden, unter welchem psychosozialen Stress ihre Tochter steht, da diese sehr differenten kulturellen Entwürfe zwischen ihrer Identität als junge Muslima einerseits und der weiteren Teilidentität als Subjekt der Subway-Generation andererseits ein hohes Konfliktpotenzial bieten. Neben der Aufmerksamkeit-heischenden Seite ihrer körperlichen Dauersymptomatik, ihrem Bauchschmerz, drückt diese auch sehr viel Wut, aber auch eine enorme psychische Energie aus, die ihre Vitalität reflektiert. Sie unterstreicht diesen Eindruck, indem sie uns gleichsam »beichtet«, dass ihr Lieblingslied »Kopfschuss« der Rapper-Gruppe Genetikk ist:

»Scheiße, ich muss raus, bevor mein Kopf platzt
Die Schreie meiner Mutter gehen unter die Haut wie Shotguns
Die Ehe ist im Arsch und ich bin sowas wie ihr Schrottplatz
Es fühlt sich an, als ob der Teufel in meinem Kopf tanzt
Und ich weiß nicht, wie lang ich noch kann
Ohne zu schlafen, weil sie seit Tagen streiten
Nein, sogar wochenlang, es kotzt mich an, ich box gegen die Wand
Ich weiß nicht ob und wann ich's stoppen kann
Dran denken macht's schlimmer als wär' man pockenkrank
Ich will fliehen, doch meine Angst findet mich überall
Ein Moment der Schwäche und ich weiß sie wird mich überfall'n
In meinem Kopf herrscht Chaos, ich kann nicht mehr klar denken
Ich brauch ,nen Schuss Adrenalin, das wird mich ablenken
Ich lauf die Straße runter, an der Ecke 3 Jungs
Sie suchen Streit und ich geb ihn' ein' Grund
›Alles klar, ihr Fotzen?‹, und danach geht alles sehr schnell
Der erste Haken in den Magen geht aufs Zwerchfell
Schneller als der Schmerz, kommt nur der zweite Schlag
Direkt aufs Kinn, eisenhart, dann geben meine Beine nach
Und ich lieg' am Boden und krieg' Tritte in die Rippen vom Dritten
Bis sie sich 'ne Kippe anmachen und lachend verpissen

Aufstehen is' nicht drin, also bleib ich wo ich bin
Mir tropft der Regen aufs Gesicht und daneben weht der Wind
[Spucken] Ich spuck' Blut, mir geht's beschissen, aber auch gut
Weil mir klar ist, das hier war der Höhepunkt meines Tages ...«
(zit.n. Genius Lyrics, 2017).

Die Drastik des Textes unterstreicht die Massivität des Konfliktes zwischen den Kulturen, unter der die junge Patientin leidet, und sie zeigt zudem, wie kraftvoll Sarahs Emotionalität ist, nimmt man die Expressivität des Rap-Textes ernst.

## Zusammenfassung

Insgesamt zeigt sich in der Zusammenschau der theoretischen Überlegungen zur Subway-Generation und auf dem Hintergrund der beschriebenen Familientherapien, dass diese Generation durch eine Beschleunigung von kulturellen Wandlungen und gesellschaftlichen Prozessen charakterisiert ist, in denen Reifung und Identitätsbildung im Kontext von medialer Selbstdarstellung und globaler Konkurrenz vollzogen werden.

Die Virtualisierung und Vernetzung schaffen dabei eine Pseudo-Realität, in der es schwer ist, ein gelebtes Leben zu führen.

Die Erosion von Erziehungsinstanzen führt zu einer scheinbar partnerschaftlichen, rational geprägten Beziehung der Eltern zu ihren Kindern, geht aber an der Erziehungsaufgabe, die mit ganzer Seele aufseiten der Eltern und Lehrer vollzogen und damit spürbar gemacht werden müsste, vorbei.

Der Generationenkonflikt wird dabei verschleiert und über die fantasierte, virtuelle Grenzenlosigkeit scheinbar gegenstandslos gemacht bei einer realen Schwierigkeit, Chancen und konkrete Lebens- und Entwicklungsmöglichkeiten auszufüllen.

## Literatur

Beck, U. (1986). *Risikogesellschaft. Auf dem Weg in eine andere Moderne.* Frankfurt a. M.: Suhrkamp.
Brosig, B., Döring, I., Jennessen, M., Kolbinger, M., Lehmann, H. & Zimmer, K.-P. (2011). Eine Testbatterie für die psychoanalytische Familienpsychosomatik. Konzepte und erste Ergebnisse. *Psychoanalytische Familientherapie, 12,* 61–84.
Bourdieu, P., Balazs, G., Beaud, S., Broccolichi, S., Champagne, P., Christin, R., Lenoir, R., Oeuvrard,

F., Pialoux, M., Sayad, A., Schultheis, F. & Soulié, C. (1993). *La misère du monde*. [Dt. Aufl. (1997). *Das Elend der Welt*. Zeugnisse und Diagnosen alltäglichen Leidens an der Gesellschaft UVK. Konstanz: Universitäts-Verlag Konstanz].

Genius Lyrics (2017). Genetikk – Kopfschuss Lyrics. https://genius.com/Genetikk-kopfschuss-lyrics (30.06.2017).

# Familie und Schule heute – Was brauchen sie voneinander?

*Joseph Kleinschnittger*

Erweiterte Fragen zum Thema sind: Was und wie viel braucht *Schule heute* von der Familie und was braucht *Familie heute* von der Schule? In welchem Verhältnis stehen Familie und Schule heute zueinander? Wovon ist dieses Verhältnis beeinflusst?

## Vorwort und Übersicht

Der vorliegende Beitrag wirft einen kritischen Blick auf das Hintergrundrauschen unserer heutigen Welt und Gesellschaft durch die Brille von Philosophie und Soziologie (Atmosphäre, Zeittakt und spezifische Rahmenbedingungen). Er beschreibt das Perfektionierungsstreben unserer Konkurrenzgesellschaft und erläutert an Themen wie ADHS, Verunsicherung der sozio-ökonomischen Existenz, Optimierungsdruck in Familie, Schule und Gesellschaft sowie der »Erfindung neuer Krankheiten« die Folgen für die Menschen. Abschließend entwickelt er Vorschläge, wie diesen mächtigen Trends begegnet werden kann und wie wir unser Leben im Verhältnis »Familie – Schule« wieder mehr in die eigenen Hände nehmen können.

In der Themenstellung wird klar – man braucht sich.

Es geht um unsere Kinder, deren Raum zur Entwicklung und wie sie ins Leben hineinfinden. Für sie wollen wir alle nur das Beste; welche Eltern, welche Schule, welche Lehrer würden diesen Satz nicht unterschreiben? Von dieser guten Absicht auszugehen, auf sie zu vertrauen, ist für eine konstruktive Begegnung zwischen Schule und Familie eine der wesentlichen Grundvoraussetzungen. Jeder von uns hat seine Gründe für das, was er für das Beste hält, mag es dem anderen auch fremd vorkommen. Doch ... was ist dieses Beste? Und ist dieses Beste auch das, was Kinder brauchen?

Wie verhalten sich die jeweiligen Erwachsenen, die Eltern und Lehrer, zu den Kindern? Wie viel Spielraum im eigentlichen Wortsinn vermögen sie ihnen zur Entwicklung ihrer Möglichkeiten und Fähigkeiten zu geben? Zum »Umwege gehen, ... Fehler machen ... oder auch für unbequemes Verhalten«, das ihr soziales Umfeld stört, ihm aber gleichzeitig etwas mitteilt? Welche Grenzen setzen sie da, wo es nötig ist? Welche sind wo notwendig?

In diesen wenigen Gedanken liegt das Konfliktpotenzial, das sich zwischen allen Beteiligten auftun kann. Die Vorstellungen und Orientierungen über das richtige Tun liegen oft weit auseinander, wir kennen das alle aus unserem Alltag. Noch komplizierter wird es, wenn sich Lehrer und Eltern im heutigen System Schule begegnen oder – treffender ausgedrückt – aufeinanderprallen.

## Schule gestern und heute

Es muss wohl neu gefasst werden, *dass* und *wie* man sich braucht.

Schauen wir darauf, wodurch das Leben in unserer heutigen Welt bestimmt wird, was es ausmacht. Das kann hier nur knapp und ausschnitthaft gelingen. Besonders wichtig scheinen mir dabei die Fragen: Welchen Platz, welche Bedeutung haben wir Menschen? Welche gestehen wir uns mit unseren Bedürfnissen nach sozialem Miteinander und persönlichem Wohlbefinden in dieser Welt zu? Eine große Bedeutung, werden viele sagen, wir sind doch als Menschen das Wichtigste. Ist das aber immer so? Wir unterliegen in unserer durchökonomisierten und medial geprägten Welt vielerlei Einflüssen von außen, denen wir uns als einzelne kaum entziehen können. Allerdings gestalten wir sie mit, indem wir zum Beispiel viele unserer Aufgaben und Tätigkeiten an moderne, elektronische Maschinen abgeben in dem Glauben, dass diese es besser, schneller, sicherer, mit weniger Risiko, zuverlässiger und überhaupt für uns bequemer und rentabler ausführen können. Über die damit eingehandelte Abhängigkeit denken wir selten nach. Ungeachtet der Frage, ob diese Erwartungen erfüllt werden, hat dieses Tun meist mehr als die gewünschten Folgen. Hier gilt der Grundsatz: »Keine Wirkung ohne Nebenwirkung.«

Soziologen und Philosophen versuchen, die großen Entwicklungen unserer heutigen Welt zu erfassen und zu reflektieren. Diese gestalten – das will ich zu erläutern versuchen – unser Thema mit und machen die Suche nach Antworten nicht leicht.

Gestatten Sie mir zu Beginn einen kleinen Rückblick in eine Zeit, in der ich selbst Schulkind an einer vierklassigen Schule (mit acht Jahrgängen) war in einem damals 1.200 Seelendorf in der zweiten Hälfte der 50er und dem Beginn der 60er Jahre.

Ich möchte so ein Gefühl für die Unterschiede zu unserer heutigen Welt entstehen lassen. Ich nehme dabei einen Aspekt auf, der uns Hinweise für unsere Fragestellung geben könnte.

Selbstverständlich war vieles zu dieser Zeit anders verglichen mit heute. Was heute fast ausschließlich elektronisch funktioniert, ging damals, soweit möglich, mechanisch, vieles ging auch gar nicht. Das Fernsehen steckte in seinen Anfängen, man hörte Radio, las die Zeitung und sprach mehr miteinander *von Angesicht zu Angesicht,* sicher auch übereinander und hinter vorgehaltener Hand. Politisches, wirtschaftliches Denken war national, nicht global. Man wusste genau, wo der Feind steht. Wenige Familien hatten ein eigenes Auto, in einigen wenigen Häusern gab es ein Telefon, Telefonzellen nur in der Stadt. Menschen, die auf der Straße scheinbar mit sich selbst sprachen, hielt man für ein bisschen meschugge. Sie galten nicht als Zeitgenossen, die mit den modernsten elektronischen Kommunikationsmitteln ausgerüstet sind; die Erfindung von Smartphones und Headsets stand noch bevor. Alles Schriftliche wurde per Hand erledigt. Die Post konnte Nachrichten (Briefe waren das Hauptkommunikationsmittel) nicht so schnell zum Empfänger befördern wie später Fax oder E-Mail. Gelegentlich gab man ein Telegramm bei der Post auf, wenn etwas eilig war. Mit ersten Computer-Ungetümen machte ich erst während meines Studiums an der Universität in Gießen Bekanntschaft. Das Leben verlief ruhiger, viel langsamer, mit weniger Stress (das Wort war noch nicht geläufig). Alles brauchte viel mehr Zeit, weil das allermeiste in schwerer körperlicher Arbeit erledigt werden musste. Die Kinder waren oft direkt oder indirekt in die Tätigkeiten des Broterwerbs ihrer Familie eingebunden, der sich bei vielen Menschen komplett im Dorf abspielte. Geschiedene Eltern waren rar, Familien ohne Kinder oder mit einem Kind ebenfalls, die Regel waren drei und mehr Kinder. Diese gingen in die Volksschule, so hieß das damals, und die ganz Begabten durften auf Empfehlung des Lehrers, wenn die Eltern dies auch wollten, nach bestandener Aufnahmeprüfung das Gymnasium (mehr oder weniger weit entfernt) besuchen. Ich fange hier natürlich eine plakativ beschriebene, ländliche Situation ein. Ich lasse die zeittypischen, dorftypischen Konflikte und das Gerangel, das es unter Kindern und Jugendlichen immer gibt, aus wie auch die in diesen Nachkriegsjahren üblichen Erwartungen der Eltern an ihre Kinder. Diese ländliche Situation war allerdings zu der genannten Zeit weiter verbreitet als heute. Eltern und Lehrer – auf diesen Punkt kommt es mir an –

begegneten sich nicht sehr oft aufgrund schulischer Themen – die waren damals unwichtiger als heute – und eher selten beim Elternsprechtag; drängende Probleme in der Schule wurden per Hausbesuch geregelt. Man traf sich häufiger bei den Dingen des täglichen Lebens (Einkauf, Kirche, Gemeinschaftsaktivitäten wie z. B. im Sportverein, bei Festen oder im Chor etc.), gestaltete gemeinsam kulturelles Leben im Gemeinwesen Dorf oder Stadtteil. So bekam man das Menschliche am anderen in verschiedenen sozialen Situationen mit und nahm sich nicht ausschließlich in der Rolle des Lehrers (damals Respektsperson) oder des Vaters und der Mutter wahr. Die Beziehung zwischen Lehrer und Eltern umfasste mehr als den heute üblichen Fokus »Verhalten, schulische Leistungen des Kindes«. Ganz sicher ist das nicht immer nur vorteilhaft gewesen.

Für uns Kinder waren die Möglichkeiten begrenzter, Lehrer und Eltern gegeneinander auszuspielen, wir profitierten natürlich davon, wenn sie sich gut verstanden. Man wusste voneinander mehr, weil man es im überschaubaren Gemeinwesen mitbekam. Die Anonymität war sehr viel geringer. Heute mag uns ein solches Leben irgendwie zu dicht oder zu nahe beieinander vorkommen.

Die soziale Distanz ist allgemein sehr viel größer geworden, Vor- und Nachteile inbegriffen. Soweit dieser kleine Rückblick.

Wie sieht *unser Leben heute* aus? Wovon wird es bestimmt? Welche Möglichkeiten haben wir, welche Grenzen? Wonach streben wir, was ist uns wichtig? Was wollen wir für unsere Kinder? Was beeinflusst unsere Wünsche in Bezug auf uns selbst und unsere Kinder? Diese Fragen stellen sich Lehrer, Eltern oder Großeltern.

Vor etwa drei Jahren fand in der Aula der Universität Gießen und in der angrenzenden Liebigschule die Jahrestagung des Bundesverbandes »Psychoanalytische Familientherapie« statt mit dem Thema »Zwischen Geborgenheitswunsch & Optimierungsdruck«. Zur begrifflichen Klarheit folgt an dieser Stelle eine kurze Erläuterung. Dem menschlichen Dasein eigen ist ein Bedürfnis nach Entwicklung und Verbesserung, unter anderem über das Konkurrenzstreben. Ich nenne es in diesem Kontext *Verbesserungsstreben*. Eine Steigerung dieses Verbesserungsstrebens könnte man *Optimierungsstreben* nennen, das eher eine Optimierung des narzisstisch besetzten Selbst in körperlichen und mentalen Fähigkeiten im Auge hat und vom Verlockungspotenzial unserer medial geprägten Wettbewerbsgesellschaft sehr leicht durch einschlägige Werbung angesprochen wird.

Eine makrogesellschaftliche Dynamik ist gemeint, wenn von *Optimierungsdruck* die Rede ist. Sie ist verbunden mit einem Anforderungsprofil aus der industriellen Arbeitswelt, vergleichbar den Prozessen wie Rationalisierung und

Verbesserung von Produktionsabläufen zur Steigerung von Effektivität und vor allem Rentabilität eines Unternehmens und wirkt sich inzwischen deutlich auf den Bereich des Persönlichen/Privaten aus.

Das Thema der damaligen Tagung benennt die Kehrseite des großen Optimierungsdrucks in unserer heutigen Welt: den *Wunsch nach Geborgenheit*, nach sozialer, nach menschlicher Bindung, der auf der Strecke zu bleiben droht. Zugleich greift es dessen Gegensatz auf, einem immer stärker zu spürenden Drang nach reibungslosem Ablauf der Gesamtmaschinerie »Alltag« in unserer Gesellschaft dadurch nachzukommen, dass die irritierenden und störenden Momente menschlicher Entwicklung, menschlichen Daseins möglichst verschwinden: also so etwas wie Schwäche, Krankheit, langsam sein, überfordert werden, nicht Schritt halten können, rebellieren, anders denken, Nachdenklichkeit, eigene Wege gehen wollen, behindert sein, fremdartig wirken. Stellen Sie sich nur einen kleinen Moment vor, dieses Bemühen um perfektionierte Stärke ohne Nachlassen könnte tatsächlich einmal sein Ziel erreichen, wie sähe dann unsere Welt aus?

Horst-Eberhard Richter formulierte anlässlich einer internen Tagung des Zentrums für psychosomatische Medizin der Justus-Liebig-Universität im Jahre 1979:

»Unser gesamtes Lebensmilieu verändert sich ganz allmählich in ein nach ökonomischen Zweckmäßigkeiten geregeltes technisches System, das Menschen braucht, die darin reibungslos mitfunktionieren, nicht solche Menschen, denen die Qualität ihres Zusammenlebens und ihr persönliches Befinden vorrangig wichtig sind« (Richter, 1979, unveröffentlichtes Manuskript).

Wir sind meines Erachtens von diesem Zustand in den heutigen Industriegesellschaften nicht weit entfernt.

Wir leben in einer Welt, die vom Glauben an Wissenschaft, Expertentum, an die Allmacht von Ökonomie und Geld beherrscht ist. Die Ökonomisierung unserer Gesellschaft (gemeint ist damit die Ausschaltung aller marktfremden Gesichtspunkte aus den Beziehungen von Akteuren – so der Wirtschaftsethiker Thielemann) untergräbt die Grundlage von Vertrauen unter den Menschen; wir vermögen im anderen immer weniger den Mitmenschen zu sehen, unterstellen ihm ausschließlich Interesse am eigenen Vorteil als Motiv seines Handelns. Auf makrogesellschaftlicher Ebene wird diese Annahme oft genug bestätigt, wenn Sie zum Beispiel an die Skandale der Lebensmittelindustrie (Fleisch, Eier, Geflügel etc.) denken; sie gedeiht besonders gut auf dem Boden der Anonymität (virtuelle Welt). Durch modernen Flugverkehr und die scheinbar unbegrenzten Möglichkeiten moderner Kommunikationsmittel, speziell des Internets, hat sich unsere Welt immer schneller zu drehen begonnen.

Dazu beschreibt Rudolph Heltzel, Psychiater, Psychoanalytiker und Supervisor, 2012 in seinen Thesen zur Ökonomisierung psychosozialer Arbeit und ihrer Folgen: Wir erleben eine »ideologische Zuspitzung und Überhöhung der Ökonomisierung zur Weltanschauung, zur Kulturreligion« in »Begleitung ihrer großen Schwester, der Beschleunigung aller Lebensvorgänge in bisher nicht gekanntem Ausmaß« (Heltzel, 2012). Bezugnehmend auf den Schweizer Wirtschaftsethiker Peter Ulrich beschreibt er negative Folgewirkungen dieser Entwicklung in Gesundheits- und Sozialwesen. Ich habe selbst vor einigen Jahren die Bedeutung solcher Prozesse im Verein mit fortschreitenden Privatisierungen im Gesundheitswesen und Trends in der Wissenschaft als konstitutiv dafür analysiert, den Menschen und sein Wohlergehen aus dem Zentrum des Interesses zu verdrängen.

Besonders anschaulich wird der Komplex an der öffentlich und wissenschaftlich geführten Debatte um das, was als »Burnout« bezeichnet wird. In seinem Endergebnis ist es aus klinischer Sicht und Erfahrung mit dem Bild einer mittleren bis schweren Depression vergleichbar. Aus diesem Grunde will man vonseiten der zuständigen medizinischen Fachdisziplin darin keine neue Krankheit sehen. Nicht zu Unrecht, sagen weite Teile der Soziologie. Sie sehen im Burnout einen besonders geeigneten Gegenstand soziologischer Gegenwartsanalyse. In der Einleitung eines Sammelbandes soziologischer Arbeiten von Neckel und Wagner (2013) mit dem Titel *Leistung und Erschöpfung – Burnout in der Wettbewerbsgesellschaft* heißt es sinngemäß: im Burnout-Syndrom artikuliert sich offenbar ein Unbehagen am Leistungsdruck im heutigen Berufsleben, an der Beschleunigung von Arbeit und Kommunikation, an alltäglicher Überforderung und neu empfundenen Formen von Entfremdung, die den persönlichen Zumutungen einer entfesselten Wettbewerbsgesellschaft den Rang einer öffentlich debattierten Pathologie verleihen.

Die allgemein deutliche Zunahme von Krankheitstagen pro Jahr aus psychischen Gründen *(vorrangig depressive Symptomatik)* in den Statistiken unserer Krankenkassen zeigt, dass in der Arbeitswelt Veränderungen eingetreten sein müssen, die wir nicht mehr unbeschadet überstehen. Die Zahl originär psychisch erkrankter Menschen hat aber entgegen meist anders lautender Presseveröffentlichungen nicht zugenommen.

Ein Aspekt dieser Entwicklung könnte der »Wandel« vom wohlbekannten »Arbeitnehmer« zum sogenannten »Arbeitskraftunternehmer« sein, so sieht es die Soziologie. Der Begriff stammt von Voß und Pongratz (1998). Sie beschreiben eine neue Grundform von Arbeitskraft in einer sich wandelnden Arbeitswelt am Übergang zum 21. Jahrhundert, die von regelmäßigen Arbeitszeiten, festen Arbeitsverträgen und Tariflohn, festem Arbeitsplatz, klaren Aufgabenstellungen – also von wesentlichen existenzsichernden Rahmenbedingungen ihrer Arbeit – befreit ist und in einem ständigen, selbst verantworteten Optimierungsprozess für die neue Arbeitswelt steht. Dadurch verschwinden, so die Autoren, auch die vorher geltenden Grenzen dafür, wo, wann und wie viel Zeit für Arbeit bzw. private, persönliche und familiäre Belange verwandt werden kann. Der Einzelne kontrolliert sich selbst, seine ökonomische Bilanz und den möglichst rationalisierten Einsatz seiner Ressourcen. »Wunderbar, jetzt habe ich alles in meiner Hand«, werden sich die einen an dieser scheinbaren neuen Freiheit freuen; andere werden sehr bald den Zwang zu Optimierung und ungeheurem Konkurrenzdruck verspüren, sich auf dem grenzenlos werdenden »Markt der Arbeitskraftunternehmer« immer aufs Neue zu behaupten. Ein schattenhafter Begleiter dürfte die Angst vorm Versagen sein, es irgendwann nicht zu schaffen. Sie werden sich noch an das von der Agentur für Arbeit geförderte Modell »Ich-AG« zur Bekämpfung der Arbeitslosigkeit im ersten Jahrzehnt unseres Jahrhunderts und seinen zweifelhaften Erfolg erinnern. Ist das der Humus, frage ich, für die nach klinischer Erfahrung um sich greifenden Erkrankungen, bei denen Angst- und Paniksymptomatik hervorsticht?

Ein Boxkampf ist auf eine bestimmte Anzahl von Runden angesetzt. Es gibt feste Regeln, die ein Schiedsrichter überwacht; dieser Kampf jedoch geht unentwegt bis zur Erschöpfung ohne Schiedsrichter und ohne Gewissheit, ob sich die Anstrengungen lohnen. Das einzig Sichere ist: Irgendwann kommt die Erschöpfung, die Kampf- bzw. Arbeitsunfähigkeit. Der Griff zu vermeintlich leistungssteigernden, aufputschenden Mitteln scheint oft der letzte Ausweg. Dies ist den Statistiken zufolge bei normal Beschäftigten ebenfalls so.

Was aber fangen Kinder mit Eltern an, die täglich mit der Verbesserung ihrer Konkurrenzfähigkeit beschäftigt und dauerhaft erschöpft sind? Was werden diese Eltern ihren Kindern vermitteln können? Es ist ein Dilemma für Kinder, Eltern und Lehrer!

An einem populären Beispiel, das uns direkt zum Thema zurückführt, möchte ich das etwas genauer unter die Lupe nehmen, am allseits bekannten und gleichzeitig janusköpfigen, sogenannten *ADHS-Syndrom*.

Christoph Türcke, Professor für Philosophie an der Hochschule für Grafik und Buchkunst in Leipzig, legte 2012 eine Streitschrift vor mit dem Titel *Hyperaktiv! Kritik der Aufmerksamkeitsdefizitkultur*. Vom Aufkommen des Mediums »Film«

behandelt er unseren Weg in die heutige Medien- und Informationsgesellschaft mit ihrer unablässigen Bilderflut im Alltag durch Film, Fernsehen und vor allem mit dem Computer als Taktgeber. Unser aller Aufmerksamkeit, so Türcke, »wird von den Bildmaschinen absorbiert und zermürbt«.

Seine Diagnose fällt so aus: Wir befinden uns in einer »Kultur des Defizits an allgemeiner Aufmerksamkeit« füreinander und eines jeden für sich selbst. Diese kulturtheoretische Denkweise stellt er dem medizinischen Modell gegenüber. Schon vor ca. 30 Jahren beobachtete man eine zunehmende Zahl an Kindern und Jugendlichen, die von ständiger Unruhe getrieben und scheinbar ohne die Fähigkeit zur Konzentration als Störenfriede in Familie und Schule auffielen. Hyperaktive Kinder nannte man sie zunächst, später versuchte die Medizin sie mit dem Begriff »minimale cerebrale Dysfunktion« ursachenorientiert zu beschreiben, in den 90er Jahren wird daraus über Zwischenschritte das sogenannte Aufmerksamkeitsdefizitsyndrom (ADS) oder das Aufmerksamkeitsdefizit-Hyperaktivitätssyndrom (ADHS). »Das klingt wie die prägnante Diagnose einer Krankheit, ist aber bis heute ein Hilfswort für etwas nicht wirklich Verstandenes«.

Viel Mühe und Anstrengung wurde und wird darauf verwendet, diese zu untersuchen und zu verstehen, wobei bis dato die Hypothese einer Störung im Gehirn unter anderem wegen der Kurzzeitwirkung einer verabreichten chemischen Substanz, hierzulande bekannt unter dem Handelsnamen Ritalin, von vielen favorisiert wird. Im Jahr 2011 verkauften deutsche Apotheken knapp zwei Tonnen davon als fertige Arzneimittel (1993: 34kg; Angabe der Bundesopiumstelle).

Zwischen 1995 und 2012 hat sich in Deutschland die Anzahl verordneter Tagesdosen um das 40-fache auf 58 Millionen erhöht. Auch in Frankreich und Italien kennt man das Thema ADHS, die Zahl der so diagnostizierten und medikamentös behandelten Kinder liegt unter 0,5 Prozent. Man behandelt dort das Problem mit anderen Mitteln. Auch innerhalb Deutschlands gibt es regionale Unterschiede je nachdem, ob sich ein ADHS- oder Ritalin-freundlicher Universitätslehrstuhl (Beispiel Würzburg) in der Nähe befindet (s. Frenkel & Randerath, 2015).

Andere kritische Stimmen, die in diesem Verhaltenskomplex wie Türcke eher den Ausdruck einer kulturellen Entwicklung sehen, »Kinder halten unserer Gesellschaft den Spiegel vor«, melden sich zu Wort, werden aber im öffentlichen wie im wissenschaftlichen Raum zu wenig gehört. Der amerikanische Pharmakologe und Psychologe, Richard DeGrandpre, untersuchte schon 1999 in einem sehr gründlichen und umfassenden Werk dieses Phänomen. Er kommt zu dem Schluss, dass es sich bei ADS/ADHS um eine kulturabhängige Entwicklungsstörung mit erheblichen Auswirkungen auf das menschliche Bewusstsein handelt, entstanden in einer Kultur, die er als audiovisuelle »Schnellfeuerkultur« bezeichnet. Mit dieser Gegenüberstellung an einem bekannten Beispiel will ich auf einen unübersehbaren Trend aufmerksam machen. Wir neigen heute dazu, Probleme des Verhaltens oder Befindens in spezifischer Weise zu sehen und verweisen sie, weg von uns selbst, von der eigenen Familie, dem eigenen Verantwortungsbereich in die Zuständigkeit eines anderen (Fach-)Bereichs; altbekannte Probleme werden so zu Krankheiten. Bei ADHS kann mit Medikamenten (allein) nicht wirklich etwas zur Lösung der zur Diskussion stehenden »Störungs-Dynamik« beigetragen werden, man kann die Symptome durch dauerhafte Einnahme kontrollieren, nimmt damit zugleich aber klare Nachteile in Kauf. Ritalin (Methylphenidat) ist ein Amphetamin-Derivat, es wirkt etwa wie Kokain, macht abhängig (unterliegt also dem BTM-Gesetz). Es hat unmittelbar beobachtbare Nebenwirkungen auf das Kind wie *Unruhe, Agitiertheit, Appetitlosigkeit, Herzrhythmusstörungen,* darüber hinaus weit komplexere, weil es in zerebrale und emotionale Entwicklungsprozesse behindernd eingreift.

Die Erklärung zu einer Krankheit verengt den Blick, erspart im Allgemeinen und im Besonderen (des einzelnen Falles) das genaue Hinschauen auf mögliche Ursachen und die daraus folgenden Handlungsoptionen (also Zeit und Energie). Es handelt sich hier um eine Ablenkung, eine Zerstreuung unserer Aufmerksamkeit.

Medien- und Informationsgesellschaft, so der Ausgangspunkt, stehen im Zusammenhang wirtschaftlicher, sozialer und politischer Prozesse, an denen wir aktiv und passiv teilhaben. Sie treten uns zunehmend in der Logik der Humankapital-Theorie von G. Becker (Nobelpreisträger für Ökonomie) gegenüber, der alles Nichtökonomische, auch das Individuum, in ökonomischen Kategorien berechenbar und verwertbar hält. Dieses Denken ist inzwischen tief in unsere Gesellschaft eingedrungen und dominiert viele Bereiche (wie erwähnt das Gesundheitswesen und sicher auch den Bildungsbereich). Die davon ausgehende Dynamik gestaltet Lebenswirklichkeit und durchdringt unser aller Lebensgefühl; man kann sich ihr kaum entziehen. Die Befunde aus der Resilienzforschung (die Widerstandsfähigkeit des Menschen gegenüber Belastungsfaktoren im Leben), bestätigten, dass die Lebens- und Arbeitsbedingungen von Eltern großen Einfluss auf die Fähigkeit ihrer Kinder haben, Lebenskrisen und Traumata ohne anhaltende Beeinträchtigungen durchzustehen. Neben einer Reihe weiterer Faktoren hat ein sicher ausgeprägtes Bindungsverhalten und eine dauerhaft gute Bindung zu einer primären Bezugsperson besonders hohe Bedeutung (Möhring, 2007,

S. 42). In meiner klinischen Arbeit mit psychiatrischen Patienten fand ich diese Zusammenhänge in den Lebens- und Krankheitsgeschichten immer wieder bestätigt. Es stellt sich die Frage, so Möhring, ob die gegebenen gesellschaftlichen Rahmenbedingungen es zulassen, »für Einkommen und berufliche Existenz zu sorgen« und gleichzeitig »die Ziele der Mitglieder der Familie zu erreichen, also eine zufriedenstellende Partnerschaft zu haben und die Kinder angemessen zu erziehen«? (Möhring, 2007, S. 44). Die Lebenswelt Schule müssen wir in solche Überlegungen einbeziehen. Das sind thematisch die Überschneidungszonen und Hauptkonfliktfelder von Individuum, Familie und Gesellschaft.

Am Beispiel »soziale (Un-)Sicherheit« will ich der gestellten Frage kurz nachgehen.

Die Unsicherheit der sozialen Existenz (Arbeitslosigkeit, sozio-ökonomischer Status, unsichere Lebensperspektive, schlechte Schulbildung) mit ihren Kosten bildet einen großen Risikokomplex, der im Verdrängungswettbewerb um die besten Chancen erheblich benachteiligt. Dies alles findet in einer Welt statt, die in Geldwerten und Hitlisten (Schnellster, Schönster, Fittester, Bester, Beliebtester) denkt und funktioniert und immer neue Lebensstil-Ideologien im Dienste narzisstischer Selbstoptimierung erfindet. Ihnen können sich Kinder aus eigener Kraft nicht entziehen.

Die Sicherung der Lebensexistenz durch eigener Hände Arbeit, manchmal die Möglichkeit zur Familiengründung überhaupt ist dagegen für viele Menschen in unserem Land, vor allem bei schlechter Ausbildung, nur schwer möglich. In den inzwischen verbesserten Arbeitsmarktzahlen verbirgt sich ein großes Problem. Mehr als ein Drittel aller Beschäftigungsverhältnisse ist prekär, sichert nicht den Lebensunterhalt, lässt Familiengründung und Alterssicherung nicht zu. Nach Erhebungen des Deutschen Instituts für Wirtschaftsforschung (DIW) ist das Armutsrisiko bei 25- bis 35-Jährigen in unserem Land von 2000 bis 2012 von 27 Prozent auf 39 Prozent gestiegen (MAZ, 18.06.2015). Viele Menschen leben von der Hand in den Mund. Immer mehr Menschen, brauchen einen Zweitjob zum Lebensunterhalt.[1]

---

1   Laut Bundesagentur für Arbeit waren es in 1/2015 mehr als 2,4 Mill. und damit ca. 3% mehr als in 1/2014. Seit 1990 hat sich die Anzahl verdreifacht (MAZ vom 25.04.2015). Gewaltige soziale Einschnitte und globale Bedrohungen prägten das erste Jahrzehnt des neuen Jahrtausends. Hohe Arbeitslosigkeit, besonders unter Jugendlichen und Langzeitarbeitslosigkeit, der Verlust vieler Arbeitsplätze im Land, die Hartz IV-Gesetzgebung, zusätzliche Eigenleistungen der Menschen für die Krankenkassen, Renten und Einkommen stagnierten oder fielen.

Die Finanzkrise folgte und bescherte die Erkenntnis: private, kapitalfinanzierte Altersvorsorge ist keine Absicherungsgarantie fürs Alter, sie unterliegt den Risiken des »neuen Gottes Markt«. Zwar geht es unserem Land und der Wirtschaft inzwischen gut, die Chancen privater Alterssicherung sind jedoch schlecht für die jungen Leute. Arbeitsplätze in Betrieben, Personal in öffentlichen Verwaltungen wurden abgebaut, Arbeit wurde in zunehmendem Umfang auf Zeit, Leihbasis oder in Unterfirmen vergeben. Es entstand enorme Arbeitsverdichtung, Anforderungen und Stress in der Arbeitswelt nahmen deutlich zu. Wer einen Arbeitsplatz hatte, setzte alles daran, ihn auch zu behalten. Die zuvor gekannte soziale Sicherheit wurde erschüttert. Verschärfter Konkurrenzkampf um existenzsichernde Arbeit war die Folge, in der viele Menschen auf der Strecke blieben. Die Angst, abgehängt zu werden, in die totale Abhängigkeit und Kontrolle des Staates zu geraten (Hartz IV), breitete sich aus und wurde Motor des Konkurrenzkampfes.

Diese Entwicklung fordert ihren Tribut. Das zeigte sich in der öffentlichen Diskussion zum Thema »Burnout-Syndrom«, viel ernster jedoch in der steigenden Zunahme von Krankheitstagen aus psychischen Gründen. Depressive Erkrankungen liegen seit Jahren an der Spitze. Laut Zahlen des Bundesarbeitsministeriums (dpa-Meldung in der MAZ, 02.05.2012) haben sich die jährlichen AU-Tage aus psychischen Gründen von 2002 bis 2010 auf 53,5 Millionen verdoppelt. Ihr Anteil an allen Fehltagen aus Krankheitsgründen stieg um das Doppelte auf 13,1 Prozent. Nach neuen Angaben der TKK vom Januar 2015 geht inzwischen jeder fünfte Arbeitsunfähigkeitstag (20%) in unserem Lande zulasten depressiver Erkrankungen. Besonders viele Fehltage haben laut Arbeitsministerium Beschäftigte im Sozial-, Erziehungs- und Gesundheitsbereich.

Als Ursachen nennt das Ministerium:
➢ Beschleunigung der Arbeitsprozesse,
➢ steigende Anforderungen und Eigenverantwortung,
➢ berufliche Unsicherheit,
➢ höhere Mobilitätsanforderungen,
➢ immer instabilere soziale Beziehungen infolge häufiger Berufs- und Ortswechsel,
➢ wachsende Konkurrenz am Arbeitsplatz.

Auch die Zunahme des »Arbeitsplatzdopings« wegen Stress, Überlastung und hohen Leistungsdrucks mit Medikamenten, vor allem bei unsicherem Arbeitsplatz, spricht eine deutliche Sprache. Verbesserungen der Leistungsfähigkeit sind davon nicht zu erwarten, wie Felix Hasler, Hirnforscher, in seinem Buch *Neuro-*

*mythologie* nachweist. Bei den Frühverrentungen liegen psychische Erkrankungen inzwischen bei 40 Prozent, so Prof. Herzog, Sprecher der leitenden Hochschullehrer für psychosomatische Medizin, 2012 in Gießen.

In alldem drückt sich ein wachsendes Maß direkter sozialer, gesundheitlicher und wirtschaftlicher Kosten der Forderungen nach Mobilität und Flexibilität in den letzten 20 Jahren aus (Sennett, 1998).

Schauen wir mit diesem Wissen auf die Lebenswelten Familie und Schule. Es geht um Menschen, Lehrer sowie Eltern und Kinder, die von den Auswirkungen dieses sozialen Klimas betroffen sind, denen Vertrauen in diese Gesellschaft und ihre Institutionen abhanden kommt. Was vielleicht noch schwerer wiegt: Auch das Vertrauen in die Fähigkeiten und die innere Zuversicht, aus eigener Kraft das Leben meistern zu können, schwindet. Kann da die notwendige Aufmerksamkeit und Atmosphäre für das entstehen, was einer guten Entwicklung von Kindern und Jugendlichen förderlich ist, zum Beispiel Zeit und Raum für eine tragende Beziehung (sichere Bindung), die die Kinder in ihrer Entwicklung begleitet und unterstützt. Stattdessen dürfte die eigene Bedrängnis dazu beitragen, dass Eltern ihre Kinder tendenziell so behandeln, wie sie es selbst in der eigenen Arbeitswelt erleben, und sie zu mehr Leistung antreiben in der sicher wohlmeinenden, aber oft verzweifelten Hoffnung, damit die Grundlage zu einer guten und sicheren beruflichen Karriere legen zu können. Oder sie machen es sich in Helikopter-Eltern-Manier zum Projekt, die Entwicklung des oftmals einzigen Kindes mit ständiger Überwachung, Unterstützung und Beförderung unbeabsichtigt zu sabotieren.

Der Optimierungsdruck hat Erziehung, Kita, Kindergarten, Schule und Universität, befördert durch den »PISA-Schock« im Jahr 2000, längst erreicht und Spuren hinterlassen. So manche Eltern mühen sich, so vieles so früh und so schnell wie möglich zur optimalen Zeit in ihre Kinder hineinzufüttern, als seien die kleinen und größeren Kinder eine Ansammlung von Gehirnzellen (Hardware), die mit optimaler Software und neuronalen Verknüpfungen auszustatten sei. Das Motto ist dabei die Optimierung von »Bildungsprozessen«, beschränkt auf Lern- und Wissensaspekte. Kritik daran kam von vielen Seiten (z. B. Spitzer, Hüther, Kraus). Es gebe viel Hin und Her, keine klare Orientierung und Verlässlichkeit, eine einseitige Fokussierung auf bestimmte schulische Leistungen und die sträfliche Vernachlässigung der Entwicklung junger Menschen zu kreativen, sozial empfindenden Wesen zulasten ihrer Identitätsentwicklung. Da scheint ein alter Grundsatz *Mens sana in corpore sano* gründlich vergessen gegangen zu sein. In der Schule hat sich der zeitökonomische Grundsatz über weite Strecken durchgesetzt: G8 – Abitur in zwölf Jahren. Von Personen mit Einblick in die Szene ist zu erfahren: »Bei G8-Schülern treten psychosomatische Beschwerdebilder gehäuft auf. Lediglich diejenigen aus bildungsbürgerlichen Familien schaffen ihr Abitur ohne Nachhilfe«. Spitzer berichtet in einem Beitrag, dass das freiwillige soziale Engagement Jugendlicher im G8 gegenüber Jugendlichen im neunjährigen Gymnasium (G9) aus Zeitmangel um 20 Prozent sank (2012, S. 111). Ist dies ein Fingerzeig, wohin die Reise unter solchen Bedingungen geht?!

## Schule und Familie in unserer heutigen Gesellschaft – Lehrer und Eltern in der Klemme

Der atemlose Takt unserer Zeit, der uns alle mit Bildern, Tönen und Informationen flutet, hat auch die Schule in Alltag und Curriculum erfasst. Allein das kann gewaltig irritieren und Probleme bereiten. Bedenklicher ist die Tatsache, dass für die sichere, emotionale Entwicklung und die Entwicklung des Selbst und der Selbstregulation strukturell kaum Zeit und Raum bleibt, weder in den Bildungseinrichtungen noch ausreichend in vielen Familien. So verwundert es nicht, dass Verhaltensprobleme zunehmen.

DeGrandpre (2002, S. 57f.) berichtet von amerikanischen Untersuchungen, die über einen Zeitraum von 13 Jahren einen signifikanten Anstieg von Problemen in der Schule beobachteten: »Konzentrationsmangel, soziales Fehlverhalten, Angst, Kriminaldelikte und Aggressivität« (ebd., S. 58). Im Spiegel amerikanischer Untersuchungen zur Familienforschung aus den 80er und 90er Jahren (ebd., S. 62ff.) sieht er durch die Beschleunigung der Gesellschaft mit ihren kulturellen Auswirkungen, Familie und Kinder in eine Krise geraten. Dies wird als »Kultur der Vernachlässigung« bezeichnet. Unter dem Primat von Flexibilität und Mobilität, die den Menschen ausschließlich unter dem Gesichtspunkt seiner Funktion für den Arbeitsprozess und als Konsument sieht, sind Familie, familiäres Leben sowie die Beziehungs- und Bildungskontinuität der Kinder in den Familien in den Hintergrund gedrängt worden. Arbeit und Wirtschaftswelt bestimmen den Takt für alle. Die Kernfamilie, wie wir sie aus der Nachkriegszeit kennen, stellt nicht mehr den Zufluchtsort/Schutzfilter für das Kind gegenüber dem Druck der Außenwelt dar. Eltern haben in Alltag und Arbeitswelt mit dem auf ihnen lastenden Druck zu kämpfen und sind offenbar nicht mehr in der Lage, den Schutzraum Familie für eine gute Entwicklung sicherzustellen. Verlässliche Elterlichkeit, und damit Geborgenheit für die Kinder, gehen ganz oder teilweise verloren.

Schaut man durch die Brille von Richters Konzept *Patient Familie* (Richter, 1972) auf heutige Familien, dann könnte man bei einem flüchtigen Blick und typisierend vereinfacht zu folgendem Eindruck kommen: Es gibt heute nicht mehr so häufig in enger Beziehung miteinander verbundene Familien, vielleicht eher in lockeren Verbund stehende erwachsene Elternfiguren und nicht volljährige Kinder, die unter einem Dach schlafen, die im Alltag nicht mehr so nah miteinander verbunden sind. Konfliktpunkt wären nicht hochemotional verwickelte Beziehungen bei engem Miteinander, sondern vielleicht das durchaus heftige Emotionen auslösende Problem, das einer oder mehrere an ihrem Platz, in ihren Aufgaben, innerhalb oder außerhalb der Familie nicht gut genug funktionieren, gar versagen.

Doch es geht um mehr, um Vorgänge, die Menschen in ihrer Existenz, ihrem Menschsein berühren. Oft wird über Werteverlust in unserer modernen Gesellschaft geklagt, aber kaum jemand merkt in dieser Debatte kritisch an, dass wir uns in unserem Wert als Menschen untereinander und in dieser Gesellschaft nicht mehr ernst genommen, im Gegenteil bedroht fühlen. Ob im Gesundheitswesen oder in der Arbeitswelt – es zählt nur noch, was ein Mensch in Euro/Dollar berechnet an Gewinn bringt. Leistung, Anstrengung, die erforderliche Kreativität oder die Möglichkeit zur Regeneration von Arbeitskraft und Reproduktion interessieren nicht.

Und doch streben wir Menschen wie eh und je nach Anerkennung und Sympathie von Mitmenschen. Ein starkes Selbstwertgefühl im eigenen So-Sein zu entwickeln, hängt sehr viel von unseren inneren seelischen Vorgängen, vom Spiegeln und Angenommen-Werden in den ersten Jahren unseres Lebens ab, also von unseren Erfahrungen als Kinder. Werden wir ausschließlich als Erbringer »erwarteter Leistungen« gesehen und positiv wahrgenommen, wird sich unser Selbstwertgefühl nur gebrochen entwickeln und auf Dauer davon abhängig bleiben, ob wir in den Augen anderer, in den Augen dieser Welt Gefallen finden. Bisweilen treibt dieses nie wirklich stillbare Bedürfnis nach Bestätigung, Aufmerksamkeit oder Bewunderung in der Öffentlichkeit seltsame Blüten, die sie alle aus öffentlichen Medien oder der Internet-Szenerie kennen. So kann sich keine gesunde, selbstsichere Persönlichkeit entwickeln. Auf dem Hintergrund der skizzierten gesellschaftlichen Entwicklungen und den davon geprägten Begegnungen und emotionalen Austauschprozessen in unseren Familien gehe ich von einem wachsenden Anteil Kinder und Erwachsener aus, die sich ihres Selbstwerts nicht mehr sicher sind, und von einem zunehmend im »Selbstwert bedrohten Familiengefühl«. Solche Familien dürften heute sehr verbreitet sein.

Die Kinder geraten in die Rolle, das von den Eltern nicht Erreichte stellvertretend zu schaffen, das Ideal-Selbst der Eltern zu realisieren, und werden damit überfordert. Die Schule wird unweigerlich in diese von den Beteiligten oft unerkannten Austauschprozesse eingebunden und so mitverantwortlich für das

»relative Versagen« von Kindern gemacht. Dort geht es dann um die Frage, wer die besseren Eltern sind, die leiblichen Eltern oder die Lehrer, aber doch mehr darum: Wer bekommt den »schwarzen Peter«, wer ist der Versager (neudeutsch: Loser)? Der kann/muss allen die unerträglichen Selbstzweifel und die Gefühle des Nichtgenügens angesichts der neuen gesellschaftlichen Leitideale abnehmen. Kritische Würdigung dessen, was realistisch und angemessen ist, hat da kaum Platz.

In diesem Klima stehen sich Eltern und Lehrer schnell feindselig gegenüber, machen Vorwürfe und verteidigen sich dagegen. Hintergrund beiderseits ist das Gefühl von Hilflosigkeit gegenüber den Problemen der Kinder, weil Zeit und Energie fehlt, viel Druck da ist und keine einfachen Lösungen vorhanden sind. So überfordern Eltern heute angesichts des Bedeutungsverlusts familiärer Sozialisation die Schule mit höheren, mit anderen Erwartungen. Sie fordern vor allem das, was sie selbst nicht mehr zu leisten im Stande sind. Lehrer erwarten angesichts dieser höheren elterlichen Anforderungen und ihrem eigenen Druck in der Schule von den Eltern mehr Erziehungsengagement bei ihren Kindern und unterstützende Mitarbeit für die schulischen und sozialen Belange. Beide Seiten erwarten das voneinander, was jeder als wichtig ansieht, aber keiner (allein) leisten kann – ein *klassisches Überlastungs-/Überforderungsdilemma auf Gegenseitigkeit*. Aus der Praxis der Familientherapie ist dieses Szenario wohlbekannt. Uneingestandene Überforderungsgefühle bei hohen Ansprüchen an sich selbst auf beiden Seiten machen leicht die Kinder zu den Leidtragenden, zu Verlierern der Gesamtmisere.

## Pathologisierung von Verhalten: hilfloser Ausweg angesichts überforderter Elterlichkeit?

Peter Möhring (2007, S. 44) geht in seinem Beitrag »Wie viel Familie braucht der Mensch?« davon aus, dass unter den Bedingungen der fleximobilen Gesellschaft der Anteil in der Bevölkerung mit Chancen auf eine zufriedenstellende Lebensperspektive sinkt. Er erwartet eine Zunahme psychosozialer Störungen. Aus der Arbeitswelt kennen wir die Zunahme von Arbeitsunfähigkeit aus psychischen Gründen, amerikanische und auch deutsche Untersuchungen verweisen auf den Anstieg von Verhaltensproblemen bei Kindern und Jugendlichen in der Schule. Die Historikerin Anna Sauerbrey diskutiert in einem Artikel des Tagesspiegel (2012) die Themen Krankheit und Leiden in ihrer Funktion für unsere moderne Gesellschaft. Das »Burn-out-Syndrom ist die ehrenvolle Kriegsverletzung der

Angestelltengesellschaft«, so Sauerbrey. »Der Grat zwischen dem Erkennen eines gesellschaftlichen Problems und der Pathologisierung normaler Zustände, das zeigt auch die Debatte ... um die Aufmerksamkeitsdefizitstörung« ist sehr schmal. Sauerbrey hält den Fortschritt medizinisch-psychologischer Methoden für einen wichtigen Motor unserer Fantasien, totale Kontrolle über den eigenen Körper erlangen zu können und somit alles machbar erscheinen zu lassen. Die sich aktuell entwickelnden Möglichkeiten der Selbstoptimierung über »Apps«, zum Beispiel Schrittzähler, laufende Puls- und Blutdruckmessung, geben solchem Ansinnen weitere Nahrung. Kranken- und Lebensversicherungen wittern darin ihr nächstes Geschäft.

## »Diktatur der Software«

Das Empfinden von »Normalität« verengt sich zu einem schmalen Grat. Wenn wir, wie es scheint, so unbegrenzte Möglichkeiten haben, wird so Manches zur Krankheit, was originär zum menschlichen Dasein gehört, aber »wegmanipuliert« werden könnte. Ein aktuelles Beispiel ist die American Psychiatric Association, die inzwischen die »Trauer nach dem Tod eines Angehörigen über zwei Wochen hinaus« für ein bedenkliches Anzeichen einer depressiven Störung hält, die es zu behandeln gilt. Diese Auffassung wird Einzug erhalten in unser europäisches Diagnoseschema. Zuvor galt eine Frist von zwei Monaten, sie löste die ursprüngliche Jahresfrist ab. Können wir uns normale menschliche Trauer, die selbstverständlich unsere Befindlichkeit beeinträchtigt, unsere Funktionsfähigkeit nach außen einschränkt, nicht mehr leisten? Oder sind da noch ganz andere Interessen am Werk? Ich selbst habe in den letzten Jahren (2013/2014) eine Zunahme von Behandlungsanfragen in der psychiatrischen Ambulanz (meinem Arbeitsplatz) wegen Trauerreaktionen wenige Wochen oder Monate nach dem Tod eines Angehörigen registriert. Spielt sich Vergleichbares in der Lebenswelt der Kinder und Jugendlichen in Familie und Schule ab? Die »Entdeckung« bzw. »Erfindung« von Krankheiten geht weiter. Laut Arzneimittelreport der Barmer GEK von 2013 hat der Anteil antipsychotisch wirkender Medikamente in den Verordnungen für Kinder und Jugendliche seit 2005 um 41 Prozent zugenommen. Bei internationalen Tagungen ist zu erfahren, dass in den USA die Diagnose »autistische Störung« und »bipolare Störung« bei Kindern und Jugendlichen seit kurzer Zeit enorm zugenommen habe. Ein Kollege aus Hamburg, Chefarzt einer Klinik für Kinder- und Jugendpsychiatrie, bestätigte mir in einem Gespräch im vergangenen Jahr diesen Trend, den er mit keiner klinischen Erfahrung seines Berufslebens in Einklang bringen konnte. In den ersten Jahren meiner Berufstätigkeit habe ich in einer Beratungsstelle mit Familien und Kindern therapeutisch gearbeitet, die wegen Leistungsproblemen in der Schule, Verhaltensauffälligkeiten, Konzentrationsproblemen oder psychosomatischen Beschwerden durch Hausarzt oder Schulpsychologen vorgestellt wurden. Schon damals kam es ab und zu vor, dass Familien eine Behandlung abbrachen, denen eine Ritalin-Behandlung angeboten wurde. Etwa ab den 90er Jahren fiel mir dann in der Ausbildung von Familientherapeuten und in meiner Tätigkeit als Psychiatriekoordinator eines hessischen Landkreises auf, dass kinder- und jugendpsychiatrische Ambulanzen und niedergelassene Fachärzte zunehmend bei Problemen in Anspruch genommen wurden, mit denen man sich zuvor an Erziehungsberatungsstellen gewandt hatte – also an Einrichtungen auch mit spezieller pädagogischer Kompetenz, die ab den 80er Jahren zunehmend über psychotherapeutische Kompetenz verfügten. Hier verschob sich über die Nachfrage die Zuständigkeit für psychosoziale Problemlagen bei Kindern und Jugendlichen in den Bereich medizinischer Versorgung, also in einen Bereich der Gesellschaft hinein, der sich qua definitionem mit Krankheiten und ihrer medikamentösen Behandlung beschäftigt – ein Vorgang, der verblüffende Parallelen zum Thema »Trauer« aufweist, die aus der traditionellen Zuständigkeit der Seelsorge in die der Psychotherapie/Psychiatrie zu wandern scheint. Die Beratungsstellen sind nicht überflüssig oder arbeitslos geworden. Sie haben Verstärkung bekommen durch niedergelassene Kinder- und Jugendlichen-Psychotherapeuten und psychiatrische Institutsambulanzen. Alle miteinander haben, so kenne ich das aus verschiedenen Bundesländern, hohen Andrang und lange Wartezeiten. Die entscheidende Frage ist, wie und in welcher Rolle sie gebraucht werden. Wir haben es ganz offensichtlich mit einem Trend zur Pathologisierung im weiten und engeren Sinn in unterscheidbaren Schritten mit teilweise problematischen Folgen zu tun. Wenn die Spannweite von Normalität enger wird, kann so manches Ereignis, so manches Verhalten zum Problem werden, das mal als normal gegolten hat. In einem weiteren Schritt werden aus Problemen Krankheiten, bei denen von der Medizin Antworten erwartet werden, die häufig mit Medikamenten kombiniert sind. Ein Trend zur Medizinalisierung von psychosozialen Problemlagen beim Menschen ist unverkennbar. Ob rein medizinisch geprägte Antworten auf die darin enthaltenen inneren Nöte und Botschaften den Menschen gerecht werden können, bezweifle ich. Denn damit ist in der Regel auch eine Individualisierung des Problems verbunden, der soziale Hintergrund wird leichter verkannt. Schauen wir nochmals auf die eingangs erwähnte kulturtheoretische Hypothese zu ADHS. Neraal und Wildermuth (2008, S. 10) gehen von verschlüsselten Botschaften in den Verhaltensstörungen der betroffenen Kinder aus. Gemeinsam mit anderen Autoren untersuchen sie diese Störungen unter entwicklungspsychologischen, beziehungsdynamischen, transgenerationalen und soziodynamischen Gesichtspunkten. In den zahlreich präsentierten Kasuistiken finden sich bekannte entwicklungs-psychologisch-beziehungsdynamische Konflikt- und Problemlagen. Ein verengter Blick nur auf das gestörte, oder präziser, das störende Verhalten des Kindes (Symptom) in Schule und Familie sowie bei der Diagnostik und Behandlung ohne die Frage nach Ursachen und enthaltenen Botschaften im Verhalten unserer Kinder macht sie zu Verlierern der beschriebenen, gesellschaftlichen Entwicklungen, gefährdet ihre Zukunft und unsere gleich mit. Eine ausschließlich medikamentöse Behandlung lässt sie allein mit ihren Problemen.

Türcke sagt dazu:

»Zu wissen, das eigene Kind ist krank: das entlastet gelegentlich von unerträglichem seelischen Druck, gelegentlich aber auch von Verantwortung. Man muss nicht länger fragen, ob das Maß an Aufmerksamkeit und Fürsorge, das man seinem Kind angedeihen ließ, mit dessen Zustand irgendetwas zu tun hat; man überlässt es Fachleuten zur Behandlung« (Türcke, 2012, S. 36).

Das hilft beim Schutz vor Schuldgefühlen, die Eltern und Lehrer angesichts und trotz Überforderung heimsuchen.

Ziehen wir ein Fazit der skizzierten Entwicklung von Pathologisierung, so erfüllt sie mehrere Funktionen:
1. Sie ist Dienerin der Ökonomisierung, indem sie den Umsatz der Pharmaindustrie steigert. Dazu schreibt der international renommierte Psychiater Allen Frances (Frenkel & Randerath, 2015, S. 89): Die Pharmakonzerne haben begriffen: »Am besten verkauft man Pillen, indem man Krankheiten verkauft«! Dazu muss aus bestimmtem menschlichen Verhalten und Erleben nach gesellschaftlicher Definition *(im Wege der Pathologisierung)* Krankheit werden. Ähnlich äußerte sich 2009 der »wissenschaftliche Vater« von ADHS, der amerikanische Psychiater Leon Eisenberg (ebd., S. 129).
2. Das spielt dem Bedürfnis nach Verantwortungsdelegation an andere (an die Medizin) in die Hände, nach möglichst störungsfreiem, scheinbar maximal optimiertem Funktionieren aller Lebensvorgänge, und nimmt die problematischen Nebenwirkungen und Schädigungen auf Kosten der Kinder und all derer in Kauf, die in diesem Wettlauf auf der Strecke bleiben.

3. Dies ist die Kehrseite der neuen Kulturreligion Ökonomisierung im Verein mit Beschleunigung, Optimierung und Perfektionierung, sie erklärt deren Opfer zu Kranken und hilft so, die wohl bei jedem aufkommenden Zweifel, eigenen Überforderungsgefühle und vielleicht Schuldgefühle den Kindern gegenüber zu beruhigen.

Klar geworden ist: Probleme zu »Krankheiten« zu erklären, ist kein gangbarer Weg im Interesse von Kindern, Eltern, Schule, psychosozialen und medizinischen Einrichtungen und der Gesellschaft. Es ist offensichtlich, dass keine Seite allein in der Lage ist, dem Dilemma zu begegnen. Die Unkultur der oft feindseligen Konfrontation zwischen Eltern und Lehrern (Schule) wird in eine Kultur des konstruktiven Dialogs verwandelt werden müssen. Aus meiner Sicht liegt die einzige Chance in der Begegnung und Bündelung der Kräfte – bei den gegenseitigen Vorwurfshaltungen jedoch nicht einfach. Hier sehe ich eine entscheidende Herausforderung an die Familien- und Sozialtherapie. Mit dem Blick für die relevanten sozialen Beziehungen und Faktoren könnte sie eine konstruktive Rolle als Übersetzer, Vermittler und Katalysator eines Netzes »elterlich verantwortlicher Erwachsenen« spielen, sie bei dem Versuch unterstützen, Verantwortung gemeinsam wahrzunehmen. Die Zusammenarbeit von Lehrern, psychosozialen Helfern, Therapeuten und Laien in Einzelfällen und in gemeinsamen Projekten wie zum Beispiel »Arbeitsgemeinschaften gegen Gewalt« (therapeutische, psychosoziale Einrichtungen, Schule, Polizei), Programme wie »Faustlos« oder Senioren (meist Großeltern) als Mediatoren in der Schule (SIS) kann für bestimmte Problemlagen übergreifend Verantwortung/Patenschaft übernehmen, kann das Vakuum an allgemeiner, konstruktiver Fürsorge ausgleichen helfen und den Überforderungen entgegenwirken.

## Wie können wir, wie kann Schule, wie kann Familie den beschriebenen Entwicklungen mit ihren destruktiven Wirkungen zum eigenen und zum Wohle der Kinder begegnen?

Alle zitierten Autoren, die sich mit der Thematik auseinandersetzen, machen Vorschläge zur Abhilfe. So schlägt Türcke mit leichtem, selbstironischem Augenzwinkern hinsichtlich der Realisierungsmöglichkeiten das Unterrichtsfach »Ritualkunde« vor. Es liegt ihm an Beruhigung innerer Vorgänge, an Tempo-Herausnehmen, an Muße. Frenkel und Randerath schlagen in ihrem Buch ein ergänzendes Unterrichtsfach vor, »Verantwortung übernehmen lernen«, »aus Erfahrung lernen« und »Eigeninitiative entwickeln dürfen ohne den permanenten Schutzschirm Erwachsener«. Sie berufen sich auf besondere gruppenpädagogische Projekte im Raum Schule an der »Evangelischen Schule Berlin Zentrum«. Dort gibt es ab der achten Jahrgangsstufe ein Schulfach namens »Herausforderung«. Die Schüler bekommen drei Wochen Schulzeit »geschenkt« und suchen sich persönliche Herausforderungen aus, die sie bewältigen wollen (z. B. Radeln, Paddeln, Pilgern, Bio-Bauernhof, Kloster). Die erinnern oft in ihrer Form und Ausgestaltung an Unternehmungen, die noch vor 40 bis 50 Jahren bei Pfadfindern und ähnlichen Jugendgruppen gang und gäbe waren, zum Beispiel eine dreiwöchige Wanderung von Kiel nach Dagebüll. Die Direktorin der Schule bezeichnet dieses Schulfach als »Katastrophenprogramm« gegenüber dem von zu Hause gewohnten behüteten und verplanten Alltag. Ich kann mir lebhaft vorstellen, dass die Einführung dieses Schulfachs an dieser Berliner Schule von heftigen Auseinandersetzungen zwischen Schule, Lehrern und Eltern begleitet war und möglicherweise als *ultima ratio* erschien.

In den letzten zwei bis drei Jahren habe ich viele Berichte über einschlägige Projekte von und an Schulen studiert und schöpfe meine Überlegungen aus Erfahrungen familien- und sozialtherapeutischer Praxis. Allgemein kann man großen Trends nur mit Verbündeten beggnen. Wie aber können aus »Lieblings- oder Erzfeinden« dieser Szenerie, aus »Konkurrenten« im Wettlauf um das Beste für die Kinder, aus Lehrern und Eltern Verbündete werden und wie können sie am Ende noch auf Entlastung hoffen? Das klingt nach Quadratur des Kreises und die ist es, wenn beide Seiten darauf beharren, dass sie im Besitz der Wahrheit, auf dem richtigen Weg sind. Das kennen wir aus Glaubenskriegen. Mich erinnert es jedoch auch an eine zentrale Erfahrung (als Familientherapeut) mit Paaren oder Familien, in denen die Frage, es »besser zu wissen« oder »besser zu sein als der Partner«, zu einer Frage des gefühlten seelischen Überlebens geworden ist, auf diese Weise zu einem unendlichen Clinch des bedrohten eigenen Selbstwertgefühls führte, das immer an die Entwertung des anderen gebunden ist.

Wo genau liegt nun das Problem?

Josef Kraus stellt in seinem Buch die »Helikoptereltern« den »Null-Bock-Eltern« gegenüber, die ihm übrigens die meisten Sorgen machen. Wir kommen auf sie zurück. Die ersteren schätzt er auf 20 bis 30 Prozent, sie beanspruchen Zeit, Energie und Nerven von Kindergärten, Jugendarbeit und Lehrern zu etwa 70 bis 80 Prozent. Analysen oder Untersuchungen aus der anderen Sicht, dass Lehrer zum Beispiel die Eltern Nerven kosten, sind mir nicht bekannt. Da gibt es eher Entwürfe, wie ein Lehrer, wie Schule überhaupt und wie Unterricht sein sollte.

Die Hattie-Studie (Bildungsforschung im angelsächsischen Raum) ist ein solcher Beitrag mit Aktualität. Sie bestätigt ein altes Wort als Triebfeder allen Lernens: »Aus Fehlern wird man klug/lernt man«, ist also ein Plädoyer dafür, das Nicht-Funktionieren als kreativen Teil des Lebens und Lernens zuzulassen, weil ohne ihn konstruktive Entwicklung nicht möglich ist. Und genau das scheint in unserer nach Perfektion strebenden Welt unvorstellbar geworden, verloren gegangen zu sein. Den Lehrer rückt der neuseeländische Bildungsforscher John Hattie übrigens als »Regisseur des Lernprozesses« wieder ins Zentrum allen Redens über Schule.

Im Leben eines jeden Menschen, ob jung oder alt, führen sehr vielfältige Lern- und Entwicklungsprozesse dazu, dass er zu dem wird, was er gerade ist. Längst nicht alle dieser Prozesse zielen auf den Erwerb oder richtigen Umgang mit Kulturtechniken, Rechenoperationen, Fremdsprachen oder – in heutiger Zeit – weniger fassbaren digitalen Prozessen ab. Die Hattie-Studie verweist auch klar auf die Bedeutung zwischenmenschlicher Beziehung. Hinzu kommt: Familie lebt heute nicht mehr generationsübergreifend zusammen, verfügt nicht mehr über einen so großen Schatz von »Lebenserfahrungswissen« oder »Haltungen zum Leben mit seinen existenziellen Ereignissen«. Sie hat nicht mehr so reiche Ressourcen in unmittelbarer Nähe greifbar. Das Internet wird diese Lücke nicht ausfüllen können, da es nicht um anonymes Wissen, sondern um *erfahrenes, vertrauenswürdiges Wissen* geht. Das lässt Verunsicherung wachsen und muss auf neue Weise ausgeglichen werden.

Beeindruckt hat mich in dieser Hinsicht die Haltung des Halterner Schuldirektors. Er setzte nach dem Flugzeugunglück in den französischen Alpen im März 2015 in seiner Schule für einige Tage den Unterricht aus und erklärte die Schule für Familien und Schüler zum Raum der Begegnung. Natürlich war das eine Ausnahmesituation. Doch setzte er damit ein deutliches Zeichen, dass Schule ein Raum für Begegnung und Gemeinsamkeit auch im normalen Leben sein kann, für Trauer, Freude oder andere Lebensereignisse jenseits von schulischer Leistung, Erfolg oder Misserfolg. Er hat gespürt und respektiert, dass ein gemeinsamer Raum für die direkt und indirekt betroffenen Menschen nötig war. Ein Beispiel dafür, was Schule und Familie heute voneinander brauchen: aufeinander schauen, sich zuhören, Empathie, Respekt, gegenseitiges Vertrauen entwickeln, das Gemeinsame in den Blick nehmen trotz aller Konflikte, die das mit sich bringt. Es gilt, eine Haltung zu entwickeln, die fähig ist zu verstehen: Der andere sieht sich ähnlichem Druck, gleichen Schwierigkeiten und Problemen gegenüber. Das lässt ein Gefühl von Solidarität zu. Auch jenseits von Katastrophen braucht es einen Raum menschlicher Begegnung, gemeinsamer Kultur von Schule und Familie, der sich deutlich über den Tellerrand »Nürnberger Trichter« hinaus bewegt, auch wenn der in modernem, pädagogisch-didaktischem Gewand daherkommt.

## Worauf kommt es dabei an?

Lernen kann man in dieser Frage von der Entwicklung der einzig weiterführenden Schule im Ostseebad Göhren auf Rügen. Kurz vor ihrem Ableben durch Gebäudeverfall, schlechtes Image und Schülermangel gelang Schulleitung, Lehrern, Eltern und Schülern ein gemeinsamer Neuanfang, der von »inhaltlich neuen Konzepten, Qualitätsansprüchen und vor allem der Einbindung von Eltern und Schülern« getragen wurde und weiterhin wird. Struktur und Methodik des Unterrichts wurde nach gemeinsamen Diskussionen in eine Richtung verändert, die der Entschleunigung dient.

In Hessen haben wir neben den schon genannten schulbezogenen Projekten die sogenannte »Familienklasse« (bekannt unter anderem aus der Stadt Wetzlar). Sie versteht sich als präventives Projekt, als Hilfestellung für bestimmte Kinder im Grundschulalter und lebt von intensiver Zusammenarbeit zwischen der Schule, Lehrkräften, Trägern der Jugendhilfe, Familientherapie und Eltern im Klassenzimmer.

Darüber hinaus laufen Projektarten und Vorhaben wie die mit Förderrichtlinien seitens des Landes versehenen Familienzentren, die sich an Familien jeglicher Couleur wenden. Daneben gibt es die auf den Stadtteil bezogene Projektform »soziale Stadt«. Liest man in den Förderrichtlinien oder einzelnen Projektbeschreibungen, dann ist die Rede von

➢ Unterstützung, Beratung, Betreuung, Erziehung und Bildung für alle,
➢ Offenheit der Angebote,
➢ Orientierung an Bedarf und umgebenden Sozialraum,
➢ Zusammenarbeit und Abstimmung mit anderen sozialen Einrichtungen wie Kindergarten und Schule.

In einem Familienzentrum kann kulturelles Leben entstehen, an dem Schulen mitwirken und auch umgekehrt. So könnte bisher rein schulinternes, kulturelles Leben mit den im Familienzentrum agierenden Menschen, sicher auch mit den Eltern ihrer Schüler, gemeinsam stattfinden und dem Namen Zentrum seinen eigentlichen Sinn geben als soziales, kulturelles Zentrum in Verbindung mit dem Raum Schule. Es lebt vom *Geben und Nehmen*, denn keiner der Mitspieler kann

Erwartungen einer »Eierlegenden-Woll-Milch-Sau« erfüllen. Das haben bisher alle für sich allein vergeblich versucht. Dies wird die manchmal kreativen Lösungen im Wege stehende Konzentration auf die ausschließlich schulische Leistungs- und Wertthematik zwischen Lehrern und Eltern auflockern.

Mit einem so gearteten »Familien-Schule-Zentrum« oder »Kulturzentrum soziale Stadt« wird man auf Dauer auch Teile der »Null-Bock-Eltern« erreichen können. Diese Erfahrung habe ich zumindest in den 70er Jahren zusammen mit Horst-Eberhard Richter in der Gemeinwesenarbeit in Gießener Randsiedlungen machen können. Die damaligen Erfahrungen schimmern in den heutigen Förderrichtlinien der Familienzentren wieder auf.

Räume zur Begegnung brauchen Schule und Familie heute voneinander, bestenfalls auf neutralem Boden und eingebettet in eine gemeinsame Kultur des Alltags beispielsweise durch sportliche und musikalische Ereignisse oder Feste. Das Gefühl, selbst etwas bewirken, mitgestalten zu können, was dem eigenen Wohlbefinden dient, ist die Grundlage für ein gesundes Selbstwertgefühl – ein Gefühl für den eigenen Wert, das sich nicht an der neuen, manchmal wahnhaft erscheinenden Norm selbstoptimierter körperlicher und kognitiver Fitness orientieren muss. Ariadne von Schirach nennt eine solche erforderliche Haltung in ihrem Buch *Für eine neue Lebenskunst* beim Namen. »Menschliche Werte müssen erzeugt, bewahrt und gesetzt werden ... durch den einfachen Weg, entsprechend zu handeln« (von Schirach, 2014).

Gegenseitige Unterstützung, Zuhören und Hilfe in Krisensituationen zu finden, wird nötig sein. Hierzu wird Beratungskompetenz erforderlich sein, die sich ein Familienzentrum zur Unterstützung holen kann. Das Verhältnis von öffentlicher und familiärer Erziehung/Bildung bedarf einer Neubestimmung. Die Verhältnisse und Auftragslagen haben sich seit Etablierung der allgemeinen Schulpflicht in der zweiten Hälfte des 20. Jahrhundert und dem Beginn des 21. Jahrhunderts gravierend verändert. Vor dem zweiten Weltkrieg war es zunächst ein Gegeneinander, heute ist es wieder über weite Strecken zu einem Gegeneinander geworden.

Der Ende 2011 verstorbene Prof. H.-E. Richter hat in Gießen die Familientherapie theoretisch und durch persönliches Engagement als eine Disziplin begründet, die das relevante Lebensumfeld von Menschen, im Kleinen wie im Großen, in die Sicht auf menschliche Erlebens- und Verhaltensweisen und ihre Probleme hineinnimmt und daran ihre Handlungsweise orientiert. Diese Sicht und Praxis hat in der Region eine Tradition begründet und dürfte ein gutes Umfeld sein für die Möglichkeiten konstruktiver Begegnung zwischen Schule und Familie.

Uns gegenseitig für krank, unmöglich, unfähig zu erklären, blockiert Entwicklung. Betroffen vom gleichen Druck, der uns allen zusetzt, sich wechselseitig die Verantwortung für die Folgen zuzuschieben, bringt nicht weiter. *Miteinander Verantwortung übernehmen* ist die Antwort auf die Frage: »Was brauchen Familie und Schule heute voneinander?« Ein Armutszeugnis wäre es, wenn dies an der Frage scheitert, wer auf den anderen zugeht.

Schon Albert Einstein kannte die verhängnisvolle Seite an unser aller Bedürfnis nach Messen, Zählen und Besser-Sein als alle anderen: »Nicht alles, was zählt, kann gezählt werden, und nicht alles, was gezählt werden kann, zählt«.

## Literatur

DeGrandpre, R. (2002). *Die Ritalin-Gesellschaft*. Weinheim/Basel: Beltz.
dpa (2012). Ausfall wegen psychischer Belastung. *Märkische Allgemeine Zeitung*, 02.05.2012.
Ellesat, P. (2004). Die Funktion von Ritalin in der Kind-Eltern-Therapeut-Beziehung. *Psychoanalytische Familientherapie, 5*(9), 89–102.
Frenkel, B. & Randerath, A. (2015). *Die Kinder Krank Macher. Zwischen Leistungsdruck und Perfektion – Das Geschäft mit unseren Kindern*. Freiburg im Breisgau: Herder.
Hasler, F. (2012). *Neuromythologie*. Bielefeld: transcript Verlag.
Heltzel, R. (2012). Die Ökonomisierung psychosozialer Arbeit und ihre Folgen. In W. Weigand, *Philosophie und Handwerkszeug der Supervision*. Gießen: Psychosozial-Verlag.
Kister, C. (2008). *Sehnsucht nach Bullerbü*. München/Wien: Thiele Verlag.
Kleinschnittger, J. (2006). Die soziale Dimension in der Psychotherapie. *Psychoanalytische Familientherapie, 7*(12), 77–95.
Maaz, H.-J. (2012). *Die narzisstische Gesellschaft*. München: C.H. Beck.
Möhring, P. (2007). Wie viel Familie braucht der Mensch? *Psychoanalytische Familientherapie, 8*(15), 39–50.
Neckel, S. & Wagner, G. (Hrsg.). (2013). *Leistung und Erschöpfung. Burnout in der Wettbewerbsgesellschaft*. Berlin: Suhrkamp.
Neraal, T. & Wildermuth, M. (Hrsg.). (2008). *ADHS*. Gießen: Psychosozial-Verlag.
Richter, H.-E. (1972). *Patient Familie*. Reinbek: Rowohlt Verlag.
Richter, H.-E. (1979). Unveröffentlichtes Manuskript.
Sauerbrey, A. (2012). Der Puls der Zeit. *Tagesspiegel, 21*(298), 08.04.2012.
von Schirach, A. (2014). *Du sollst nicht funktionieren. Für eine neue Lebenskunst*. Stuttgart: Cotta'sche Buchhandlung.
Seifert-Karb, I. (2008). Die überförderte Familie ... wenn Pisa in die Wiege schaut. *Psychoanalytische Familientherapie, 9*(1), 3–26.
Sennett, R. (1998). *Der flexible Mensch. Die Kultur des neuen Kapitalismus*. Berlin: Berlin Verlag.
Spitzer, M. (2012). Bildung ohne System. *Nervenheilkunde, 3*(31), 107–113.
Thielemann, U. (2004). Integrative Wirtschaftsethik als Reflexionsbemühung im Zeitalter der

Ökonomisierung. In D. Mieth & O.J. Schumann (Hrsg.), *Reflexionsfelder integrativer Wirtschaftsethik.* Tübingen/Basel: A. Francke Verlag.

Türcke, C. (2012). *Hyperaktiv! Kritik der Aufmerksamkeitsdefizitkultur.* München: C.H. Beck.

Ulrich, P. (2004). Sich im ethisch-politisch-ökonomischen Denken orientieren – Der St. Galler Ansatz der integrativen Wirtschaftsethik. In D. Mieth & O.J. Schumann (Hrsg.), *Reflexionsfelder integrativer Wirtschaftsethik.* Tübingen/Basel: A. Francke Verlag.

Voß, G. & Pongratz, H.J. (1998). Der Arbeitskraftunternehmer. Eine neue Grundform der »Ware Arbeitskraft«? *Kölner Zeitschrift für Soziologie und Sozialpsychologie, 50*(1), 131–158.

# Was brauchen Jungen?

## Lebens- und Bedürfnislagen von Jungen heute

*Reinhard Winter*

»Leben lernen« bedeutet für Jungen neben dem allgemein Menschlichen in einer zweiten Dimension auch etwas Spezielles: nämlich dabei auch noch männlich zu sein und Mann zu werden. Aus diesem Grund ist es sinnvoll, das Leben-Lernen zumindest partiell auch mit geschlechtlichen Perspektiven zu verbinden.

Geschlechtlichsein zu lernen als ein Aspekt des Leben-Lernens klingt zunächst positiv oder zumindest neutral. Auffällig ist nun, dass dies in Bezug auf das Männliche gar nicht so ist. Denn meistens, wenn Jungen zum Thema werden, überwiegt die Problemperspektive: Von Männlichkeitsbildern über die Lesekompetenz bis zu Schulabschlüssen, vom Erziehungsärger über den Medienkonsum bis zu Kriminalität, Gewalt, übergriffiger Sexualität oder riskanten Verhaltensweisen – das Männliche scheint stets an ein Problem gekettet zu sein.

Selbstverständlich erreicht dieser beschränkte Blickwinkel auch Jungen. Gleichzeitig umgeben sie die »klassischen« Männlichkeitsbotschaften der Stärke und Grandiosität. Wie soll das zueinanderpassen? Bereits vor dem Hintergrund dieser Spannung gesehen ist es kein Wunder, dass männlich zu sein für viele Jungen keine einfache Aufgabe ist. Jungen darin zu unterstützen, ist Aufgabe aller Erziehenden. Sie benötigen dafür – von Zeit zu Zeit aktualisiert – fachliche Informationen, um ihre Haltung und ihr Handeln entsprechend auszurichten.

Mit dem Ziel, mehr Verständnis für Jungen zu erreichen und sie auch fachlich besser zu versorgen, möchte ich zu einem Streifzug durch Schlüssel- und Bruchstellen des Jungenlebens einladen, an denen auch entscheidende Chancen für die Unterstützung von Jungen erkennbar werden.

Reinhard Winter

## Was ist ein Junge?

Unter »Jungen« verstehen wir allgemein Menschen (Gattung), die sich in Kindheit oder Jugend befinden (Lebensphase) und die dem männlichen Geschlecht angehören. Nach einer pragmatischen »Cisgender«-Definition (Sigusch, 2013, S. 244) handelt es sich dabei um Jungen, wenn männliches Körpergeschlecht, psychisches Geschlecht (Identität) und soziales Geschlecht übereinstimmen. Weil weder das körperliche noch das soziale oder psychische Geschlecht eindeutig auf signifikante Faktoren (etwa genetisch XY oder sozial ein dauerhaft dominantes Verhalten) reduzierbar sind, braucht es darin eine Relativierung. Für den Alltagsgebrauch genügt also eine relativ hohe und sichere Übereinstimmung von körperlichem, psychischem und sozialem männlichen Geschlecht.

Das Jungesein ist vielschichtig angelegt, wird von vielen Seiten geprägt oder beeinflusst; es hängt von zahlreichen Faktoren ab, wie es sich letztlich ausformt. Jungen unterscheiden sich etwa in ihrem Charakter oder Temperament, nach ihrer familiären Herkunft, Schicht und Lebenslage, in ihren sexuellen Orientierungen, in ethnischen, nationalen oder religiösen Bezügen usw. So scheint es nicht sehr sinnvoll, über »die« Jungen zu sprechen, also Jungen zu homogenisieren. Homogenisierung verstärkt stereotype Sichtweisen und auch die Orientierung der Jungen an scheinbar gleichem Männlichsein untereinander. Dass es zum Beispiel Jungen gibt, denen es in der Schule gut geht, oder solche, die teils sehr gute Leistungen bringen, wird durch die pauschale Sichtweise, durch die Dramatisierung der Jungenthematik genauso verdeckt wie die Tatsache, dass es ein großes Mittelfeld gibt, bei dem Leistungen und Verhalten zum Beispiel mal konform, dann wieder unangepasst sein können.

Erziehung und Pädagogik können aber nicht nur das Individuelle beachten, sondern nehmen auch gruppenbezogene Perspektiven ein, etwa nach Interessenslagen, Altersphasen, Leistungsständen – und oft eben auch nach Geschlechtern. Neben ihrer Individualität ist es in jeder Lebenswelt bei den allermeisten Kindern und Jugendlichen ja ohne Weiteres möglich, sie in ihrem Geschlecht zu identifizieren. Trotz aller Unterschiedlichkeit gibt es auch Jungen verbindende Aspekte, die Tendenzen und Häufungen markieren.

So lässt sich erkennen, dass Jungen doch auch eine Gruppe darstellen und darin wieder Untergruppen bilden, die als solche gesehen werden wollen und müssen. Für solche Häufungen im Geschlechtlichen sind drei Einflussfelder verantwortlich:

➢ Sie sind körperlich angelegt oder inspiriert (Maccoby, 2000; Bischof-Köhler, 2011), wobei das Körperliche wechselwirksam verknüpft mit Ge-

schlechterbildern und der Individualität bzw. der geschlechtlichen Identität ist (Schmitz, 2009);
➤ sie werden über frühe Bindungen, Prägungen und soziale Erfahrungen psychisch verankert, sind dadurch im individuellen Selbstverständnis repräsentiert (Dammasch, 2009; Chodorow, 1985);
➤ sie hängen mit Geschlechterbildern und -erwartungen zusammen, bei Jungen insbesondere mit Vorstellungen über das Männliche und konkreten Männlichkeitsbildern (Böhnisch, 2013; Gilmore, 1991).

Das Männliche des Jungen speist sich aus diesen drei Quellen. Innerhalb dieser Einflüsse zeigen sich teils enorme Unterschiede. Ein hoher Testosteronspiegel zum Beispiel kann bei einem Jungen zum Kampfinteresse führen, weshalb er gerne rauft und später eine Sportlerkarriere anstrebt, während ein anderer körperliche Impulse besänftigt und sich zur Leseratte, zum Künstler oder zum Musiker entwickelt; auch kann der soziale Auftrag, männlich zu sein, in verschiedenen sozialen Milieus unterschiedlich, ja sogar widersprüchlich gestellt werden usw.

Das Ergebnis sind Bandbreiten und Variationen des Männlichen. Innerhalb davon finden sich aber durchaus Themen und Aspekte, welche die Jungen »als Jungen« verbinden, Fragestellungen, die von Jungen geklärt werden wollen und müssen. Wie dies geschieht, ist wiederum höchst unterschiedlich, manchen gelingt dies besser und sozialverträglich, anderen weniger. Auch hier löst letztlich wieder der subjektive Blick auf einzelne Jungen das Problem, ohne dabei zu verschweigen, dass es eben einzelne Jungen (und nicht Mädchen, nicht Männer) sind, die betrachtet werden.

### Häufungen und Tendenzen

Bei aller Vielfalt finden sich an vielen Stellen Häufungen und Tendenzen, wenn wir Jungen betrachten oder wenn Geschlechtergruppen verglichen werden. Im Geschlechtlichen – körperlich, psychisch, sozial – liegt die Erklärung dafür, warum dies so ist. Tendenziell stehen Jungen beispielsweise untereinander oft über Konkurrenz in Beziehung. Zudem sind viele Jungen an Statusthemen interessiert, also an Fragen der eigenen Positionierung in ihrer Geschlechtergruppe. Auch ihre Handlungsorientierung, die Lust am Tun und ihr oft erhöhtes Aktivitätslevel fallen auf. Mit intimen Face-to-Face-Beziehungen tun sich Jungen bisweilen schwer, sie sind ambivalent oder beziehungskritisch und fühlen sich im Modus der Aufgabenbeziehung wohler. Und im Allgemeinen setzen sich Jungen mit sozialen Themen der

Männlichkeit auseinander und sind daran interessiert. Häufig gilt: Bei jedem einzelnen Jungen könnte es zwar auch anders sein, aber die Wahrscheinlichkeit, dass das Thema etwas mit ihm zu tun hat, ist deshalb relativ hoch, weil er ein Junge ist.

Strukturell werden Jungen in den Erziehungsinstitutionen eher weniger mit erwachsenen Fachkräften ihres eigenen Geschlechts versorgt. Vielen Jungen fehlen in ihrer Kindheit und Jugend vielseitige Erfahrungen mit realen Männern: Männer, die mit ihnen in Beziehung treten, die interessant sind, die sich für Jungen interessieren und die als lebendige Männer als Modell für Rollenfacetten des Männlichen herhalten können. Ohne die Erfahrung solcher »wichtiger« Männer in der eigenen Biografie ist es für Jungen noch schwieriger, ihr Männlichsein auf eine sozial verträgliche und im Alltag tragende Weise zu entwickeln.

Die Kunst, mit solchen Tendenzen umzugehen, besteht darin, eine offene Wahrnehmung zu haben und Geschlecht nicht ständig zuzuschreiben: »*Alle* Jungen sind *immer* so!«. Das ist falsch und vermittelt im Gegenzug ein normatives »Jungen *sollen* auch so sein!« Diese einengende Geschlechterperspektive ist schädlich; es geht um die offene Wahrnehmung: *Wie* ist *der* Junge männlich, mit dem ich es gerade zu tun habe? In der pädagogischen Arbeit mit Jungen müssen diese widersprüchlichen Strebungen integriert werden: Das Geschlechtliche von Jungen sollte weder dramatisiert noch bagatellisiert werden.

## Männlichsein lernen

Beim Entfalten und Aneignen ihres Männlichseins befinden sich Jungen in einer eigentümlichen Situation. Sie versuchen, den gesellschaftlichen Auftrag, »Geschlecht zu sein«, zu erfüllen. Aber qualifizierte Unterstützung erhalten sie dabei kaum. Eltern sind oft selbst irritiert und sehnen sich nach Orientierung in Geschlechterdingen, nach eindeutigen Antworten auf die Frage, wie mit den Männlichkeitsexperimenten ihrer Söhne umzugehen sei. Erzieherinnen und (die wenigen) Erzieher, Lehrerinnen und (die wenigen) Lehrer tun sich oft ebenfalls schwer. Sie orientieren sich gerne an den oft pflegeleichteren Mädchen und fragen sich, wieso Jungen nicht genau so sind. Den Gefallen können ihnen Jungen nicht tun. Sie sollen ja männlich sein und das heißt oft: gerade anders als Mädchen.

Der Strukturwandel der Arbeitsgesellschaft hat traditionelle Männlichkeitsbilder aufgeweicht, teils aufgelöst, aber auch erweitert. So sollen Männer zum Beispiel für die Arbeitswelt den – extremer werdenden – traditionellen Idealen genügen: volle Konzentration auf die Berufsarbeit, Durchsetzungsfähigkeit, Flexibilität, Einordnung in Abläufe und Positionen, volle Verfügbarkeit, unbedingte

Erfolgsorientierung usw. Gleichzeitig bzw. zusätzlich werden ihnen familiäre, freizeit-, beziehungs- und hausarbeitsbezogene Ideale präsentiert, Erwartungen von kommunikativen, harmonisierenden und männlichkeitskritischen Verhaltensmustern propagiert.

Jenseits von solchen Idealen gibt es in der individualisierten und pluralisierten Moderne generell größere Gestaltungsspielräume, der Korridor des legitimen Männlichen ist breiter geworden. Reduzierte und primitive Männlichkeitsvorstellungen sind in dieser Wirklichkeit zwar überholt. Sie werden aber auch heute noch vor allem in kommerziellen Medien gerne aufgewärmt und ständig präsentiert. Und seit einiger Zeit präsentiert die Spielzeug- und Unterhaltungsindustrie wieder forciert Geschlechterstereotype, womit sie homogenisierende und einengende Vorstellungen über Geschlechter reproduziert und formt.

## Do it yourself-Männlichsein

Diesen Männlichkeitsbildern sind Jungen nach wie vor ausgesetzt, sie müssen sich damit auseinandersetzen, sich arrangieren, positionieren, abgrenzen, unterwerfen – keine einfache Entwicklungsaufgabe, die Jungen hier zu bewältigen haben, meist ohne Unterstützung zu erhalten. Denn viele Fachkräfte versuchen, das Geschlecht mit der Idee zu unterschlagen, »alle gleich zu behandeln«, was aber einer empirischen Überprüfung nicht standhält.

Wenn überhaupt, dann kümmert sich der Mainstream der fachlichen Auseinandersetzung mit Männlichkeiten nicht um diese Herausforderungen und um die entsprechenden Bedürfnisse von Jungen. Stattdessen kreist er um ebenso schlichte Modelle des Männlichen, wie sie auch der Kommerz anbietet, nur mit anderen, nämlich negativen Vorzeichen. Das gängige Konzept einer »hegemonialen« Männlichkeit (Connell, 1999) definiert das Männliche als eine primitive Angelegenheit von Dominanz- und Unterordnung.

Auch das Habituskonzept orientiert sich an einem recht einfachen Verständnis des männlichen Geschlechts. Es ist wohl kein Zufall, dass Bourdieu (2005) seine Idee der »männlichen Herrschaft« aus Beschreibungen der kabylischen Kultur hergeleitet hat (eine in Algerien lebende Fraktion der Berber). Entsprechend reduziert oder eben primitiv bleiben die Erträge. Wissenschaftlich und soziologisch selbstverständlich bedeutsam sind sie von geschlechtlichen Wirklichkeiten in der Moderne weit entfernt und helfen im Übrigen Jungen in der Bewältigung ihrer Männlichkeitsthemen nichts.

Die Reduktion von Männlichkeit auf die eine Figur der Hierarchiebildung (hegemoniale Männlichkeit, männlicher Habitus) spiegelt stets nur *einen* möglichen Ausschnitt wider. Männlichkeit ausschließlich damit zu untersuchen und zu interpretieren, geht an der Wirklichkeit vorbei, in der Jungen leben. Dennoch werden viele fachliche Diskurse über Männlichkeit fast ausschließlich unter diesen Vorzeichen geführt. Darin liegt der Grund, weshalb Männlichsein nur von ihren problematischen Seiten und Aspekten her gesehen werden kann.

Das geschieht selbstverständlich nicht ganz ohne Grund: Männlichkeitsbilder können ja durchaus negative Auswirkungen zeigen. Das zeigt sich an Studien in diesem Tenor, die quasi tautologisch nachweisen, dass alles Männliche schlecht ist, weil das Männliche schlecht ist (z. B. Budde, 2014). Unterschlagen wird in dieser Perspektive jedoch, dass auch Männliches positiv, stärkend, sozial erwünscht und tragfähig sein kann. So gibt es heute wahrscheinlich nur Weniges, das weiter auseinanderliegt als soziologische Diskurse über Männlichkeiten und das Alltagsverständnis von Menschen über das Männliche.

Konstruktivistische Analysen sind gewiss wichtig (gewesen), sie haben jedoch zwei gravierende Mängel: Mit ihnen kann Männliches nur kritisch, defizitär, negativ gesehen werden, sie tragen gleichsam zu einem quasi kriminalisierten Geschlechterverständnis bei (wo es dann typischerweise auch »komplizenhafte« Männlichkeit gibt). Vor allem für Jungen, aber auch für Menschen, die mit ihnen arbeiten, ist es wenig hilfreich, wenn stets nur der problematische Pol des Männlichen im Vordergrund steht. Jungen werden mit ihrem Auftrag, männlich zu werden, weitgehend alleine gelassen. Sie entwickeln ihr Männlichsein nach dem »Do it yourself-Prinzip« und orientieren sich nicht zuletzt deshalb stark an Gleichaltrigen.

Vom defizitären Ansatz her muss zwangsläufig versucht werden, Jungen ihre Deutungshoheit über Fragen der eigenen Geschlechtlichkeit zu entziehen: Die eigene Interpretation ihrer geschlechtlichen Lebenswelt ist nicht ihnen überlassen, sondern der Definition des Männlichen als negativ, schädlich, problematisch (z. B. Krabel & Schädler, 2001). Für professionelle Arbeit bedeutet dies Beziehungsstörung und Ausagieren von Dominanz, aber kein Angebot von Substanz, die Jungen wirklich nützt. Einer so orientierten, männlichkeitskritischen Position fällt dann meist auch nicht viel mehr ein als Demontage und Sensibilisierung. Für Erziehung genügt das nicht, und damit ist auch keine Pädagogik zu machen.

### Männliche Zugehörigkeit

Soziale Konstruktionen sind ein wesentlicher Teil kultureller Kompetenz und ermöglichen die Zugehörigkeit zu sozialen Gruppen. Sie sind identitätsstiftend und damit – auch für das Geschlechtlichsein – funktional. Gerade in Tendenzen zur Hyperindividualisierung können Gruppen ein Gegengewicht bieten, wenn sie pädagogisch fachkompetent verwendet werden (vgl. Winter & Krohe-Amann, 2016). Die Gruppe kann Jungen von ihrem narzisstischen oder egozentrischen Ross holen und eine wechselseitige Abhängigkeit vermitteln, auch innerhalb der Geschlechtergruppe: Wir sind auch in unserem Männlichsein angewiesen auf andere Jungen und Männer. Die Gruppe der Jungen macht das Angewiesensein auf andere Menschen genauso erfahrbar wie die Notwendigkeit, einen Beitrag für die Gemeinschaft zu leisten.

Die Cisgender-Perspektive geschlechtlicher Mehrheiten stellt eine sinnvolle Existenzweise dar und ist ein tragender Aspekt der Zugehörigkeit, um sich zu einem der beiden traditionellen Mehrheitsgeschlechter zugehörig zu fühlen und damit nicht zu hadern, seine Geschlechtlichkeit konfliktarm im Rahmen von Normalitäten zu gestalten. Zugehörigkeit zum Männlichen ist kein Makel, sondern funktional.

Sicher dürfen andere Geschlechtlichkeiten nicht abgewertet oder diskriminiert werden, brauchen Räume und Legitimitäten zur Gestaltung ihres Geschlechtlichseins; sie müssen aber auch nicht bevormundet werden. Selbstverständlich ist auch Männlichkeitskritik vonnöten, besonders dort, wo Menschen unter traditionellen oder einengenden Bildern von Männlichkeit in ihren Optionen oder Potenzialen beschränkt werden oder wo solche Bilder zu sozial unverträglichen Verhaltensweisen führen. Auch dort, wo sich »neue alte« Idealisierungen einschleichen, sind kritische Positionen unverzichtbar, etwa das Bild der durchgängig wilden, ungestümen, kämpferischen Jungen, die in Kindertageserziehung und Schule stets ausgebremst würden. Nur genügt es nicht, sich darauf zu beschränken.

In aller Regel wollen und müssen Jungen männlich sein. Für ihre Entwicklung des Männlichen sind positive Aspekte bedeutsam, also Antworten auf die Frage: Wie kann »Männlichsein« gelingen? Und hier brauchen Jungen auch Orientierungen und Beschreibungen des Gelingens. Erziehung und Pädagogik benötigen Zielperspektiven und nicht die bloße Idee, negative Auswüchse des Männlichen einzudämmen. Denn einerseits ist der gesellschaftliche Auftrag an Jungen nach wie vor eindeutig und folgt der Leitidee: »Geschlechter sind außerordentlich wichtig – Du gehörst zum männlichen, sei also männlich«. Aber andererseits erhalten Jungen aus der intentionalen Erziehung nur wenig Substanzielles. Die Leerstelle wird vom Kommerz gefüllt. Hier bekommen Jungen komprimierte und reduzierte Informationen zuhauf. In den entsprechenden, auf die männlichen Zielgruppen zugeschnittenen Medien und Filmen, in der Werbung und in Spielzeugwelten ist das Männliche gut vertreten. Der Kommerz macht Angebote, die deshalb bei Jungen so gewichtig werden, weil sie sich in einem Vakuum befinden und von Erwachsenen nicht mit positiven, tragfähigen Bildern des Männlichen versorgt werden (vgl. dazu Winter, 2011, S. 131ff.).

Intentionale Erziehung, Pädagogik und soziale Arbeit müssen auch für geschlechtlich eingefärbte Lern- und Bewältigungsinteressen von Jungen Lösungen oder zumindest Zwischenlösungen anbieten können. In Verbindung mit Lernen und Entwicklung genügt es nicht, einen Aspekt von Männlichkeit unablässig zu kritisieren, weil eine übermäßig »männlichkeitskritische« Haltung den Wunsch nach einer Depotenzierung von Jungen beinhaltet oder zumindest von Jungen so verstanden wird.

Angemessener scheint es, Männlichkeitskonzepte zu ergänzen, wo sie lückenhaft bleiben, sie zu erweitern, wo sie beschränkt sind und Jungen einengen, und notwendige, positiv tragfähige Vorstellungen des Männlichen zu fassen oder zu entwickeln (vgl. Winter, 2004). Weil davon jenseits von kommerziellen Welten nur wenig angeboten wird, bleiben Jungen unversorgt. Jungen werden keine oder nur beschränkte Perspektiven aufgezeigt. Wenn sich einige von ihnen vor allem an kommerziellen Männlichkeitsbildern orientieren, muss dies als Reaktion auf eine unbefriedigende Haltung von Erwachsenen gewertet werden. Dass viele Jungen dementsprechend reduzierte Bilder des Männlichen widerspiegeln, scheint fast unumgänglich.

In unübersichtlich gewordenen Geschlechterwelten brauchen die im Allgemeinen lern- und entwicklungswilligen Jungen Unterstützung und Orientierung – tatsächlich auch Anregungen für ihre geschlechtliche Bildung, um sich in der Vielfalt der Geschlechterwelten zurechtzufinden. Diese Lernwünsche beziehen sich nicht auf die Abstürze, Dramen und Notlagen männlicher Geschlechtlichkeit, die Erwachsene ständig im Blick haben, sondern auf normal zu Bewältigendes, in den Lebenswelten Anzueignendes. Männlichsein in diesem Bereich ist etwas Positives und (auch) Leichtes, wenn es von allgegenwärtigen Problemfixierungen befreit wird. Entgegen der deutschen Schwere in Geschlechterdingen kann dann mit dem Männlichen durchaus leichtfüßiger umgegangen werden.

## Körper

Jungen bringen nicht nur sozialkulturelle Prägungen, sondern auch psychodynamische Entwicklungen und biologische Aspekte in ihr Jungesein ein. Was sozialwissenschaftlich betrachtet meist unterschlagen (oder mühsam zu negieren versucht) wird, sind die »Wechselwirkungen biologischer, psycho-sozialer und kultureller Aspekte« (Schmitz, 2009, S. 15). Impulse aus der Körperlichkeit treten ebenso in eine Wechselwirkung mit psychosozialen und sozialkulturellen Wirkungen, wie dies auch umgekehrt der Fall ist. Körperliche Bedingungen und Impulse werden kulturell überformt, also zum Beispiel durch das Übernehmen von Normen und Werten. »Der ›biologische‹ Körper ist zwar konstruiert, aber dennoch nicht passives Einschreibungsprodukt, nicht Endprodukt diskursiver Akte, sondern er ist aktiv beteiligt an allen Entwicklungsprozessen« (ebd., S. 31).

Entgegen diesem Befund wird »Wechselwirkung« fachlich oft eher als Einbahnstraße interpretiert. Akzeptiert ist, dass soziale Faktoren auf den Körper wirken: Körperbilder von Sportlern animieren Jungen dazu, ihre Muskeln aufzubauen oder entsprechende Substanzen zu konsumieren. Aber umgekehrt wirkt auch der Körper auf das soziale Leben. Es mag nicht sehr viel und die Wirkung begrenzt sein, dennoch gibt es den »irreduziblen Sexualrest« (Sigusch, 2013, S. 191), einen körperlichen Boden als »sexogenetischen Kern«, und Ereignisse, die mit dem »Körpergeschlecht unlösbar verbunden« sind, »schlagen sich in Körper und Seele nieder« (ebd., S. 543).

Das Männliche eines Jungen ist auch ein körperliches Merkmal. Das Geschlecht ist im Körper von der ersten Zellteilung an verankert. Als kulturelle und soziale Wesen stellt sich bei Menschen immer die Frage nach der Bedeutung des Körperlichen oder nach dem Spannungsverhältnis zwischen Natur und Kultur. Männlichsein ist keine von der Natur getrennte »kulturelle Erfindung«. Wer nur soziale Einflüsse und psychische Konstellationen betrachtet, unterschlägt die Ergebnisse der Hormon- und Hirnforschung. Und wer sich nur für das Wirken der Hormone interessiert, erklärt noch lange nicht, warum Jungen bei Beleidigungen mit Testosteron überschwemmt werden.

## Bedeutsame Jungenkörper

Der Körper gibt im Alltag als eindeutiges Merkmal schon seit Jahrtausenden den Ausschlag bei der Geschlechterfrage: Jungen werden durch den Penis als Junge identifiziert. Der Körper mit seinen Merkmalen und Fähigkeiten ist das einzige scheinbar »harte« Kriterium, an dem das Männliche festgemacht werden kann. Ab der Geburt ist nicht mehr zweifelsfrei zu belegen, was vom Jungesein körperlich angelegt, also wirklich vererbt, und was durch den Umgang mit dem Jungen »als Junge« beeinflusst ist. Denn sofort reagiert die Umwelt auf den Penis. Mutter, Vater, Geschwister, Großeltern, Verwandte, Nachbarn, Freunde – alle wollen wissen, was es »geworden« ist und meinen damit: Ist es ein Junge oder ein Mädchen. Dieses Körpermerkmal ist sozial bedeutsam, allein in Verbindung mit der Frage, was man zur Geburt schenkt. Es sind anfangs nur Feinheiten im Umgang, aber sie wirken auch auf den Kleinen »als Körper«. Was wir an Jungen und später Männern als Geschlecht wahrnehmen, ist ein Filz aus Körperlichem, das in die Welt agiert, aus Sozialem, das mit dem Jungen als Körper umgeht, und dem, wie der Körper auf die Welt reagiert. Ob das mehr angeboren oder mehr umweltbedingt ist, ist die falsche Frage.

Testosteron ist derzeit vor allem eine Substanz, mit der fragwürdige Behauptungen zu Geschlechterfragen scheinbar wissenschaftlich belegt werden können. Bedeutungen werden deshalb in das Hormon hineinfantasiert, weil es doch erhebliche Wesensunterschiede der Geschlechter geben muss. In früheren Zeiten wurde dieser Sinn vom Penis abgeleitet, heute muss das Testosteron herhalten. Die meisten dieser Behauptungen sind zwar falsch, durch häufige Wiederholung in den Medien gelten sie aber oft als Wahrheit. Bewiesen wurde, dass Testosteron eine psychisch aktive Substanz ist: Sie wirkt allein schon dadurch, dass an die Wirkung des Stoffs geglaubt wird.

Tendenziell unterschiedlich gewichtete körperliche Impulse können aber auch ursächlich für das Aktivitätslevel, für Status- und Positionsinteressen (vgl. Bischof-Köhler, 2011, S. 280ff.) wie auch für Risikointeressen (vgl. ebd., S. 300) (mit)verantwortlich gemacht werden: Die Freude am Risikoverhalten (s. u.), die Suche nach dem Kick wird offenbar durch einen hohen Testosteronspiegel (vgl. Limbourg & Reiter, 2010, S. 210) in Verbindung mit Dopaminen inspiriert (vgl. Strauch, 2004, S. 98, S. 149f.). Umgekehrt wird die Ausschüttung des Testosterons durch Umweltfaktoren beeinflusst. Konkurrenz, Aggression oder Konflikte erhöhen die Testosteronausschüttung (vgl. Bischof-Köhler, 2011, S. 302ff.). Das starke Interesse vieler Jungen am »rough and tumble play« (Hines, 2004, S. 17) oder ihr in der Tendenz stärkeres regelüberschreitendes (anomisches) Verhalten kann ebenfalls körperlich inspiriert sein, auch wenn Jungen »als Körper« selbstverständlich nicht mechanisch oder automatisch funktionieren. Die Präferenz für männliche Spielgefährten und für wildere Spiele wird durch die positive Erregung beeinflusst, in die Jungen durch solche Anforderungen versetzt werden (vgl. Maccoby, 2000, S. 148).

Solche körperlichen Bedingungen und Bedürfnisse auszublenden, verhindert es, Jungen in ihrem Geschlechtlichsein verstehen zu können. Entsprechend unpassend sind pädagogische oder Beziehungsangebote, die den Körper von Jungen auch als etwas Besonderes nicht ausreichend berücksichtigen. Jungen erfahren und bewältigen dies als partielle Verdeckung ihrer geschlechtlichen Körperlichkeit.

## Eingeschliffene Körperlichkeit

Körperliche Impulse werden im biografischen Verlauf integriert, was bleibt, ist das Gelernte, bei Jungen zum Beispiel: wild sein, rumtoben, erforschen, Neues entdecken, Risiken eingehen, Raufen, Konkurrieren – das alles kann Spaß machen, es kann Begeisterung wecken und Erfolg zeigen, weil es Anerkennung auf Leistung und Können bringt und damit im Nebeneffekt den Status festigt. Solche Erscheinungen und Effekte sind jedoch immer das Ergebnis eines Zusammenspiels. Testosteron bewirkt Muskelaufbau, Aktivitätsniveau und Statuswünsche. Damit geschieht etwas, das sich durch die Erfahrung »einschleift«: In einer sozialen Umwelt, die stark aggressiv, hierarchisch und statusbezogen organisiert ist, werden diese Eigenschaften anders aufgenommen als in einer eher egalitären und entspannten Atmosphäre. Und gleichermaßen kann ein Junge je nach sozialer Umwelt mit diesen Eigenschaften auch mehr anfangen, er kann Nutzen daraus ziehen oder eben nicht.

Der Jungenkörper hat in den vergangenen Jahrzehnten noch in einer weiteren Weise an Bedeutung gewonnen. In Zeiten extremer Individualisierung steigt auch bei Jungen die Tendenz zur Selbstinszenierung. Die mediale Kommerzialisierung der Lebenswelten fördert einen Modus des ständigen Gender-Castings, der zunehmend auch für Jungen gilt: Stelle Dich »männlich« dar, sei der bessere Mann – kompetenter, stärker, durchaus auch schöner im Sinne von kräftig, gestählt, trainiert usw.

Jenseits solcher demonstrativen Männlichkeitskörper-Klischees, die Kraft und Ästhetik nach außen demonstrieren, ist die reflektierte Erfahrung als männlicher Körper dagegen nur schwach entwickelt. Speziell männliches Körpererleben oder Handlungsimpulse bewusst zu reflektieren, wird Jungen kaum nahegelegt. Erwachsene bevorzugen, diese Facette des Männlichen zu unterschlagen. Weil und wenn Jungen darauf aus der Erwachsenenwelt keine Resonanz bekommen, unterdrücken sie männlich-körperliche Potenziale sowie auch schwierige Erfahrungen mit ihrem Körper wie Krankheit, Überforderung, Versagen.

So kann heute bei Jungen eine eigenartige Verdeckung von Teilen ihres Geschlechts-Körperlichen ausgemacht werden. In der Arbeit mit älteren Jungen ist erkennbar, wie begierig sie sind, etwas über ihren Urogenitalbereich zu erfahren, wie wenig sie darüber wissen, weil es ihnen nicht nahegebracht wurde (dagegen können viele den Ovarialzyklus auswendig aufsagen). Mir fällt auch in Seminaren mit Studierenden immer wieder auf, wie selbstverständlich junge Frauen ihre reproduktiven Fähigkeiten – Schwangerschaft, Geburt, Stillen – als gewichtiges Element ihres Weiblichseins thematisieren und wie wenig junge Männer bei exakt derselben Fragestellung auf die Idee kommen, dass sie zeugen, dass sie Vater werden und daraus einen Gewinn für ihr Männlichsein ziehen könnten.

## Männermangel

In kaum einer Diskussion zu Jungenfragen wird auf den Hinweis verzichtet, dass Jungen insbesondere in der früheren institutionellen Erziehung zu wenige Männer zur Verfügung stünden. Als meist erster öffentlich-institutionalisierter Ort der Bildung haben Kindertageserziehung und Grundschule auch einen geschlechterbezogenen Auftrag. Das Bildungssetting hat dabei für Kinder auch eine symbolische Bedeutung. Es repräsentiert als kontinuierliche und lang andauernde Erfahrung eine Art Prototyp in Bezug auf geschlechtsbezogene Arbeitsteilung, gleichsam eine (öffentliche) Geschlechterordnung der Welt.

Jungen bilden sich schon sehr früh in Geschlechterdingen. Sie nehmen Vorstellungen, Informationen und auch Strukturen auf. Nun sind im direkten Umfeld, im konkreten Leben kleinerer Jungen präsente Männer meistens Mangelware, vor allem im Vergleich zur großen Zahl von Frauen. Auch wenn Jungen durch Frauen gut versorgt werden, ihnen fehlen damit lebendige Gegenstücke zu den idealisierten, fiktiven Bildern des Männlichen. Mädchen haben es hier besser. Sie sind zwar auch idealisierten Geschlechterbildern ausgesetzt, weil es aber viel mehr reale Frauen in ihrem Umfeld gibt, können sie die Sache gelassener angehen. Sie erleben und sehen, dass keine Frau auch nur annähernd den gesellschaftlichen Idealisierungen entspricht (etwa was Schönheit, Nettsein, Aufopferung, Mütterlichkeit angeht).

Jungen dagegen bleiben mit den Idealisierungen alleingelassen. Sie haben weniger Möglichkeiten, hoch gesteckte Bilder mit wirklichen Männern zu vergleichen, sie zu prüfen und dabei zu erkennen: So wichtig scheint es nicht zu sein, dem Ideal zu entsprechen. Jungen fehlt also das relativierende Gegengewicht zu den Männlichkeitsidealen in Form von persönlichen Beziehungen zu lebendigen Männern. Dafür benötigen sie Männer »in echt«, und das heißt physisch und mental präsent. Erzieher und Lehrer können fehlende Männer in anderen Alltagswelten von Jungen, insbesondere in der Familie, nicht ersetzen (schon gar nicht solche aus Trennungsfamilien ohne väterliche Alltagserfahrung), aber Defizite teilweise kompensieren: Sie ermöglichen, dass Jungen nahe Erfahrungen mit Männern machen.

Diese Erfahrungen mit realen Männern sind gerade auch dann nicht zu unterschätzen, wenn Jungen dabei feststellen, dass Männer und Frauen in vielem gar nicht so verschieden sind. Denn auch das Nicht-Unterscheiden ist eine elementare Erfahrung, welche die Vorstellung von Geschlechtlichkeiten prägt. Sie vermittelt letztlich die Freiheit, sich auch im Geschlechtlichen individuell zu entwickeln (»werde der Junge/Mann, der du bist«). Das Fehlen der Männer in kindlichen Lebenswelten schafft und unterstreicht erst Unterschiede; nichtanwesende Männer lassen die Fantasien über Unterschiedlichkeiten ins Kraut schießen. Bilder, Vorstellungen, wie »die« Männer sind, werden dann vor allem unter Jungen jenseits von realen Erfahrungen kommuniziert, bestätigt und verfestigt. Also brauchen Jungen in der Kindertageserziehung (Kindergarten, Hort, Krippe usw.) und Grundschule Männer, weil sie dadurch feststellen können, wie Männer wirklich sind: nämlich manchmal (z. B. körperlich) unterschiedlich, aber in sehr vielem gar nicht so verschieden von Frauen.

Das Wissen von Jungen über das Männliche könnte sich dann mehr auf Erfahrungen stützen und nicht nur auf mediale oder fantasierte Bilder. Die Präsenz von Männern verhindert so die Differenzkonstruktion der Geschlechter. Männer in Schule und Kita wirken dabei letztlich immer auch als eine geschlechterpolitische Markierung. Dementsprechend brauchen Jungen Männer, um es zu erfahren, um es tatsächlich zu erleben, dass Männer und Frauen gleichberechtigt sind und aus diesem Grund eben nicht in getrennten Welten leben. Genderbezogene Reflexionen und eine hohe praktische Genderqualität als Grundlage für die professionelle Arbeit (vgl. Wahlström, 2013) sind deshalb elementar, um solche Bildungseffekte nicht zu beschädigen.

Jungen scheinen Männer aber noch aus einem anderen Grund zu brauchen, der die Beziehung zwischen Mann und Junge qualifiziert. Männer können ihnen aus ihrem Geschlechtlichsein heraus Resonanz, also Antworten auf Bedürfnisse geben; darüber kann sich eine besondere Beziehungsqualität einstellen. Offenbar kann an manchen (!) Stellen ein männlicher Pädagoge aus dem geschlechtlich Gleichen heraus Jungen verstehen und sich in emotionale Befindlichkeiten einfühlen (vgl. Brandes et al., 2015, S. 25ff.), in biografische Themen, in die Bewältigungsversuche der Jungen. Aus beidem, aus dem Verstehen und Einfühlen heraus, spiegelt er die Jungen, er »schwingt« mit ihnen und sie erhalten männliche Resonanz, aus der der Pädagoge den Erfahrungs- und Reflexionshintergrund für Jungen beantworten und erweitern kann.

Diese mögliche Qualität macht es erforderlich, dass die Fähigkeit zur geschlechterbezogenen Reflektion, das bewusste Geschlechtsein ein wichtiges Element der Professionalität der Erzieher darstellt. Darüber können Jungen erfahren, wie Männlichsein mit Wertschätzung und Anerkennung möglich ist. Sie können Männliches erleben, das ohne Hierarchie und Abwertung auskommt und sich aus der Persönlichkeit speist. Umgekehrt kann Jungen von unreflektierten Männern durchaus das Falsche vermittelt werden, was sie in der Bewältigung ihres Männlichseins beeinträchtigt. An traditionellen, beschränkten Männlichkeiten orientierte und unreflektierte Männer können Jungen schaden, wenn überholte Männlichkeitsbilder weitergegeben werden (etwa wenn vermittelt wird, das Männliche ließe sich über riskanten Aktionismus, Dominanz oder Abwertung herstellen und bestätigen).

Wegen der Vielfalt des Männlichen kann ein einzelner Mann in Kindergarten oder Grundschule kaum genügen; er wird eher als Ausnahmeerscheinung wahrgenommen, gilt als der »Sondermann« in der Einrichtung und droht, die Regel zu bestätigen, dass Männer dort eigentlich nicht hingehören. Deshalb braucht es fachlich mehrere Männer in der Kindertageserziehung (wobei meistens ein Mann immer noch besser ist als keiner).

Dieser Anspruch der Vielfalt gilt selbstverständlich genauso für Erzieherinnen. Bemerkenswert bei der »Männer für Jungen in Kitas und Schule«-Diskussion ist ja, dass das Geschlecht der Frauen kaum erwähnt wird. Das Jammern über die geringe Zahl von Männern übertönt die Frage danach, welche Qualitäten Erzieherinnen und Lehrerinnen »als Frauen« den Jungen bieten (und den Mädchen ebenso). So wird die Vielfalt auch bei Frauen benötigt: also zum Beispiel die Erzieherin, die gerne wild tobt oder die auf die Frage nach ihrer Familie gelassen antworten kann, dass sie mit einer Frau verheiratet ist. Geschlecht ist immer eine relationale Kategorie. Sich nur mit dem einen zu befassen, greift zu kurz.

## Impulskontrolle

Sich selbst regulieren, sich und seine Impulse kontrollieren zu können, ist eine bedeutende Fähigkeit, bei der Jungen im Durchschnitt als weniger weit entwickelt gelten. Bei der Impulskontrolle oder Selbstregulation geht es darum, sich selbst einstellen zu können, sich im Griff zu haben – aber auch bewusst zu entscheiden, wann und wie reagiert wird, etwa nach dem Motto: »Wann ich mich provozieren lasse, bestimme immer noch ich«.

Mit der Impulskontrolle gelingt es Menschen, nicht einfach loszulegen und jeden Einfall zu agieren, nicht zu reagieren oder auch Angriffe abperlen zu lassen, den anderen zu ignorieren, wenn der Anlass nicht so bedeutsam ist, aber auch nach einer Erregung oder Aufregung sich wieder beruhigen, »runterkommen« zu können. Die Fähigkeit dazu müssen alle Kinder erwerben. Jungen sind im Durchschnitt häufiger ungehalten, unruhig oder wirken ungeduldig. Die Hirnforschung erklärt dies mit der Entwicklung der »Inhibition«, der Fähigkeit, Handlungsimpulse zu bremsen, zu hemmen. Es wird in der Reifung nicht nur Neues gelernt, sondern auch, etwas zu unterdrücken oder zu verlangsamen, zum Beispiel den Impuls, einfach loszureden, rauszurufen, den Sitznachbarn zu piksen oder jemanden anzurempeln.

Diese Kontrolle entwickelt sich bei Jungen langsamer als bei Mädchen. Jungen verfügen im Durchschnitt gegenüber Mädchen über eine geringere Fähigkeit, ihre Impulse zu inhibieren (im Sinne von hemmen, verhindern; vgl. Hyde, 2005), Kompetenzen, die in der Schule und fürs Lernen nützlich sind (vgl. Hattie, 2014, S. 91). Jungen sind hier reifungsbedingt gegenüber Mädchen etwas benachteiligt. Das wäre an sich nicht so schlimm: Dann sind sie etwas später dran und lernen es nicht mit vier, sondern erst mit fünf Jahren. Problematisch wird die Sache häufig dadurch, dass impulsives Verhalten mit Bildern des Männlichen verknüpft wird: Ein Junge, der laut rumbrüllt oder sich vehement durchsetzt, gilt eher als »lebendig«, »vital«, eben als »männlich«, und bekommt darauf, wenn auch nur subtil, Anerkennung, wenn Eltern hier nicht klar positioniert sind. Und nicht wenige Eltern wirken hier tatsächlich gespalten. Ihnen gefällt einerseits die Impulsivität, andererseits lehnen sie sie ab, weil sie das soziale Leben stört.

Impulskontrolle ist ein Ausdruck innerer Stärke und Reife. Sie bezieht sich sowohl auf die Selbstkontrolle – damit ist das Verhalten gemeint, das sichtbar wird – als auch auf die geistigen Prozesse im Inneren. Dazu gehört, sich selbst und seine Bedürfnisse zu kennen, die Selbstwahrnehmung, durch die sich Jungen darüber bewusst werden, was in ihrem Inneren abläuft, wenn sie zum Beispiel merken, dass sie gerade ärgerlich, müde, traurig oder wütend werden. Zusätzlich braucht es die Fähigkeit zur Selbstreflexion, um über das Wahrgenommene nachzudenken: Warum bin ich ärgerlich, müde, traurig oder wütend geworden? Oder um zu überlegen, wie mit diesen Zuständen, mit dem Ärger oder der Müdigkeit am besten umgegangen wird. Zwischen Selbstwahrnehmung und Selbstreflexion liegt die Selbstregulation. Sie geht über die Selbstwahrnehmung hinaus, weil das Selbst den eigenen Zustand nicht nur wahrnimmt, sondern reguliert. Aber dafür muss nicht unbedingt eine bewusste Selbstreflexion betrieben werden. Manchmal regulieren wir uns ja intuitiv oder automatisch, beispielsweise indem wir tief durchatmen oder schnell an etwas anderes denken, um Traurigkeit oder Wut zu steuern – auch ganz ohne Selbstreflexion.

Eltern und andere Bezugspersonen sind für den Erwerb der Selbstregulation bedeutsam. Jungen imitieren ihre Eltern und lernen an Modellen, indem sie ihre Vorbilder beobachten – ganz entscheidend sind hier die Eltern und andere nahestehende Menschen im Umfeld des Jungen. Sind diese selbst unkontrolliert oder unbeherrscht (z. B. weil sie ständig unter Druck oder im Stress sind), fällt es Jungen viel schwerer, sich selbst kontrollieren zu lernen. Auch in ihren Krisen lernen sie vom Elternvorbild. Wenn Eltern nicht aus der Fassung geraten, wenn der Junge ausflippt, bieten sie ein passendes Gegenmodell für den Umgang mit überschäumenden Emotionen. Wenn der Junge wahrnimmt, wie andere sich selbst kontrollieren, fällt ihm das auch bei sich leichter. Das gilt allgemein: Für sein Männlichsein sind besonders die männlichen Vorbilder wichtig, also Vater, Brüder, Großvater.

Wichtig sind Eltern aber auch in ihrer Beziehung zum Jungen. Kleine Kinder benötigen Klarheit in der Haltung, und »klare Ansagen«, damit sie der Sache auf die Spur kommen können und wissen, wie ihr Verhalten wirkt. Eltern können Jungen entscheidend dabei helfen, Impulskontrolle zu erlernen, ihre Bedürfnisse für eine kurze Zeit aufzuschieben und zum Beispiel zu warten, bis sie an der Reihe sind oder bis Mutter und Vater Zeit haben, um sich mit ihnen zu beschäftigen: »Sei mal bitte etwas leiser«, »warte einen Augenblick, ich will noch fertig reden«, »nein, mach das nicht«. Damit üben Jungen die Fähigkeit zur Selbstkontrolle ein, verallgemeinern das Prinzip und können sich solche Sätze später selbst sagen. Ebenfalls von Bedeutung ist es, wenn Jungen lernen, über ihre eigenen Bedürfnisse, Gefühle oder über ihr Denken zu reden und darüber, was andere Menschen fühlen und denken. Damit werden sie fähig, sich in sich und andere einzufühlen, und innere Dialoge zu führen, die hilfreich sind, um sich kooperativ zu verhalten.

Umgekehrt können sich Muster als Erfolgsschleifen im Gedächtnis fest verankern, wenn Jungen immer wieder die Erfahrung machen, dass sie sich mit impulsivem Verhalten durchsetzen können, dass sie damit durchkommen. Und genau hier ergibt sich aus der männlichen Geschlechterzuschreibung ein Nachteil für die Jungen. Jedes Mal, wenn Mama oder Papa die Segel streichen, weil der kleine Mann so ein Theater macht, freut sich sein Belohnungssystem und bestätigt sein Verhalten. Auch wenn Eltern ambivalent sind – einerseits stört sie sein Verhalten, andererseits bewundern sie sein männliches Auftreten –, wird das zumindest als Teilerfolg verbucht. Unterm Strich wird Jungen in vielen kleinen Szenen die Möglichkeit genommen, zu lernen, seine Impulse zu kontrollieren.

Ein weiterer Faktor liegt darin, dass in vielen Familien schnelle Sättigung Vorrang vor Bedürfnisaufschub-Konflikten erhält. Es ist eine Herausforderung für Eltern, zu erkennen, was das Kind im Moment am meisten braucht. Wenn sie aber grundsätzlich auf Bedürfnisbefriedigung des Kindes gepeilt sind (und dabei oft ihre eigenen Bedürfnisse unterschlagen) ist das nicht gut für die Selbstregulation. Erlebt der Junge, dass Eltern alles tun, nur um seine schlechte Laune zu vermeiden, führt dies dazu, dass Jungen die Verantwortung für eigene Gefühle gern anderen zuschieben. Umgekehrt können sich Jungen als selbstreguliert erleben, wenn sie Gelegenheit dazu bekommen. Eltern brauchen sich nicht dafür verantwortlich fühlen, unangenehme Stimmungen und Gefühle dieser Art zu beseitigen; das ist mit zunehmendem Alter immer mehr auch der Job des Jungen selbst. Eltern unterstützen Jungen darin, mit ihren inneren Zuständen umzugehen, sich zu beruhigen, sich selbst zu kontrollieren.

Es ist schwieriger, mit dem Jungen den Konflikt auszutragen, dass Hausaufgaben oder Klassenarbeit Vorrang vor dem Computerspiel haben, als ihm einfach seinen Willen zu lassen. Unzählige solcher Miniaturkonflikte tragen dazu bei, dass Jungen ihre Impulskontrolle stabilisieren. Gerade bei energiereichen oder aufbrausenden Jungen ist das anstrengend, aber unumgänglich. Jungen werfen in solchen Konflikten ihr Statusinteresse und ihre Erfahrung mit dem Kämpfen (assertive Aggression, s. u.) in die Waagschale, weshalb vor allem in ihrer Persönlichkeit eher schwache Eltern hier oft weniger stabil bleiben als bei Mädchen und solche Konflikte scheuen. Und beruflich stark engagierte Eltern dagegen können sie wegen ihrer begrenzten Anwesenheit zu Hause oft gar nicht leisten.

Ein Teil der Fähigkeit zur Selbstregulation ist wohl auch angeboren (und dabei vielleicht auch geschlechtlich eingefärbt). Schon ganz kleine Kinder lassen ja so etwas wie ein »Temperament« erkennen, in dem sie sich unterscheiden – etwa nach ihrer Ausgeglichenheit, wie sie sich beruhigen lassen und schlafen, in Bezug auf ihre Aktivität oder ihre Vorsicht. Für die Fähigkeit zur Selbstregulation ist das »Grund-Temperament« mitbestimmend. Auch bei den Jungen im Kleinkindalter lassen sich Unterschiede im Temperament feststellen, es gibt eine große Bandbreite zwischen willensstarken Draufgängern, die kaum zu bremsen sind, bis zu den gehemmten Schüchternen, die sich zurückhalten – also wenig bzw. viel Kontrolle über sich haben (»nicht-inhibiert« und »inhibiert«). Immer aber ist das Verhalten der Eltern mitentscheidend für die Selbstregulation der Jungen, vor allem bei den Jungen mit biologischen »Risiken«, die sich im Temperament ausdrücken.

Im Schulalter ist immer mehr gefragt, sich kooperativ verhalten zu können und dafür die eigenen Impulse zu kontrollieren. Das sind ziemlich große Anforderungen für Jungen, besonders dann, wenn sie in der Familie und im Kindergarten mit ihrem unkontrollierten Verhalten noch ungehindert durchgekommen sind. In der Schule ist nun die Fähigkeit gefragt, sich zu konzentrieren, sich nicht leicht ablenken zu lassen, überlegt zu handeln und zu reagieren. Den Jungen, die über zu wenig Selbstkontrolle verfügen, droht Ausgrenzung und Ablehnung. Die Geduld von Lehrpersonen oder auch Freunden ist beschränkt.

Impulsive und motorisch unruhige Jungen werden in der Schule als problematisch beurteilt, sie wirken nicht angepasst, aufsässig und befinden sich schnell in einer Abwärtsspirale. Sie haben wenig Erfolgserlebnisse, sind frustriert und stören deshalb den Unterricht. Damit ecken sie erneut an. Gleichzeitig fällt es ihnen schwer, aus Fehlern zu lernen, denn dafür müssten sie sich selbst kontrollieren können. Dann gibt es aus der Schule Klagen bei den Eltern, die sich über den Jungen ärgern oder sich schämen und die oft selbst schon gestresst sind, denn mit einem Kind zu leben, das sich nicht kontrollieren kann, ist anstrengend. All das erhöht den Druck auf den Jungen weiter, den er wieder über impulsive Gefühlsabfuhr und motorische Unruhe zu lösen versucht, was wiederum in der Schule neue Probleme schafft.

Dieses Aufschaukeln wird eher selten an der Wurzel der Impulskontrolle angepackt, sondern vorschnell mit Psychopharmaka behandelt (Methylphenidat, z. B. Ritalin, ein überwiegend an Jungen verabreichtes Medikament). Manifestieren sich diese Probleme in Kindheit und Jugend und setzen sich als »expansiv-externalisierende« Verhaltensweisen fort, folgen daraus massive Einschränkungen in sämtlichen Lebensbereichen (vgl. Neubauer & Winter, 2013, S. 121).

## Handlungsorientierung

Traditionelle Männlichkeitsbilder sind oft aufs Machen, Tun und Handeln bezogen. Sich als männlich zu erfahren, geschieht dementsprechend über Aktivitäten und im Umkehrschluss weniger über reden (ein Mann, ein Wort). Jungen lernen schnell: Über mein Handeln kann ich mich als männlich ausweisen. Deshalb kommt für viele Jungen das Handeln vor dem Denken, Reden oder Reflektieren. Das ist in gewissen Grenzen erwünscht und in Ordnung so. Viele Jungen mögen das Handeln, weil etwas Konkretes und Sinnvolles im Mittelpunkt steht: eine gewohnte Art der Beschäftigung, die sie kennen.

Handeln ist die Form, wie sie mit sich und anderen in Beziehung kommen und stehen. Vielleicht ist dafür auch eine gewisse Disposition im Erbgut angelegt oder Jungen werden vom Testosteron befeuert, das mag sein, ist aber gar nicht so wichtig. Bedeutsamer ist, die Bedürfnisse nach Handeln zu erkennen und pädagogisch zu beantworten. Pädagogisch ist es deshalb oft angebracht, etwas mit Jungen zu tun oder sie zum Handeln zu bringen.

Trotz der handlungsorientierten Ausrichtung kommt es auch Jungen auf Ausgewogenheit an. Einseitigkeit wird schnell zu Stress oder langweilig. Erlebnisse und die Möglichkeit zum Entspannen, Ausruhen oder Reden sollten sich abwechseln. Gutes Tun führt zu Entlastung, man ist zufrieden und müde. In diesem Zustand setzt das Nach-Denken ein, die Reflexion. Sie bringt die Qualität des Handelns zum Vorschein und macht, dass aus Erleben Erfahrung wird.

Ein häufiges Missverständnis beim Tun mit Jungen liegt auch bei Erwachsenen in der Einseitigkeit. Es muss nicht immer wild oder extrem sein und es muss auch nicht immer lange dauern. Es darf also durchaus ruhig und entspannt zugehen: etwas werkeln oder reparieren, Musik machen, malen oder abwaschen, Witze erzählen oder Frisbee spielen – all dieses ist auch wertvolles Tun. Was gemacht wird, richtet sich nach den Möglichkeiten, nach der Jahres- und der Tageszeit: Wenn Jungen gerne etwas tun, gerne erleben, wenn sie sich spüren und durch Tun lernen, dann sollte man diese Bedürfnisse erwidern. All das ist auch eine Chance für Fachkräfte und Eltern, durch die sie doppelt belohnt werden: Im Handeln tun sie etwas für Jungen und für sich. Und Handeln ist eine Form, um mit Jungen in Beziehung zu kommen.

Viele Jungen spüren und erleben sich gut über ihren Körper. Moderne Erwartungen an Jungen im Bildungssystem sind aber meist vernunftorientiert und richten sich an den Verstand. Der restliche Körper mit seinen Bedürfnissen soll hinten anstehen. Das passt zu vielen Jungen nicht! Sie wünschen Bewegung, sind lebhaft und werden bei zu wenig Körpererlebnissen unruhig. Es ist nicht sinnvoll, diese beiden Aspekte gegeneinander auszuspielen. Jungen müssen einerseits lernen, sich kognitiv und konzentriert zu beschäftigen, andererseits sind ihre körperlichen Bedürfnisse berechtigt. Wer vorher oder andernorts den Körper vernachlässigen musste, hat danach ein höheres Bewegungsbedürfnis. Der Aktionswunsch will über den Körper ins Leben.

Schulische Aufgaben werten viele Jungen nicht als Handeln, sondern als Trockenübungen. Da ihnen zu wenig gemacht und sich zu wenig bewegt wird, ist Schule in den Augen vieler Jungen nur Spielwiese, aber kein Ernstfall. Statuskämpfe mit anderen Jungen oder Konflikte mit Lehrerinnen sind dagegen Ernstfälle mit Erlebniswert, ein durchaus verständlicher Schritt aus der Enttäuschung ihres Bedürfnisses nach Handeln.

### Aufgabenbeziehung

Über Handeln, über Aktivitäten und die Bewältigung von Aufgaben kommen Jungen auch in Beziehung: Es gibt etwas zu tun, eine Aufgabe will oder muss erledigt werden; man kann sie alleine bewältigen oder man macht es gemeinsam. Über das gemeinsame Tun, Bewältigen, Erledigen entsteht eine Verbindung und

Beziehung unter den Jungen, Bezüge auf- und zueinander, sie verstehen sich, etwas Gemeinsames wächst.

Im Vordergrund oder im Mittelpunkt steht dabei die Aufgabe, eine Beziehung geschieht und entwickelt sich dabei gleichsam nebenher. »Aufgabenbeziehung« ist ein passender Begriff dafür. Die Aufgaben, in denen Beziehung entsteht, sind dabei so vielfältig wie die Umwelt: etwas aus Spielsteinen oder aus Holzteilen bauen, ein Fußballspiel gewinnen, ein Computerspiel bewältigen, den Gegner beim Kickern, mit den Pokémon-Karten oder an der Playstation besiegen. Aufgabenbeziehungen sind »side-by-side«-Beziehungen (im Gegensatz zum Gegenüber bei Face-to-Face-Beziehungen). Bildlich übersetzt wird dabei gemeinsam und nebeneinander in eine Richtung gegangen. Diese Beziehungsform wird auch im Spiel sichtbar. Beim Lego- oder Playmobilspielen finden sich ja durchaus Figuren, eine Art Puppen für Jungen, aber sie sind in ihrer Bedeutung relativiert: Sie sitzen im Auto, das fährt, im Flugzeug, im Raumschiff usw., sind also über Aufgaben definiert – genau das ist Aufgabenbeziehung. Sie sind handlungsbezogen. Das gilt auch dann, wenn gerade nichts gemacht wird, wenn Jungen (und später Männer) miteinander reden: über Geleistetes, über bewältigte Aufgaben (Sport, Beruf), über künftige Aufgaben, über Herausforderungen, Abenteuer, Siegen und Scheitern, über Heldentaten und Missionen usw. Auf diese Weise lernen sich Jungen oft erstaunlich tief kennen. Sie erfassen und verstehen sich, sind dadurch aufeinander bezogen und miteinander verbunden.

Im Modus der Aufgabenbeziehung hat das Reden selbst keine beziehungsstiftende Bedeutung. Es ist wichtig als Informationsträger oder für Absprachen, Aufgabenbeziehung kann aber sogar Schweigebeziehung heißen. Es muss nicht geredet werden, damit Beziehung bestehen bleibt, die Beziehung existiert »einfach so«. So ist es Jungen häufig nicht besonders wichtig zu reden, es genügt, einfach so zusammen zu sein – irgendwohin zu gehen, zu sitzen und zu schauen, etwas zu tun; die Beziehung bleibt. Das ist durchaus etwas Schönes, aber bekommt leicht eine einseitige Tendenz. Reden ist nicht per se gut, aber auch nicht immer schlecht. Der Gegenpol zur Aktion ist die Reflexion: Reden vor dem Handeln, während des Handelns oder nach dem Handeln trägt dazu bei, das Erlebte zu integrieren. Ohne Reden geht vieles verloren, Handeln hängt schnell im leeren Raum, weil es Selbstzweck wird. Reflexion im Reden über Aktion ist ein Entwicklungsaspekt, der in der Aufgabenbeziehung angelegt ist.

Mädchen und Frauen, auch Erzieherinnen oder Lehrerinnen, haben aufgrund der fehlenden biografischen Erfahrung mit dieser Form der Beziehungsgestaltung oft Probleme. Ihr Beziehungsmodell ist häufiger die einander zugewandte Redebeziehung. Eine Mädchen- oder Frauenbeziehung besteht, wenn miteinander geredet wird. Schweigen wird bedrohlich, weil es als Beziehungsabbruch gedeutet wird. Tendenziell leben Mädchen und Frauen eher den Modus »Beziehungsaufgabe«: Diese stellt die Beziehung selbst in den Vordergrund und Mittelpunkt; Beziehung ist die zu bewältigende Aufgabe und häufiger auch ein eigenes Thema. Dieses Modell ist bei Jungen weit weniger ausgeprägt, kommt aber selbstverständlich auch vor.

Zu diesen beiden Varianten gehört keine Bewertung: Aufgabenbeziehung wie Beziehungsaufgabe schaden niemandem, sie sind eben unterschiedliche Formen (nur tendenziell eine männliche, eine weibliche), um in Beziehung zu sein oder zu kommen. Wenn es unterschiedliche Beziehungsweisen gibt, liegen Missverständnisse jedoch nahe. Jungen muss bisweilen erklärt werden und in der Regel verstehen sie es: Für Mädchen und Frauen ist Beziehung selbst eine wesentliche Aufgabe, ihnen geht es oft mehr um die »Aufgabe Beziehung«, um Beziehungsaufgabe. Jungen hilft es, das zu verstehen, wenn sie mit Mädchen in Beziehung sind oder es sein möchten (umgekehrt gilt das genauso für die weibliche Seite).

Aufgabenbeziehung ist eine Tendenz bei Jungen und Männern – aber kein männliches Schicksal: Bei Jungen ist deshalb eine Entwicklung in Richtung Beziehungsaufgabe möglich. Dies gilt besonders, wenn es um Freundschaft und Liebe geht, aber auch in der Berufsarbeit schadet vertiefte Beziehungskompetenz nicht. Um sich weiterzuentwickeln, können Jungen Anregungen gebrauchen, vor allem dann, wenn sie sich viel in männlichen Milieus bewegen. Manchmal hilft schon ein Tipp vom Vater oder von der Mutter weiter, eine Art »Beziehungs-Aufklärung«. Weiter gedacht erleichtert und verbessert Beziehungskompetenz auch die Aufgabenbeziehungen, ohne dass sich der Beziehungsaspekt nun in den Vordergrund schieben müsste. Es geht beim Thema »Jungen in Beziehung« nicht um ein »Entweder-Oder« (entweder Aufgabenbeziehung oder Beziehungsaufgabe). Ziel ist vielmehr das »Sowohl-Als auch«. Die Qualität der Aufgabenbeziehung kann weiterentwickelt werden, so nistet sich der Aspekt der Beziehungsaufgabe stärker ins Jungen- und Männerleben ein.

## Kampfeslüste – assertive Aggression

Auffallende Merkmale in vielen Beschreibungen von Jungen sind die Lust an Wettbewerben und auch am körperlichen Kämpfen. In empirischen Metastudien ist dieses Geschlechtsmerkmal ausgeprägt nachgewiesen: »Jungen sind aggressiver« ($d = 0,4$) (Hattie, 2013, S. 90). Bei jüngeren Jungen geht es dabei ums Balgen, Raufen, wildes Toben, bei älteren auch um verbales Kräftemessen, Prahlen, Imponieren oder Beeindrucken mit Schimpfworten, die auch außerhalb von Bildungsmilieus durchaus als *rough* bezeichnet werden können. Es trifft nie auf alle Jungen zu, aber markiert eine oft deutliche Tendenz. Bei vielen Jungen ist das akzentuiert vorhandene Interesse an »Spaßkämpfen« ein Merkmal, das Jungen von Mädchen zumindest tendenziell unterscheidet: »Boys show stronger preferences than girls for rough-and-tumble play or playful aggression, including playful fighting, chasing, wrestling, and rough play with one another and with objects« (Hines, 2004, S. 17).

Es ist von Jungen nicht gewollt, die Motive für ihr Verhalten liegen mehr im Selbstbehaupten und Sich-Darstellen, aber es wird von Erwachsenen negativ assoziiert und beeinflusst, zum Beispiel im Bezug auf ihren Schulerfolg: »›laddish behaviour‹ has the unintended consequence of reduced educational success« (Hadjar et al., 2015, S. 107).

Diese Formen der »assertiven Aggression« (Bischof-Köhler, 2011, S. 277ff.), des »rough and tumble play« (DiPietro, 1981) sind nicht auf Schädigung oder Verletzung angelegt und nicht feindselig inspiriert, sondern spielerisch motiviert und als »prosocial behavior whose expression and purpose varies as a function of gender« (ebd., S. 50). Es ist eine Form der Wettkampf-Aggression, der Konkurrenz, bei der es um Kräftemessen und Imponiergehabe geht (vgl. Bischof-Köhler, 2011, S. 118). Im Gegensatz zu anderen Formen der Aggression kommt die assertive Form überwiegend bei Jungen vor und ist wechselseitig angeregt (ebd.). Jungen verhalten sich vor allem anderen Jungen gegenüber draufgängerischer (vgl. Hadjar et al., 2015, S. 107). In einer Art Rückkoppelung werden Jungen durch andere Jungen zu höheren Aktivitätsniveaus und Rivalitäten stimuliert (Maccoby, 2000, S. 131).

Spielkämpfe sind »ein charakteristisches Merkmal des Spiels unter Jungen« (ebd., S. 52), allerdings keine individuelle Eigenschaft, sondern ein »Merkmal männlicher Paare oder Gruppen« (ebd.). Ein wichtiges Element sind dabei Begeisterung, positive Affekte und Enthusiasmus – also keineswegs Verletzungen, Ängste oder Unterlegenheitsgefühle. Solche assertiven Wettkämpfe unter Jungen setzen Kooperation voraus, »Kooperation und Wettkampf bedeuten daher für Jungen keinen Widerspruch« (ebd., S. 56). Auch wenn Spaßkämpfe auf den ersten Blick traditionell männlich im Sinne des Dominanzstrebens scheinen, funktionieren sie nur, wenn »die Einnahme der dominierenden Position häufig wechselt. Das Spiel verliert sonst seinen Reiz und wird beendet« (Richartz, 2015, S. 167).

Das starke Interesse vieler (nicht aller) Jungen am »rough and tumble play« kann körperlich (mit)inspiriert sein, auch wenn Jungen »als Körper« selbstverständlich nicht autonom oder automatisch funktionieren. Die Präferenz für männliche Spielgefährten und für wildere Spiele wird durch die positive Erregung beeinflusst, in die Jungen durch solche Anforderungen versetzt werden (vgl. Maccoby, 2000, S. 148). In Spaßkämpfen spüren sich Jungen körperlich. Sie lernen ihre Grenzen kennen, handeln Regeln aus, erwerben Risikokompetenz usw. Nicht zuletzt scheint sich die Möglichkeit, auch kultivierte Formen assertiver Aggression leben zu können, positiv auf die Motivation bei Jungen auszuwirken: »Spiele im Sportunterricht, insbesondere Fußball, werden vor allem von den Jungen als der Lernfreude förderlich angegeben« (Hascher & Hagenauer, 2011, S. 302).

Dementsprechend sind Jungen auf Lebenswelten angewiesen, in denen zwischen verschiedenen Formen der Aggression differenziert wird und wo Jungen (und Mädchen), die das möchten, auch die Möglichkeit erhalten, ihre gewünschten Formen assertiver Aggression auszuleben.

## Anomisches Verhalten

Jungen sind an vielen Stellen darauf aus, sich Regeln und Erwartungen in einer leichten Form zu widersetzen, zum Beispiel, indem sie »Disziplinprobleme« oder normabweichendes Verhalten zeigen – mehr als Mädchen. »School deviance at the behavioural level is also higher among boys« (Hadjar et al., 2015, S. 101). Insbesondere traditionell orientierte Männlichkeitsbilder »include rebellious attitudes towards schoolwork, challenging rules and authority and physical toughness« (Morris, 2008).

Das Verhalten der Jungen zielt dabei nicht auf Chaos oder Umsturz, sondern spielt mit dem leichten Maß und erwartet auch das Echo in Form von Begrenzungen. Auch als »rebellisch« wahrgenommenes Verhalten befindet sich ja meist noch im Rahmen relativer sozialer Verträglichkeit, obwohl es auf das Überschreiten von Normen und Regeln zielt. Jungen verhalten sich darin mal schlicht, mal durchaus kreativ, auch wenn dies pädagogische Situationen »lebendig« macht oder phasenweise verunmöglicht. Diese Formen anomischen Verhaltens beziehen sich auf eine »relative Distanz von Jungen zu sozialen Erwartungen und regelkonformem Handeln und Verhalten« (Strobel-Eisele, 2015, S. 189). Anomisches Verhalten in der Schule wird von Lehrkräften – wie auch von männlichkeitskritischen Genderforschern – stets als problematisch gewertet. Aus der Jungenperspektive verbergen sich dahinter jedoch Entwicklungswünsche und -chancen: »Wer unangepasst ist und sich sozial exponiert, steht in jedem Falle im Zentrum der Aufmerksamkeit, muss sich präsentieren, auch Kritik aushalten, Stärke zeigen und Enttäuschungen verarbeiten« (ebd., S. 186). Nicht nur individuell, auch kollektiv bietet anomisches Verhalten Entwicklungschancen. Denn Regelüberschreitungen hinterfragen Normen und Erwartungen und ermöglichen darin Innovation.

Die pädagogischen Fachkräfte versuchen allerdings, solches Verhalten ohne eine Anerkennung ihres Werts zu unterbinden oder zu eliminieren. Dementsprechend werden Jungen gebremst, abgewertet oder diszipliniert, wenn sie sich mit diesem Interesse zeigen. Das ist weder sinnvoll noch erfolgversprechend. Denn darin verbergen sich Lernmöglichkeiten und Entwicklungspotenziale für Jungen. Für sie beinhalten solche Verhaltensweisen den Ausdruck von Spaß, Lebensfreude, Handlungsorientierung und Erlebnishunger.

Vielen Jungen ist es wichtig, sich als selbstständig zu markieren. Sie umgeben sich mit einem Nimbus der Autonomie, nach dem sie demonstrativ nicht auf Erwachsene angewiesen sind. Zu dieser Aura kann es gehören, sich abzusetzen, also beispielsweise kein angepasster, erwachsenenorientierter Streber zu sein. Das gefällt auch den eher »braven«, zurückhaltenden oder ruhigen Jungen, auch sie haben Spaß daran, zu sehen, wie Provokateure und Rebellen in den Ring steigen und versuchen, Lehrkräfte oder andere Erwachsene herauszufordern oder zu demontieren. Und alle fühlen sich sicher und zufrieden, wenn die Lehrerin oder der Lehrer dem standhält. Darin erwirbt die Lehrkraft Achtung und stärkt ihre Autorität.

Im anomischen Verhalten öffnen sich Entwicklungsmöglichkeiten, die Jungen für ihr späteres Männerleben durchaus gebrauchen können. Sie erhalten Aufmerksamkeit, lernen eigene Grenzen und die von anderen kennen, müssen sich zeigen und die Reaktionen der Erwachsenen aushalten usw. Über Regelverletzungen und sozial auffälliges Verhalten erfahren Jungen hautnah, dass sie begrenzt und gehalten sind oder aber dass Innovation möglich ist oder entsteht (im Sinn einer kulturellen Lösung; vgl. Winter, 2004, S. 251), sie erfahren sich als selbstwirksam und können damit einen salutogenetischen Aspekt entwickeln.

## Risikoverhalten

Die Bereitschaft zum Risiko ist bei vielen Jungen gut ausgeprägt. Jungen können sich darin selbst erfahren, mit sich experimentieren, sich über das Risikoverhalten erproben; dadurch gewinnen sie Segmente ihrer – auch geschlechtlichen – Identität. Risikoverhaltensweisen enthalten neben lebensphasenbezogenen Dimensionen auch geschlechtliche Bedeutungen und Funktionen: Auch das Eingehen von Risiken ermöglicht es Jungen und jungen Männern, sich als »männlich« zu spüren, ihre Geschlechtlichkeit auszudrücken, ihre Maskulinität vor anderen darzustellen und sie zu habitualisieren (vgl. Raithel, 2013, S. 353).

Deshalb sind männliche Jugendliche »bei explizit risikobezogenen Verhaltensweisen« gut vertreten (vgl. Stöver, 2006, S. 28). Bei waghalsigen Aktionen (vgl. Raithel, 2013) überwiegt der Anteil von Jungen und männlichen Jugendlichen bei Weitem. Auch Statistiken zu Krankheitsarten infolge von Unfällen belegen das erheblich stärkere Risikoverhalten von Jungen eindrücklich (vgl. Neubauer & Winter, 2010, S. 34ff.). Ob im Straßenverkehr, bei Delinquenz (z. B. Gewalt, Sachbeschädigung), bei sportlichen Risiken (Verletzungen, Überlastung, Doping), der Ernährung (Fastfood, Süßgetränke) bis hin zur Suizidalität: Überall leben Jungen tendenziell riskanter.

Diese im Geschlechtervergleich höhere Risikofreude bei Jungen hängt offenbar mit dem »Männlichsein« zusammen. So kann Risikoverhalten direkt oder indirekt auf Männlichkeitsbilder bezogen sein, die Stärke, Abenteuer, Konkurrenzlust und Dominanzstreben assoziieren. Wie in vormodernen Gesellschaften (vgl. Gilmore, 1991) erhalten Jungen auch heute noch den sozialen Auftrag, ihr Männlichsein beweisen zu müssen. Risikoverhalten scheint dafür besonders geeignet: rasant Snowboard, Mountainbike, Motorrad oder Auto fahren, riskante Skateboard-Kunststücke, sich mit der Natur auseinander setzen und dabei Schmerz- und Körpergrenzen überschreiten usw. – das alles ist männlich konnotiert. Eine Drogenmutprobe wie zum Beispiel das Rauschtrinken kann als Beweis männlicher Stärke dienen, waghalsige Aktionen schließen an Mythen des Männlichen an, beweisen und unterstreichen Maskulinität, Tabakrauchen lässt sich als kontinuierliche Inszenierung des Männlichen begreifen, das sich an Geschichten von Eroberung oder Erfolg anlehnt, rauschmittelgebundene Rituale markieren Zugehörigkeit, insbesondere zur männlichen Gruppe (z. B. Alkoholkonsum im Sportverein).

Riskante Verhaltensweisen sind nicht nur individuell inspiriert, sondern Teil männlicher somatischer Kulturen. Art, Form und Intensität des riskanten Verhaltens sind differenziert, das Grundthema bleibt als tautologische Formel bestehen: Risiko = männlich und männlich = Risiko. Dies gilt aber nicht unbedingt und auch nicht umgekehrt. Risikoverhalten ist eine mögliche Facette des Männlichen, aber keine notwendige Bedingung. Selbstverständlich ist es möglich, männlich zu sein, ohne ständig Risiken einzugehen.

Entgegen dem Bild der sich ständig an Risikogrenzen bewegenden Jungen finden sich umgekehrt auch Jungen, die zu wenig riskieren: Sie trauen sich nichts zu, bleiben eher zurückgezogen und passiv, riskieren sich nicht, sondern verharren ängstlich oder behäbig im Sicheren und verfügen über (zu) geringen Risikoantrieb. Solche Jungen belegen, dass Risikoverhalten durchaus erwünschte Seiten beinhaltet. Praktische Arbeit mit solchen Jungen soll sie ermutigen, mehr zu riskieren. Ihr Verhalten ist sozial unattraktiv, männlichkeitsbezogenes Vokabular hält dafür abwertende Begriffe bereit: Weichei, Memme, Feigling. So bezeichnet zu werden ist verletzend, es motiviert auch nicht, spannender zu leben. Aber es unterstreicht, dass vielen etwas fehlt, wenn sich Jungen (und Männer) in risikofreien Zonen verschanzen.

Bisweilen kann Risikoverhalten in einigen Formen sogar geradezu als Kontrast zu Männlichkeitserwartungen und -zwängen wirken. Sie zielen gegen Leistung, Vernunft, Konkurrenz oder Kontrolle und werden von Jungen auch so erlebt: Beim Kiffen oder Rauschtrinken schwingt bei manchen Jungen eine Sehnsucht nach Grenzverlust mit, eine Art Selbst- und Gegenerfahrung durch den Rausch oder durch das Abstreifen männlicher Kontrollzwänge: die Überwindung von Sprachlosigkeit, von Isolation infolge von Beziehungsarmut bzw. als Gegenerfahrung, Kontakt und Verbindung mit anderen, auch homosexuelle Erfahrungen, die im Rausch möglich und erfahrbar sind. Rauschhaftes Risikoverhalten kann Freiräume öffnen, »in denen heteronormative Schranken überarbeitet und situativ außer Kraft gesetzt werden« (Litau & Stauber, 2012, S. 150).

Männliches Risikoverhalten ist jedoch nicht nur für Jungen, sondern auch für Mädchen und Frauen funktional. Es bietet ein dankbares Feld, um Weiblichkeit kontrastierend zu inszenieren. Selbstkonstruktionen des Weiblichen greifen auf Jungen über: Mädchen gestalten ihre »weibliche« Position, indem sie sich um risikofreudige Jungen kümmern. Risikoverhalten von Jungen ermöglicht es Mädchen – gleichsam im geschlechterinteraktiven Gegenzug –, Weiblichkeit herzustellen: im Sich-Sorgen und -Kümmern (z. B. um Verletzungen), beim Versorgen ermatteter Helden, in der kontrastierenden Abwertung wie im Bewundern großartiger oder verrückter Risikoleistungen von Jungen, in der Empörung über hirnlose Aktionen usw. So sind Mädchen indirekt daran interessiert, dass sich Jungen riskant verhalten. Umgekehrt würden Jungen die Mädchen durch weniger Risiken latent »entweiblichen«, weil sie ihnen dadurch eine Möglichkeit zur Abgrenzung oder zur Fürsorglichkeit entziehen.

Mit dem geschlechtsbezogenen Blick wird deutlich, was Jungen von verantwortlichen Erwachsenen brauchen: Eine ihr Risikoverhalten akzeptierende Haltung sowie Unterstützung dabei, Risiken ohne bleibende Schäden zu bewältigen. Risikokompetenzen stellen eine auch fachliche Bezugsgröße dar, die einen Zugang zu Jungen öffnet und ihnen in ihren Anliegen nützt (vgl. Winter, 2015): Hier decken sich nämlich die Interessen von Jungen und Erwachsenen. Es erscheint notwendig, die Förderung von Risikokompetenzen neben der Prävention zu etablieren, gleichsam als »zweite Säule« jungenbezogener Gesundheitsförderung. Derzeit beschränkt sich der Umgang mit Jungenrisiken jedoch auf Strategien der Beschränkung und Vermeidung.

## Schlechte Leben-Lernbedingungen für Jungen

Nach über 30 Jahren Fachdiskussionen über Jungen und das professionelle Arbeiten mit ihnen (vgl. Winter, 2005, S. 906ff.) ist es bisweilen ernüchternd und erschreckend, wie wenig davon in der durchschnittlichen pädagogischen Praxis erkennbar ist. Immer wieder neu wird dort überrascht festgestellt, dass ja mit Jungen gearbeitet wird, dass dies von Belang sein könnte und dass darauf auch konzeptionell reagiert werden müsste. Sicher gibt es auch Institutionen, in denen seit Langem jungenbezogen reflektiert und mit hoher Qualität gearbeitet wird. Häufig aber wird jungenbezogene Fachlichkeit in Einrichtungen auf eher niedrigem Niveau bedient, abhängig von zufälligen personellen Ressourcen, Interessen und individuellen Vorlieben. Und sehr oft wird aber der Bedarf differenzierter Jungenpädagogik nach dem Motto geleugnet: »Wir behandeln alle gleich« – eine Argumentation, die neuerdings auch durch missverstandene Gendertheorien begründet wird.

Diese Mängel sind aber nicht nur den Verantwortlichen in Institutionen und den Fachkräften vor Ort anzulasten, sondern auch der fachlichen Grundausbildung an den Hochschulen. Denn Jungen- und Männerthemen bleiben hier völlig unterrepräsentiert. Oft ist das wenige, was angeboten wird, nicht auf dem Stand der Diskussion oder es bewegt sich an der Peripherie von Genderdiskussionen, die mit der Wirklichkeit nur wenig zu tun haben.

So werden auch heute noch Frauen und Männer in die Praxis zur Arbeit mit Jungen und Männern entlassen, ohne sich jemals mit einer spezifischen Perspektive auf Jungen und Männer befasst zu haben, ohne dafür fachlich qualifiziert worden zu sein und auch ohne sich mit sich selbst als Mann oder Frau in Bezug auf die Arbeit mit dieser Zielgruppe auseinandergesetzt zu haben. Einige wenige können zwar Gender- und Männlichkeitstheorien aufsagen, aber außer kritisch und sensibel zu sein und bei Extremfällen zu intervenieren, können sie Jungen dennoch kaum Substanzielles bieten. Die meisten Jungen haben dementsprechend für ihr Männlichsein von Eltern, Fachfrauen und -männern eher wenig zu erwarten. In der praktischen Arbeit mit ihnen werden Jungen und ihr Verhalten oft als schwierig wahrgenommen.

Gleichzeitig finden sich aber verdeckt auch andere Erwartungen an das Männlichsein bei Jungen: Wenn sich einer zurückgezogen, zu ruhig, defensiv oder passiv verhält, ist es auch nicht recht. So wird der Korridor für ein angemessenes Männlichsein der Jungen mehr oder weniger eng geführt. Er liegt zwischen zu viel und zu wenig männlich:

> Ein Teil der Jungen und männlichen Jugendlichen hat zu viel vom Männlichen. Diese Jungen externalisieren, versuchen sich zu behaupten und durchzuboxen, sind auf Kämpfe aus, verhalten sich dominant, feindselig, impulsiv, laut und viel zu direkt.

> Ein anderer Teil der Jungen hat oder zeigt von solchen Eigenschaften eher zu wenig. Diese Jungen reagieren empfindlich, sind zurückgezogen, verhalten sich lethargisch, passiv bis apathisch, kreisen um ihr Inneres oder wirken eher depressiv.

Viele Jungen sind im Grad ihres Männlichseins ganz in Ordnung. Sie bewegen sich in diesem Korridor des Gelingens. Registriert wird dies allerdings nur wenig. Die professionelle Wahrnehmung ist eher auf das Verhalten von Jungen justiert, die ihr Männliches nicht angemessen zeigen. Lehrkräfte beispielsweise nehmen eher solche Jungen wahr, die in ihrem Verhalten negativ auffallen und leistungsschwach sind (und umgekehrt bei den Mädchen die unauffällig-leistungsstarken) (vgl. Jones & Myhill, 2004). Dabei werden das Gelingende und die Normalität des Jungeseins leicht aus dem Blick verloren, vom Jungesein getrennt und individualisiert. Umgekehrt werden Probleme schwieriger Jungen aus dieser Perspektive schnell verallgemeinert: »Die Jungen sind immer so laut. Aber der Sebastian ist ein ganz ruhiger und der Paul hält sich ja auch zurück.« So reduziert wird das Jungesein an sich zum Problem, und das ist falsch: Bewältigungsformen von Jungen sind nicht deshalb problematisch, weil diese Jungen sind, sondern weil Jungen Schwierigkeiten haben, bewältigen sie diese oft problematisch.

Problemthemen und -lagen sind nicht unbedingt das, was den bewussten Alltag von Jungen bestimmt: Sie nehmen die Welt so, wie sie sie vorfinden, und entwickeln sich in sie hinein. Kein Junge vergleicht Notendurchschnitte oder Krankheitsartenstatistiken, um geschlechterbezogene Ungleichheiten oder Benachteiligungen zu entdecken. So sind die Problemlagen von Jungen in erster Linie Probleme Erwachsener mit Jungen.

Gleichwohl ist es Aufgabe der Erwachsenen, dafür zu sorgen, dass Jungen im späteren Mannsein glückend und zufrieden leben können. Hier gilt allerdings nach wie vor das Motto »selbst ist der Mann«. Denn wie dieser Streifzug zeigt, werden Jungen an entscheidenden Stellen weitgehend mit ihrem Männlichsein alleine gelassen. Dass aus diesen Jungen später Selfmade-Männer werden, ist vor allem eine Folge des Umstands, dass heutige Erwachsene Jungen nicht angemessen begleiten (wollen oder können).

Demgegenüber kann nicht oft genug betont werden, dass das Jungesein gelingen kann und es auch an vielen Stellen gelingt. Nur gibt es kaum ein Vokabular dafür, wie Jungen denn sind, wenn sie gut entwickelt und gar nicht problematisch sind. Diese Jungen, wahrscheinlich die Mehrzahl, bewältigen ihr Männlichsein oft erstaunlich gut, angesichts der mageren Unterstützung durch inkompetente Erwachsene. Aber auch sie brauchen bisweilen Anregung und Hilfestellung, sie haben geschlechtsbezogene Bildungsbedürfnisse, die ihnen von den zahlreichen Fachkräften, die sie umgeben, kaum befriedigt werden.

## Literatur

Baar, R., Fuhr, T., Michalek, R. & Schönknecht, G. (2012). Genderkompetenz statt Quote! In K. Hurrelmann & T. Schulz (Hrsg.), *Jungen als Bildungsverlierer. Brauchen wir eine Männerquote in Kitas und Schulen?* (S. 102–124). Weinheim/Basel: Juventa.

Bischof-Köhler, D. (2011). *Von Natur aus anders. Die Psychologie der Geschlechtsunterschiede.* Stuttgart: Kohlhammer.

Böhnisch, L. (2013). *Männliche Sozialisation. Eine Einführung.* Weinheim/Basel: Beltz-Juventa.

Bourdieu, P. (2005). *Die männliche Herrschaft.* Frankfurt a.M.: Suhrkamp.

Brandes, H., Andrä, M., Röseler, W. & Schneider-Andrich, P. (2015). *Spielt das Geschlecht eine Rolle? Erziehungsverhalten männlicher und weiblicher Fachkräfte in Kindertagesstätten. Kurzfassung der Ergebnisse der »Tandem-Studie«.* Berlin: BMFSFJ.

Budde, J. (2011). »Und der Valentin dürfte auf alle Fälle bisschen schon auf Kontra aus sein ...« – Bildungsungleichheiten als kulturelle Passungsprobleme zwischen Habitus und Schulkultur. *Bulletin Texte, 37*, 8–19.

Budde, J. (2014). *Jungenpädagogik zwischen Tradierung und Veränderung. Empirische Analysen geschlechterpädagogischer Praxis.* Opladen/Berlin/Toronto: Barbara Budrich.

Chodorow, N. (1985). *Das Erbe der Mütter. Psychoanalyse und Soziologie der Geschlechter.* München: Frauenoffensive.

Connell, R.W. (1999). *Der gemachte Mann. Konstruktion und Krise von Männlichkeiten.* Opladen: Leske + Budrich.

Dammasch, F. (2009). Die Angst des Jungen vor der Weiblichkeit. Gedanken zu den Klippen männlicher Identitätsentwicklung. In F. Dammasch, H.-G. Metzger & M. Teising (Hrsg.), *Männliche Identität. Psychoanalytische Erkundungen* (S. 15–32). Frankfurt a.M.: Brandes & Apsel.

DiPietro, J.A. (1981). Rough and tumble play: A function of gender. *Developmental psychology, 17*(1), 50–58

Gilmore, D. (1991). *Mythos Mann. Rollen, Rituale, Leitbilder.* München: Artemis.

Hascher, T. & Hagenauer, G. (2011). Wohlbefinden und Emotionen in der Schule als zentrale Elemente des Schulerfolgs unter der Perspektive geschlechtsspezifischer Ungleichheiten. In A. Hadjar (Hrsg.), *Geschlechtsspezifische Bildungsungleichheiten* (S. 285–308). Wiesbaden: VS.

Hattie, J. (2013). *Lernen sichtbar machen*. Hohengehren: Schneider.

Hattie, J. (2014). *Lernen sichtbar machen für Lehrpersonen*. Überarbeitete deutschsprachige Ausgabe von Visible Learning for Teachers besorgt von W. Beywl & K. Zierer. Hohengehren: Schneider.

Hines, M. (2004). *Brain Gender*. New York: Oxford University Press.

Hyde, J. S. (2005). The Gender Similarities Hypothesis. *American Psychologist, 60*(6), 581–592.

Jones, S. & Myhill, D. (2004). Troublesome Boys' and 'Compliant Girls': Gender Identity and Perceptions of Achievement and Underachievement. *British Journal of Sociology of Education, 25*(5), 547–561.

Krabel, J. & Schädler, S. (2001). Dekonstruktivistische Theorie und Jungenarbeit. In Heinrich-Böll-Stiftung (Hrsg.), *Alles Gender? Oder was? Theoretische Ansätze zur Konstruktion von Geschlecht(ern) und ihre Relevanz für die Praxis in Bildung, Beratung und Politik* (S. 35–46). Berlin: Heinrich-Böll-Stiftung.

Limbourg, M. & Reiter, K. (2010). Verkehrspsychologie. Verkehrspsychologische Gender-Forschung. In G. Steins (Hrsg.), *Handbuch Psychologie und Geschlechterforschung* (S. 203–228). Wiesbaden: Springer VS.

Litau, J. & Stauber, B. (2012). Riskante Identitätsarbeit? Zur Herstellung von Männlichkeit und Weiblichkeit in jugendkulturellem Rauschtrinken. In V. Moser & B. Rendtorff (Hrsg.), *riskante Leben? Geschlechterordnungen in der Reflexiven Moderne. Jahrbuch Frauen und Geschlechterforschung in der Erziehungswissenschaft*. (S. 157–153).Opladen,/Berlin/Toronto: Barbara Budrich.

Maccoby, E. (2000). *Psychologie der Geschlechter. Sexuelle Identität in den verschiedenen Lebensphasen*. Stuttgart: Klett-Cotta.

Morris, E. W. (2008). »Rednecks,« »Rutters,« and »Rithmetic«: Social Class, Masculinity, and Schooling in a Rural Context. *Gender & Society 22*, 728–751.

Neubauer, G. & Winter, R. (2013). Sorglos oder unversorgt? Zur psychischen Gesundheit von Jungen. In L. Weißbach & M. Stiehler (Hrsg.), *Männergesundheitsbericht 2013. Im Fokus: Psychische Gesundheit* (S. 103–140). Bern: Hans Huber.

Neubauer, G. & Winter, R. (2010). Jungengesundheit in Deutschland: Themen, Praxis, Probleme. In D. Bardehle & M. Stiehler (Hrsg.), *Erster Deutscher Männergesundheitsbericht* (S. 30–70). München: Zuckschwerdt.

Raithel, J. (2013). Risikoverhalten: Waghalsige Aktivitäten und Mutproben. In B. Stier & R. Winter (2013), *Jungen und Gesundheit* (S. 353–358). Stuttgart: Kohlhammer.

Richartz, A. (2015). Raufen und Toben. Was Spielkämpen ist und wozu es dient. In C. Blomberg & N. Neuber, *Männliche Selbstvergewisserung im Sport. Beiträge zur geschlechtssensiblen Förderung von Jungen* (S. 165–184). Wiesbaden: Springer VS.

Schmitz, S. (2009). Geschlecht zwischen Determination und Konstruktion: Auseinandersetzung mit biologischen und neurowissenschaftlichen Ansätzen. In *Enzyklopädie Erziehungswissenschaft Online*. Weinheim/München: Juventa.

Sigusch, V. (2013). *Sexualitäten. Eine kritische Theorie in 99 Fragmenten*. Frankfurt a. M./New York: Campus.

Stöver, H. (2006). Mann, Rausch, Sucht. Konstruktionen und Krisen von Männlichkeit. In J. Jacob & H. Stöver (Hrsg.), *Sucht und Männlichkeiten: Entwicklungen in Theorie und Praxis der Suchtarbeit* (S. 21–40). Wiesbaden: VS.

Strauch, B. (2004). *Warum sie so seltsam sind. Gehirnentwicklung bei Teenagern.* Berlin: Berlin Verlag.

Strobel-Eisele, G. (2015). Verzögerte soziale Anpassung von Jungen – Befunde zum anomischen Verhalten von Jungen in der Grundschule. In C. Blomberg & N. Neuber, *Männliche Selbstvergewisserung im Sport* (S. 185–200). Wiesbaden: Springer VS.

Wahlström, K. (2013). *Jungen, Mädchen und Erzieher/innen. Geschlechterbewusste Pädagogik für die Kita.* Weinheim/Basel: Beltz.

Winter, R. (2004). Balancierte Männergesundheit. Männergesundheitsförderung jenseits von Medizin? In T. Altgeld, *Männergesundheit. Neue Herausforderungen für Gesundheitsförderung und Prävention* (S. 243–255). Weinheim/München: Juventa.

Winter, R. (2005). Jungenarbeit. In H.-U. Otto & H. Thiersch, *Handbuch Sozialarbeit/Sozialpädagogik* (S. 904–915). München/Basel: Ernst Reinhardt.

Winter, R. (2011). *Jungen. Eine Gebrauchsanweisung. Jungen verstehen und unterstützen.* Weinheim/Basel: Beltz.

Winter, R. (2014). *Jungen brauchen klare Ansagen. Ein Ratgeber für Kindheit, Schule und die wilden Jahre.* Weinheim/Basel: Beltz.

Winter, R. (2015). Risikokompetenz. More Risk! Mehr Mann? Risikokompetenz bei Jungen fördern. *deutsche jugend, 9*, 367–373 (Teil I) und *10*, 436–442 (Teil II).

Winter, R. & Krohe-Amann, A. (2016). Jungenarbeit als Gruppenarbeit. In G. Stecklina & J. Wienforth (Hrsg.), *Impulse für die Jungenarbeit. Denkanstöße und Praxisbeispiele* (S. 46–64). Weinheim: Beltz Juventa.

# Autorinnen und Autoren

*Burkhard Brosig*, Prof. Dr. med., Psychoanalytiker, ist Leiter des Bereichs Familien- und Kinderpsychosomatik am Zentrum für Kinderheilkinde des Klinikums der Justus-Liebig-Universität Gießen. Am Horst-Eberhard-Richter Institut in Gießen ist er Leiter der Sektion Psychoanalytische Paar- Familien- und Sozialtherapie. Er studierte Medizin an der Justus-Liebig- Universität Gießen und Soziologie an der Emory-University in Atlanta/Ga. Wichtige Forschungsschwerpunkte sind die Themen Psychosomatik chronisch kranker Kinder und Familienpsychosomatik.

*Max Fuchs*, Prof. Dr., war erst Mathematiker und Mathematiklehrer am Gymnasium und studierte daraufhin Pädagogik und Soziologie. Er lehrt Allgemeine Pädagogik an der Universität Duisburg-Essen. Von 1988 bis 2013 war er Direktor der Akademie Remscheid und von 2001 bis 2013 Präsident des Deutschen Kulturrates. Zurzeit befasst er sich mit Fragen kultureller Schulentwicklung und der Konstitution von Subjektivität heute. Es gibt zahlreiche Aufsatz- und Buchveröffentlichungen, die man auf der Homepage www.maxfuchs.eu ansehen und zum Teil herunterladen kann.

*Horst Gerhard*, Dr. rer. soc., ist Sozialwissenschaftler (MA), Dipl.-Sozialpädagoge (FH), Kinder- und Jugendlichenpsychotherapeut, Sozialtherapeut (GVS) sowie Supervisor DGSv. Im Verein für Psychosoziale Therapie (VPsT) e. V. obliegt ihm die Bereichsleitung »Beratung und Supervision « sowie die Teamleitung »Beratungszentrum Laubach und Grünberg«. In der Vergangenheit nahm er nebenberufliche Fortbildungs- und Supervisionstätigkeiten sowie Lehraufträge an der Justus-Liebig-Universität Gießen und an der Verwaltungsfachhochschule in Wiesbaden wahr. Von ihm liegen u. a. folgende Veröffentlichungen vor:

2014: Drogengebrauch und Lifestyle. In B. Kastenbutt et al. (Hg.), *Soziale Ungleichheit und Sucht. Jahrbuch Suchtforschung, Band 7*, S. 89–112.
2004: Leistungsdrogen und Glückspillen. Zu den Hintergründen der aktuellen pharmakologischen Selbstmanipulation. In A. Legnaro & A. Schmieder (Hg.), *Suchtränder. Jahrbuch Suchtforschung, Band 4*, S. 21–56.
2003: *Zwischen Lifestyle und Sucht. Drogengebrauch und Identitätsentwicklung in der Spätmoderne.* Gießen: Psychosozial-Verlag.
2001: Party-drugs: Sociocultural and individual background and risks. In *International Journal of clinical pharmacology and therapeutics 39*(8), S. 362–366.

*Joseph Kleinschnittger*, Dipl.-Psych., ist psychoanalytischer Paar-, Familien- und Sozialtherapeut, Dozent und Supervisor. Seine Tätigkeitsschwerpunkte sind psychotherapeutische/familientherapeutische Behandlung und Supervision, die Koordination, Supervision und Weiterbildung in den Bereichen Psychiatrie, Kinder- und Jugendhilfe, Familienmedizin sowie Paar- und Familientherapie (Neuruppin, Gießen, Berlin, Hamburg).

*Detlef H. Rost*, Dr. phil., Dipl.-Psych., hatte von 1981 bis 1995 eine Professur für Pädagogische Psychologie und von 1995 bis 2010 die Prof. für Pädagogische Psychologie und Entwicklungspsychologie an der Philipps-Universität Marburg inne. Er war wiederholt zu Forschungsaufenthalten bzw. Gastprofessuren in Argentinien (Universidad Lomas de Zamora, BA: 1989, Universidad Nacional de La Plata, BA: 1990, 1991, 1996, 2006), Belarus (Yanka-Kupala Universität Grodno: 1995; Staatl. Universität M. Tank, Minsk: 1995, 1996) und Litauen (Pädagogisches Institut, Bildungsministerium Vilnius: 2000; Technische Universität Kaunas: 2001, 2002, 2006). Seit 2010 ist er Gastprofessor am Fachbereich Psychologie der Philipps-Universität und seit 2013 auch an der psychologischen Fakultät der Südwest Universität Chongqing (V.R. China). Er gründete 1999 die Begabungsdiagnostische Beratungsstelle *BRAIN*, die er seitdem leitet.

*Inken Seifert-Karb*, Dipl.-Päd., ist psychoanalytische Paar-, Familien- und Sozialtherapeutin (BvPPF). Sie studierte Pädagogik, Psychologie und Soziologie in Frankfurt am Main. 1991 gründete sie eine Beratungsstelle für Eltern mit Säuglingen und Kleinkindern in kommunaler Trägerschaft, deren Leitung sie seitdem übernimmt. Seit 1998 führt sie zudem eine eigene Praxis. Im Jahr 2002 erhielt sie den Präventionspreis »Frühe Kindheit« der Deutschen Liga für das Kind. Seit 2002 ist sie Dozentin und Supervisorin der Sektion Paar-, Familien- und Sozialtherapie am Horst-Eberhard-Richter-Institut für Psychoanalyse und Psychotherapie in Gießen. Schwerpunkte ihrer Forschungsarbeit sind die frühe Eltern-Kind-Beziehung, Triangulierung und unbewusste Familiendynamik bei frühkindlichen Regulationsstörungen. Seit 2007 ist sie Koordinatorin der deutschen Arbeitsgruppe »Psychotherapie und Psychoanalyse« in der GAIMH (German speaking Association for Infant Mental Health) und mit der Entwicklung und Umsetzung des psychoanalytisch-pädagogischen Curriculums »BiB – Beziehung im Blick- Videogestützte Fortbildungs-Supervision zur Qualifizierung von KrippenerzieherInnen und Tagespflegepersonen« beschäftigt. In den Jahren 2011/12 war sie wissenschaftliche Mitarbeiterin am Sigmund-Freud-Institut und der Fachhochschule Frankfurt (Forschungsprojekt: Verdachtsdiagnose ADHS). Von ihr liegen Veröffentlichungen zur psychoanalytisch-familientherapeutischen Eltern-Säuglings-Psychotherapie, Triangulierung und seelischen Gesundheit in der Krippenbetreuung vor. Seit 2013 ist sie Lehrbeauftragte der Philipps-Universität Marburg.

*Christine Uhlmann* studierte Erziehungswissenschaft, katholische Theologie und Bildungsmanagement. 2014 hat sie die stellvertretende Leitung der SINUS:akademie übernommen. Mit ihren Schwerpunktthemen Jugend, Nachwuchsmarketing und Familie ist sie eine gefragte Referentin für Unternehmen, öffentliche und kommunale Einrichtungen, Non-Profit-Organisationen, Kirchen, Stiftungen und Hochschulen.

*Gabriele R. Winter*, Realschullehrerin, war bis 2011 an der Theo-Koch-Schule Grünberg tätig, seit 2010 arbeitet sie dort als Pädagogische Leiterin. Bis 2014 war sie zudem Mitarbeiterin in der Führungsakademie Hessen im Bereich Führungskräfteentwicklung. Seit 2011 engagiert sie sich als ehrenamtliche Mitarbeiterin im Beratungszentrum Laubach/Grünberg.

*Reinhard Winter*, Dr. rer. soc., Dipl.-Päd., ist in der Leitung des Sozialwissenschaftlichen Instituts Tübingen (SOWIT) und Lehrbeauftragter an Hochschulen in Zürich, St. Gallen, Basel und Tübingen. Seine Arbeitsschwerpunkte sind Jungenpädagogik, Jungen- und Männergesundheit sowie pädagogische Autorität. Er ist tätig in den Bereichen Praxisbegleitung und -evaluierung, Arbeit mit Jungen, Eltern und mit Menschen, die mit Jungen arbeiten. Zudem berät er Schulen, Schulträger oder soziale Einrichtungen in Jungen- und Geschlechterfragen.

**Psychosozial-Verlag**

Georg Feuser (Hg.)
## Inklusion – ein leeres Versprechen?
Zum Verkommen eines Gesellschaftsprojekts

Februar 2017 · 288 Seiten · Broschur
ISBN 978-3-8379-2570-8

Die aktuelle Inklusionsdebatte zeichnet sich durch ein heterogenes Begriffsverständnis und die widersprüchliche Umsetzung der Inklusion und Integration in Kindergärten und Schulen aus. Daran hat auch die UN-Behindertenrechtskonvention nichts geändert. Die AutorInnen decken auf, dass der zwingend erforderliche strukturelle Umbau des institutionalisierten Bildungssystems politisch nicht gewollt ist und dass die Frage der Voraussetzungen für eine inklusionskompetente Pädagogik und Didaktik in Fachdiskursen zentraler historischer und humanwissenschaftlicher Grundlagen entbehrt und nach wie vor eine eher untergeordnete Stellung einnimmt. Die BeiträgerInnen zeigen, wie sich Solidarität, Bildungsgerechtigkeit und eine grundlegende anerkennungsbasierte Gleichberechtigung auch praktisch realisieren lassen und wie materielle und geistige Barrieren überwunden werden können. Sie legen strukturelle Gewalt- und politische Herrschaftsverhältnisse offen und entlarven die »Zwangsinklusion« in Sondersysteme und marginale Bereiche der Gesellschaft. Mit Inklusion geht es um Exklusion aus diesen Systemen. Nur mithilfe einer kritischen Humanwissenschaft kann dem vagen Begriff der Inklusion seine Bedeutung zurückgegeben werden und der Integrationsbegriff neu verstanden werden.

Mit Beiträgen von Georg Feuser, Erich Otto Graf, Wolfgang Jantzen, Willehad Lanwer, Erwin Reichmann-Rohr, Peter Rödler und Anne-Dore Stein

Walltorstr. 10 · 35390 Gießen · Tel. 0641-969978-18 · Fax 0641-969978-19
bestellung@psychosozial-verlag.de · www.psychosozial-verlag.de

## Psychosozial-Verlag

Christiane Ludwig-Körner, Karsten, Stegemann Ulla Krauskopf (Hg.)
### Frühe Hilfen – Frühförderung – Inklusion
**Stärkung der Eltern-Kind-Beziehung im Kindergarten**

2016 · 192 Seiten · Broschur
ISBN 978-3-8379-2575-3

**Eine praxisnahe Darstellung alternativer Betreuungskonzepte!**

Damit Frühförderung, frühe Bildung und Inklusion im Kindergarten keine bloßen Schlagwörter bleiben, müssen grundlegende Veränderungen geschaffen werden. Um belasteten Familien und ihren Kindern umfassende Unterstützung bieten zu können, gilt es, alternative Betreuungskonzepte zu entwickeln und pädagogisches Fachpersonal entsprechend auszubilden.

Im vorliegenden Band wird das evaluierte Projekt »Stärkung der Eltern-Kind-Beziehung im Kindergarten« vorgestellt. Die AutorInnen beschreiben, wie innovative kooperative Ansätze u.a. mentalisierungsfördernde Interventionen und ein Patenschaftsprogramm von PsychologiestudentInnen mit Vorschulkindern in diesem Kontext fruchtbar gemacht werden können. Dazu berichten sie von ihren Erfahrungen aus der täglichen pädagogisch-therapeutischen Arbeit mit Eltern und ihren Kindern innerhalb eines Kindergartens eines Brennpunktbezirks.

Mit Beiträgen von M. Dittmann, M. Eckert, P. Kachholz, K. Krauskopf, C. Ludwig-Körner, C. von Reeken, K. Riemann und U. Stegemann

# Psychosozial-Verlag

David Zimmermann
## Traumapädagogik in der Schule
### Pädagogische Beziehungen mit schwer belasteten Kindern und Jugendlichen

November 2016 · 200 Seiten · Broschur
ISBN 978-3-8379-2585-2

Kinder und Jugendliche, die Extremerfahrungen wie Gewalt, wiederkehrende Trennungen oder Flucht erlitten haben, stellen für PädagogInnen eine besondere Herausforderung dar. Die traumatischen Erfahrungen spiegeln sich in den pädagogischen Beziehungen wider, die durch eine erhebliche emotionale Beteiligung und Belastung der Betroffenen, Peers und Fachkräfte gekennzeichnet sind.

David Zimmermann beschreibt mithilfe sonder- und psychoanalytisch-pädagogischer Theorien sowie intensiver forschungsbasierter Falldarstellungen die genauen Merkmale traumatisch beeinträchtigter pädagogischer Beziehungen. Hierbei muss nicht nur das vergangene Leid der Kinder und Jugendlichen bedacht werden, sondern auch ihre aktuellen zwischenmenschlichen und gesellschaftlichen Erfahrungen, die die Grundlage ihres Erlebens darstellen. Mit dieser Verknüpfung von Forschung und Praxis lassen sich zentrale Elemente gelingender traumapädagogischer Arbeit in der Schule herausarbeiten. Abschließend werden Schlussfolgerungen für LehrerInnenbildung und die Institutionsgestaltung aufgezeigt.

Walltorstr. 10 · 35390 Gießen · Tel. 0641-969978-18 · Fax 0641-969978-19
bestellung@psychosozial-verlag.de · www.psychosozial-verlag.de